Excel 在会计和财务中的应用

（Excel 2016 版）

主　编　贺旭红　何万能

副主编　汪　肖　范沙沙

编　委　邹伟民　侯乐鹍　喻　蓉　袁建国

肖福英　李　慧　匡孟秋　徐金鸿

杨邦生　肖岚清　沈　玲

中国财经出版传媒集团

中国财政经济出版社

图书在版编目（CIP）数据

Excel 在会计和财务中的应用：Excel 2016 版 / 贺旭红，何万能主编 . -- 北京：中国财政经济出版社，2021. 6（2023.8重印）
财政部规划教材
ISBN 978-7-5223-0537-0

Ⅰ . ① E…　Ⅱ . ①贺…　②何…　Ⅲ . ①表处理软件—应用—会计—高等学校—教材　②表处理软件—应用—财务管理—高等学校—教材　Ⅳ . ① F232 ② F275-39

中国版本图书馆 CIP 数据核字（2021）第 085518 号

责任编辑：钱红叶　　　　　责任校对：唐　堂
封面设计：育林华夏　　　　责任印制：张　健

Excel 在会计和财务中的应用
（Excel 2016 版）
Excel ZAI KUAIJI HE CAIWU ZHONG DE YINGYONG

中国财政经济出版社 出版
URL：http：// www. cfeph. cn
E- mail：cfeph@ cfeph. cn

社址：北京市海淀区阜成路甲 28 号　邮政编码：100142
营销中心电话：010 – 88191522
天猫网店：中国财政经济出版社旗舰店
网址：https：// zgczjjcbs. tmall. com
北京富生印刷厂印刷　各地新华书店经销
成品尺寸：185mm × 260mm　16 开　15.25 印张　331 000 字
2021 年 7 月第 1 版　2023 年 8 月北京第 4 次印制
定价：35.00 元
ISBN 978-7-5223-0537-0
（图书出现印装问题，本社负责调换，电话：010-88190548）
本社质量投诉电话：010-88190744
打击盗版举报热线：010-88191661　QQ：2242791300

前　言

《Excel 在会计和财务中的应用（Excel 2016 版）》是高职院校会计类专业拓展必修课程。该课程结合本区域经济发展对人才培养的需要，紧密结合会计从业职业资格标准，与新道科技股份有限公司（湖南公司）、湖南天翼会计师事务所等多家企业合作，对中小型企业会计工作岗位设置展开了更加细致的分析，在此基础上，提炼典型工作任务，归纳行动领域，课程开发贴近工作实际，以会计工作岗位为载体，我们特编写此书。

高职财经类专业毕业生的就业面向领域主要是中小企业，在中小企业财务管理信息化实施问题上，应用 Excel 是一种很好的选择。Excel 2016 是 Office 2016 系列软件中用于创建和维护电子表格的应用软件，集数据库、工作表、图表、互联网功能于一体，具有功能强大、技术先进、使用方便等特点，广泛运用于财务、会计、管理工作等方面。为了满足教学的需要，作者精心编写了本书，内容包括总账会计岗位、出纳岗位、薪资管理岗位、资产管理岗位、往来管理岗位、购销存管理岗位、财务分析岗位等 7 个项目。

本教材具有以下特色：

1. 内容上突出实用性。本教材注重理论与实践的结合，结合高职学生的认知特点和培养目标定位，力求教材内容的科学性、实用性和针对性。

2. 结构上突出创新性。本教材采用最新的教材编写体例，分为职业能力目标和主要概念、情境引例与分析、学习评价等栏目。每个情境后还附有职业能力训练，供学生课后练习。

3. 形式上突出生动性。本教材力求语言简明扼要、深入浅出、通俗易懂、易学好教，使教学更加生动。

本教材由贺旭红、何万能、汪肖、邹伟民、侯乐鹏、肖福英、喻蓉、袁建国、李慧、匡孟秋、徐金鸿（新道科技湖南公司）、杨邦生（衡阳市白沙工业园财政局）、肖岚清、沈玲（湖南建筑高级技工学校）等同志共同编写，其中湖南财经工业职业技术学院贺旭红、何万能任主编，湖南财经工业职业技术学院汪肖和湖南高速铁路职业技术学院范沙沙任副主编。

在本教材的编写过程中，参考了一些相关著作和文献，在此一并向这些著作和文献的作者表示感谢。由于我们水平有限及时间仓促，书中不足之处请读者批评指正。

编　者

2021 年 5 月

目录

项目 1

总账会计岗位业务处理

【职业能力及成果目标】

1. 专业能力

了解如何利用 Excel 完成制作会计科目表、进行日常经济业务处理、账簿处理、编制科目余额表、编制会计报表等总账会计岗位的工作任务，通过本情境学习使学生掌握并运用 Excel 函数及一些控件进行账务处理的思路和方法。

2. 职业素养能力

运用所学理论和方法加强财务管理，规范财务核算，提高财务管理水平。

3. 成果目标

（1）具备制作会计科目表的能力；

（2）具备录入期初余额表及试算平衡的能力；

（3）具备编制日常经济业务记账凭证的能力；

（4）具备账簿的查询与分类汇总的能力；

（5）具备填制科目汇总表的能力；

（6）具备填制科目余额表的能力；

（7）具备编制资产负债表的能力；

（8）具备编制利润表的能力。

【主要概念】

会计科目表、会计凭证、记账凭证、账簿处理

【岗课证赛融合】

本章为业财税融合 1+ X 证书《Excel 财务应用》之 Excel 在企业账务处理中的应用日常业务处理技能点。

任务 1.1　制作会计科目表

课程思政

坚持准则，不作假账

第十六届世界会计师大会在香港特别行政区隆重开幕。中华人民共和国总理朱镕基出席大会并发表重要演讲。在演讲中，朱总理说他自己很少题字，但他却对我国新成立的三个国家会计学院"网开一面"，亲笔题写了校训——"不做假账"。

朱镕基在此间演讲时，出人意料地脱离"文本"，透露了上述内容。他疾呼诚信为本、不做假账，引起来自世界各地数千会计精英的共鸣。朱镕基在开题后不久就指出，诚信是市场经济的基石。近几年来，一些国家发生的大公司财务欺诈案，使会计行业面临着"诚信危机"的挑战。在随后谈到中国会计业时，朱镕基强调，中国政府特别重视会计职业道德建设，要求所有会计人员必须做到"诚信为本，操守为重，坚持准则，不做假账"，不屈从和迎合任何压力与不合理要求，不以职务之便谋取一己私利，不提供虚假会计信息。

我国会计师行业的现状和我刚才讲的要求，还有不小的差距。我们永远不可能完全做到这一点，但是我们决心一定要按照这个标准去做。"最近几年，中国建立了三个国家会计学院，一个在北京，一个在上海，这两个都已建成。还有一个在福建的厦门，正在建设。我亲自为这三个国家会计学院制定了校训。我很少题词，因为我的字写得不好，但是我为三个国家会计学院亲自写下四个大字 --'不做假账'。"希望每一个中国国家会计学院毕业的学生，永远都要牢记这四个大字！

也希望我们的学生牢记这四个大字，做假账是违法的，有可能要负刑事责任，这就要求我们平时要学好相关知识。

引例与分析

湖南峰泉饮品有限公司是一家增值税一般纳税企业，主营业务是峰泉牌松子汁的生产及销售，利用 Excel 完成湖南峰泉饮品有限公司的会计处理。湖南峰泉饮品有限公司相关情况如下：

（1）企业名称：湖南峰泉饮品有限公司

（2）注册地：湖南省衡阳市狮山路 188 号

（3）注册资金：150 万元

（4）法人代表：金津湘

（5）财务负责人：孙晓菲

（6）会计：李玲、袁梅、杨芳（兼办税员）、陈珍珍（存货核算）

（7）出纳：张帆

（8）国税局税务登记类型：增值税一般纳税企业

（9）税务登记号：430413873405776

（10）适用增值税税率为 13%，适用的企业所得税税率为 25%

（11）开户银行：中国银行来雁支行

（12）账号：50813507346193

（13）电话号码：0734-9174201

（14）主营业务：峰泉牌松子汁的生产及销售

分析：首先建立会计科目表。本工作任务完成会计科目表的建立、总账及明细账期初余额的输入。初始化时要将收集到的会计科目加入账务处理系统，建立账务处理系统的会计科目体系。

1.1.1　会计科目表的建立

【业务描述】 根据以上湖南峰泉公司相关情况资料建立湖南峰泉公司 2020 年 1 月的总账工作簿的封面文件。设置会计科目是会计核算工作中极为重要的一项工作，它是填制会计凭证、设置账户、进行账务处理的依据，是编制会计报表的基础。会计科目必须依据企业会计准则和会计制度的规定设置和使用，一级科目由财政部统一规定。根据提供峰泉公司的会计科目及余额表建立会计科目表，湖南峰泉公司 2019 年 12 月初的会计科目及余额如表 1-1 所示。

表 1-1　湖南峰泉公司会计科目及余额表

（2019 年 12 月 31 日）　单位：元

科目名称	科目编码	辅助核算	方向	币别计量	期初余额
库存现金	1001		借		800.00
银行存款	1002		借		252 878.88
应收账款	1122		借		350 000.00
预付账款	1123		借		50 000.00
坏账准备	1231		贷		5 000.00
原材料	1403		借		181 740.00
松子仁	140301	数量核算	借	500 千克	67 200.00
白糖	140302	数量核算	借	1 000 千克	3 940.00

续表

科目名称	科目编码	辅助核算	方向	币别计量	期初余额
乳化剂	140303	数量核算	借	1 000 千克	11 000.00
稳定剂	140304	数量核算	借	2 560 千克	25 600.00
商标纸	140305	数量核算	借	140 000 张	14 000.00
重油	130306	数量核算	借	20 000 千克	60 000.00
库存商品	1405		借		
峰泉松子汁	140501	数量核算	借	500 件	21 600.00
周转材料	1411		借		
易拉罐	141101	数量核算	借	142 240 套	35 560.00
纸箱	141102	数量核算	借	5 500 个	16 500.00
固定资产	1601		借		2 100 000.00
累计折旧	1602		贷		286 300.00
短期借款	2001		贷		0.00
应付账款	2202		贷		80 000.00
预收账款	2203		贷		20 000.00
应付职工薪酬	2211		贷		49 610.88
工资	221101		贷		37 584.00
社会保险费	221102		贷		11 275.20
工会经费	221103		贷		751.68
应交税费	2221		贷		22 880.00
应交增值税	222101		贷		20 800.00
进项税额	22210101		贷		0.00
销项税额	22210102		贷		0.00
未交增值税	222102		贷		20 800.00
应交所得税	222103		贷		0.00
应交城建税	222104		贷		1 456.00
应交教育费附加	222105		贷		624.00
应付利息	2231		贷		13 056.00
中行来雁支行	223101		贷		13 056.00
长期借款	2501		贷		800 000.00
中行来雁支行	250101		贷		800 000.00
实收资本	4001		贷		1 500 000.00
盈余公积	4101		贷		100 000.00
法定盈余公积	410101		贷		100 000.00

续表

科目名称	科目编码	辅助核算	方向	币别计量	期初余额
利润分配	4104		贷		148 232.00
未分配利润	410407		贷		148 232.00
生产成本	5001		借		16 000.00
峰泉松子汁	500101		借		16 000.00
直接材料	50010101		借		10 000.00
直接人工	50010102		借		4 000.00
制造费用	50010103		借		2 000.00
制造费用	5101		借		0.00
主营业务收入	6001	数量核算	贷	件	0.00
主营业务成本	6401	数量核算	借	件	0.00
管理费用	6602		借		0.00

操作步骤：

（1）在“E:\班名＋学生姓名”的文件夹下建立名为“项目 1 总账会计岗位 .xlsx”的工作簿。

（2）启动 Excel 2016 程序，打开“项目 1 总账会计岗位 .xlsx”工作簿，将 Sheet 1 改名为封面，输入峰泉公司的基本信息，如图 1–1 所示。

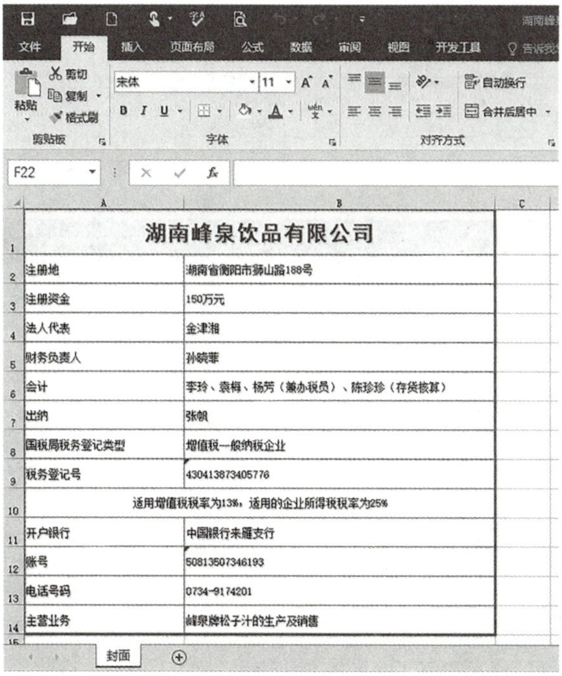

湖南峰泉饮品有限公司	
注册地	湖南省衡阳市狮山路188号
注册资金	150万元
法人代表	金津湘
财务负责人	孙晓菲
会计	李玲、袁梅、杨芳（兼办税员）、陈珍珍（存货核算）
出纳	张帆
国税局税务登记类型	增值税一般纳税企业
税务登记号	430413873405776
适用增值税税率为13%，适用的企业所得税税率为25%	
开户银行	中国银行来雁支行
账号	50813507346193
电话号码	0734-9174201
主营业务	峰泉牌松子汁的生产及销售

图 1–1　封面

（3）将 sheet2 表重命名为“会计科目表”。

（4）选择 A1 单元格，输入标题“峰泉公司会计科目表”，居中，字体加粗。

（5）选择 A2 单元格，输入“科目编码”；选择 B2 单元格，输入“科目名称”。

（6）将上述单元格调整至合适的行高及列宽。

（7）从 A3 单元格开始输入科目编码及科目名称。输入的方法有两种：第一种直接在对应单元格中输入数据（见图 1-2），在 B 列单元格中输入下级明细科目前加两个空格；第二种在“记录单”中输入数据。首先选定 A2:B2 区域，单击快速访问工具栏上的“记录单”按钮，打开“记录单”对话框进行输入，分别在“科目编码”和“科目名称”文本框中输入具体的科目代号和科目名称，每完成一个科目后单击“新建”按钮（见图 1-3）。完成全部记录的添加后，单击“关闭”按钮完成会计科目表的输入。

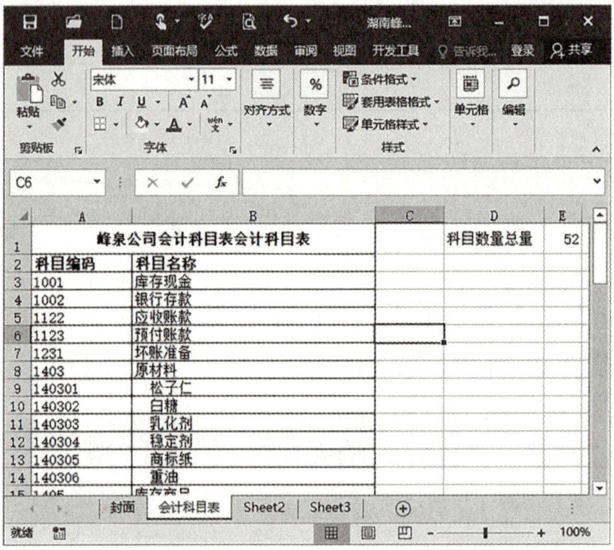

图 1-2　输入数据后的会计科目表

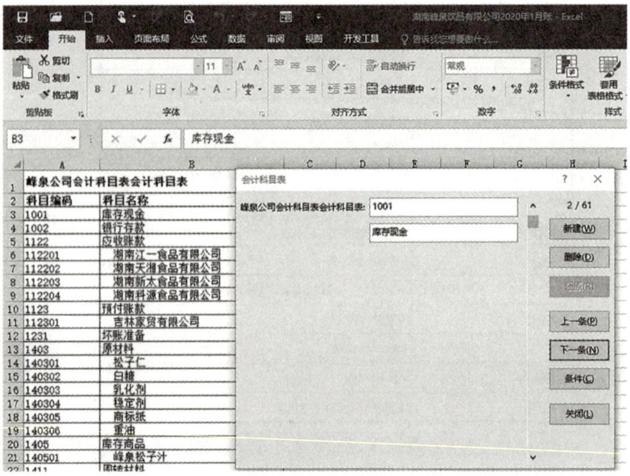

图 1-3　在记录单中输入数据

（8）选中所有单元格并设置好其字体、字形与颜色、线条，美化会计科目表。

（9）在 D1 中输入“科目数量总量”，在单元格 E1 中输入公式“= COUNT(A:A)”，用来统计总账会计科目的个数。

COUNTA 函数的功能是计算单元格区域或数组中包含数据（即非空白单元格）的单元格个数。

知识拓展

Excel 中如何添加“记录单”按钮到快速访问工具栏上。

操作步骤：

（1）打开 Excel，单击“文件”菜单，然后在下拉菜单中点击“选项”，打开“Excel 选项”对话框（见图 1–4）。

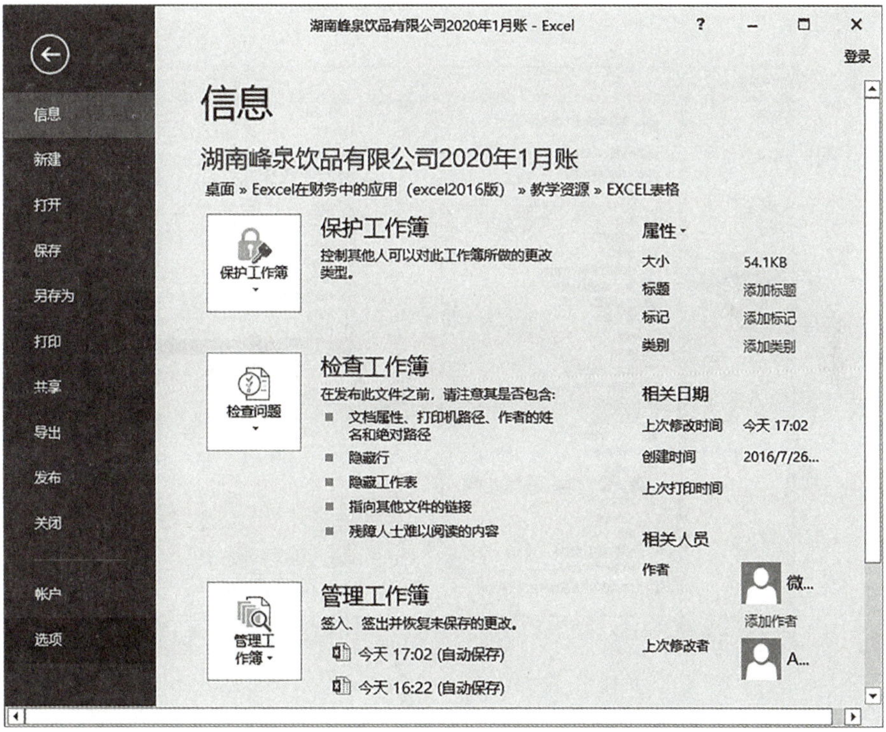

图 1–4

（2）在“Excel 选项”对话框中点击，“快速访问工具栏”，然后在右侧“从下列位置选择命令”下拉框中，选择“不在功能区的命令”（见图 1–5）。

（3）下拉滑块，找到“记录单”功能，然后单击“添加”，添加到“快速访问工具栏”（见图 1–6）。单击“确定”，这时快速访问工具栏上已添加了“记录单”按钮（见图 1–7）。

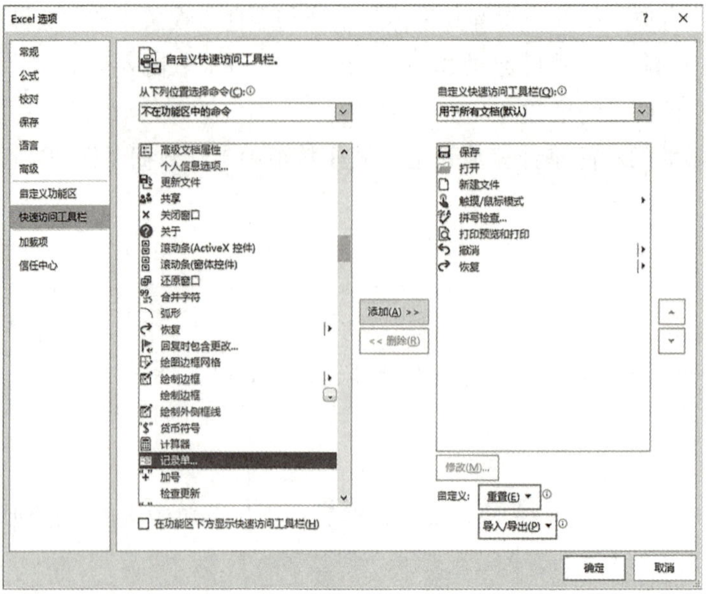
Excel 选项
常规
公式
校对
保存
语言
高级
自定义功能区
快速访问工具栏
加载项
信任中心
自定义快速访问工具栏。
从下列位置选择命令(C):
不在功能区中的命令
高级文档属性
个人信息选项...
更新文件
共享
关闭窗口
关于
滚动条(ActiveX 控件)
滚动条(窗体控件)
还原窗口
合并字符
弧形
恢复
回复时包含更改...
绘图边框网格
绘制边框
绘制边框
绘制外侧框线
货币符号
计算器
记录单...
加号
检查更新
添加(A) >>
<< 删除(R)
自定义快速访问工具栏(Q):
用于所有文档(默认)
保存
打开
新建文件
触摸/鼠标模式
拼写检查...
打印预览和打印
撤消
恢复
修改(M)...
自定义:
重置(E)
导入/导出(P)
在功能区下方显示快速访问工具栏(H)
确定
取消

图 1–5

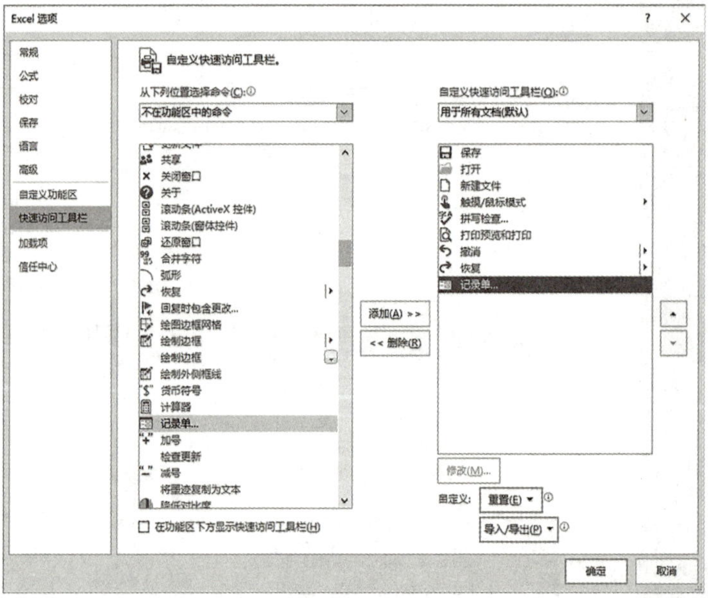
Excel 选项
常规
公式
校对
保存
语言
高级
自定义功能区
快速访问工具栏
加载项
信任中心
自定义快速访问工具栏。
从下列位置选择命令(C):
不在功能区中的命令
共享
关闭窗口
关于
滚动条(ActiveX 控件)
滚动条(窗体控件)
还原窗口
合并字符
弧形
恢复
回复时包含更改...
绘图边框网格
绘制边框
绘制边框
绘制外侧框线
货币符号
计算器
记录单...
加号
检查更新
减号
将墨迹复制为文本
添加(A) >>
<< 删除(R)
自定义快速访问工具栏(Q):
用于所有文档(默认)
保存
打开
新建文件
触摸/鼠标模式
拼写检查...
打印预览和打印
撤消
恢复
记录单...
修改(M)...
自定义:
重置(E)
导入/导出(P)
在功能区下方显示快速访问工具栏(H)
确定
取消

图 1–6

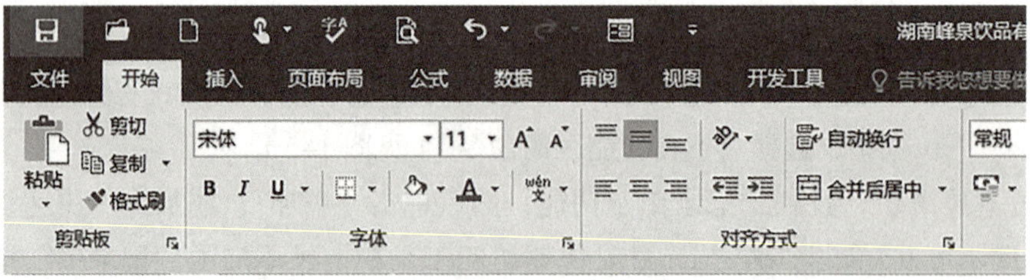
湖南峰泉饮品有
文件
开始
插入
页面布局
公式
数据
审阅
视图
开发工具
告诉我您想要做
剪切
复制
粘贴
格式刷
宋体
11
自动换行
合并后居中
常规
剪贴板
字体
对齐方式

图 1–7

1.1.2　总账期初余额的输入

【业务描述】 根据湖南峰泉饮品有限公司 2019 年 12 月 31 日各总账户余额（见表 1-2）编制总账期初余额表，并试算平衡。

表 1-2　　湖南峰泉饮品有限公司 2019 年 12 月 31 日各总账户余额

账户名称	借方余额（元）	账户名称	贷方余额（元）
库存现金	800.00	坏账准备	5 000.00
银行存款	252 878.88	累计折旧	286 300.00
应收账款	350 000.00	应付账款	80 000.00
预付账款	50 000.00	预收账款	20 000.00
原材料	181 740.00	应付职工薪酬	49 610.88
周转材料	52 060.00	应交税费（未交增值税）	22 880.00
库存商品	21 600.00	应付利息（中行来雁支行）	13 056.00
生产成本	16 000.00	长期借款（中行来雁支行）	800 000.00
固定资产	2 100 000.00	实收资本	1 500 000.00
	0.00	盈余公积（法定盈余公积）	100 000.00
	0.00	利润分配（未分配利润）	148 232.00
合　计	3 025 078.88	合　计	3 025 078.88

注：表中的长期借款余额 800 000 元为该公司于 2018 年 12 月 1 日从其开户银行借入，年利率为 5.76%，期限为五年，按季付息。所筹资金用于建设一条产品灌装生产线，该生产线已于 2019 年 2 月 20 日完工并投入生产。

操作步骤：

（1）打开“项目 1 总账会计岗位 .xlsx”的工作簿，将 Sheet 3 表重命名为“总账期初余额表”。

（2）选择 A1 单元格，输入标题“峰泉公司总账期初余额表”，居中，字体加粗。

（3）选择 A2:A3, 合并单元格，输入“科目编码”；选择 B2:B3, 合并单元格，输入“总账科目名称”；选择 C2:D2, 合并单元格，输入“期初余额”；选择 C3 单元格，输入“方向”；选择 D3 单元格，输入“余额”。

（4）选择科目编码列单元格，在“开始”功能区的“对齐方式”分组中单击“设置单元格格式”对话框启动按钮，并在打开的菜单中选择“设置单元格格式”命令，设置为文本。

（5）将上述单元格调整至合适的行高及列宽。

（6）输入相应的余额，“科目编码”“方向”“余额”数据采用手工直接输入，其中“方向”均为借，“余额”数据若是借方余额，以正数形式填列，若是贷方余额，以负数形式填列。“总账科目名称”采用 VLOOKUP 函数取得，选择 B4 单元格，输入公式：“=VLOOKUP(A4, 会计科目表 ,2,FALSE)”，回车确认。其他单元格中的科目名称通过公式复制得到。其中“会计科目表”为总账科目及代码数据区域定义的名称。

VLOOKUP 函数用于自动显示会计科目，首先需打开“会计科目表”，选择 A2:B54 区域；在“公式”选项卡上的“定义的名称”组中，单击“定义名称”，如图 1–8 所示。

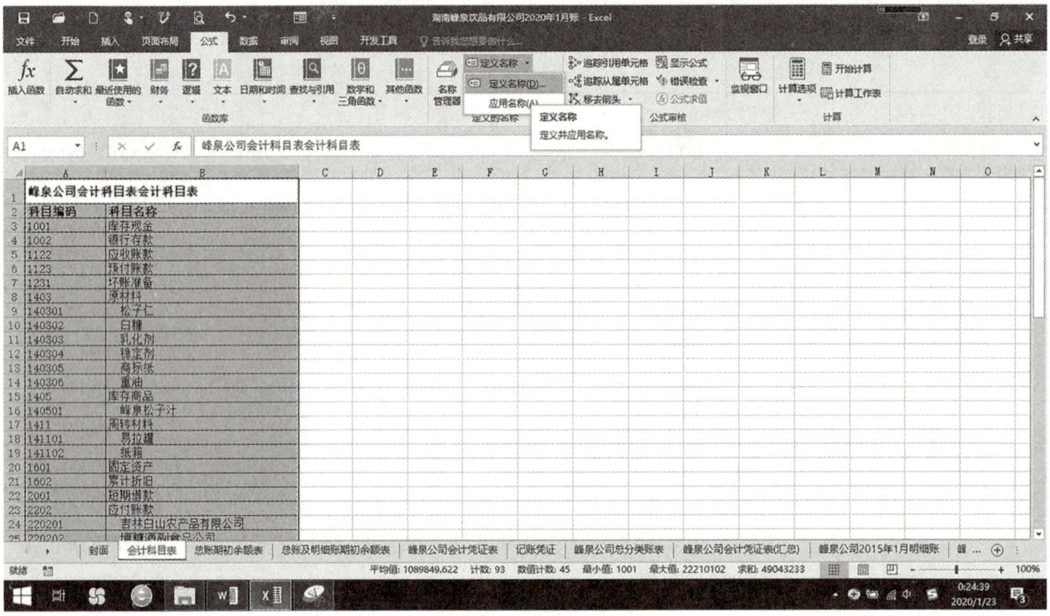

图 1–8　进行“范围名称”定义

然后打开“新建名称”对话框，给选定区域设定个名称，如会计科目表，范围选择“工作簿”，单击“确定”即可，如图 1–9 所示。

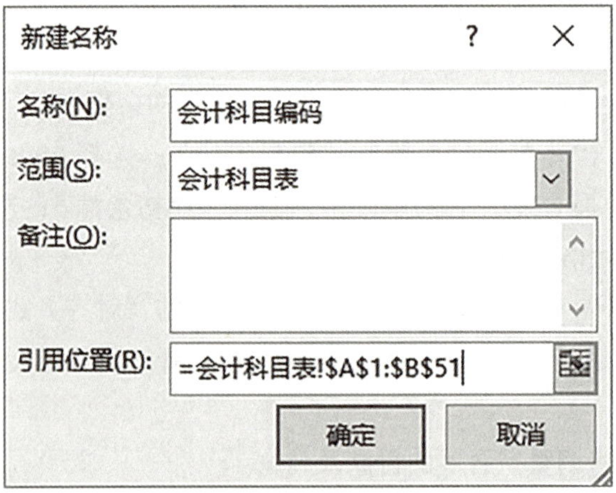

图 1–9　定义名称

（7）选中所有单元格并设置好其字体、字形与颜色、线条，美化总账期初余额表，如图 1–10 所示。

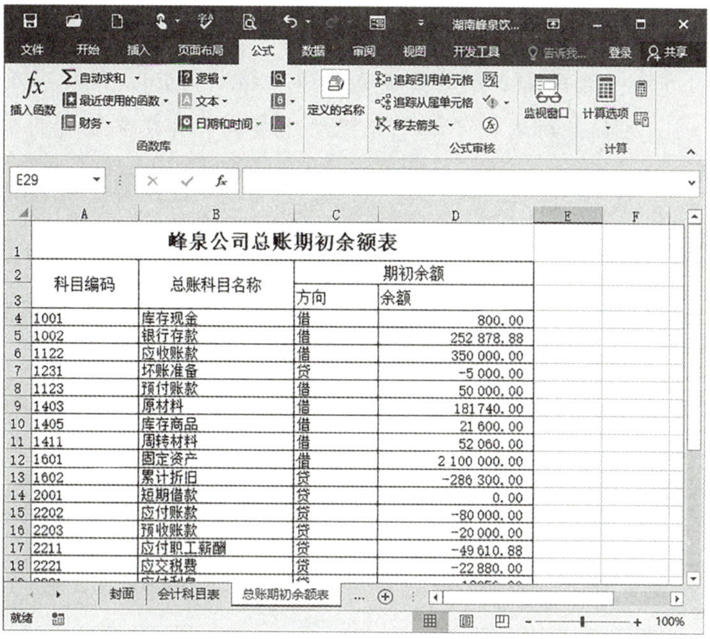

科目编码	总账科目名称	方向	余额
1001	库存现金	借	800.00
1002	银行存款	借	252 878.88
1122	应收账款	借	350 000.00
1231	坏账准备	贷	-5 000.00
1123	预付账款	借	50 000.00
1403	原材料	借	181 740.00
1405	库存商品	借	21 600.00
1411	周转材料	借	52 060.00
1601	固定资产	借	2 100 000.00
1602	累计折旧	贷	-286 300.00
2001	短期借款	贷	0.00
2202	应付账款	贷	-80 000.00
2203	预收账款	贷	-20 000.00
2211	应付职工薪酬	贷	-49 610.88
2221	应交税费	贷	-22 880.00

图 1-10　期初余额表

（8）选择 C29 单元格，输入“试算结果：”，居中，字体加粗。

（9）选择 D29 单元格，输入公式：=IF(SUM(D4:D28)=0，“平衡”，“不平衡”)，居中，字体加粗，红色，如图 1-11 所示。

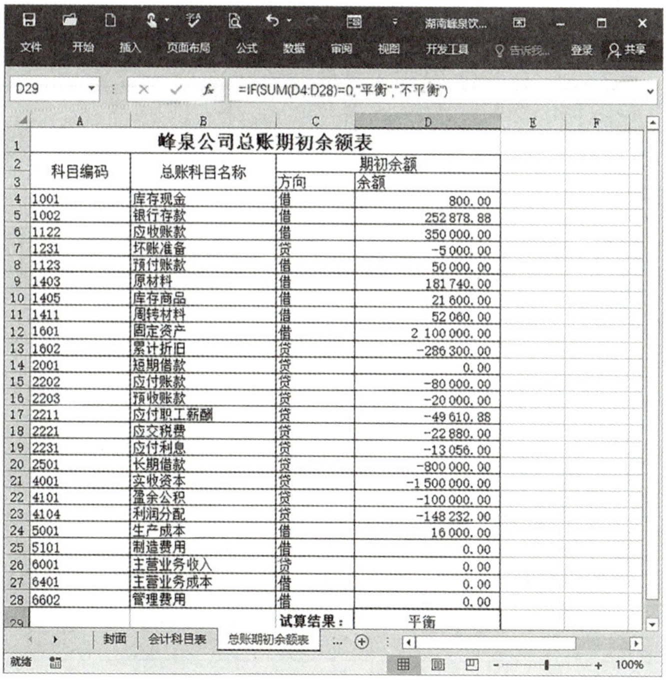

=IF(SUM(D4:D28)=0,"平衡","不平衡")

科目编码	总账科目名称	方向	余额
1001	库存现金	借	800.00
1002	银行存款	借	252 878.88
1122	应收账款	借	350 000.00
1231	坏账准备	贷	-5 000.00
1123	预付账款	借	50 000.00
1403	原材料	借	181 740.00
1405	库存商品	借	21 600.00
1411	周转材料	借	52 060.00
1601	固定资产	借	2 100 000.00
1602	累计折旧	贷	-286 300.00
2001	短期借款	贷	0.00
2202	应付账款	贷	-80 000.00
2203	预收账款	贷	-20 000.00
2211	应付职工薪酬	贷	-49 610.88
2221	应交税费	贷	-22 880.00
2231	应付利息	贷	-13 056.00
2501	长期借款	贷	-800 000.00
4001	实收资本	贷	-1 500 000.00
4101	盈余公积	贷	-100 000.00
4104	利润分配	贷	-148 232.00
5001	生产成本	借	16 000.00
5101	制造费用	借	0.00
6001	主营业务收入	贷	0.00
6401	主营业务成本	借	0.00
6602	管理费用	借	0.00
		试算结果：	平衡

图 1-11　试算平衡

小提示

公式复制的方法：选择需复制的带公式的单元格，如 B4，鼠标移至单元格的右下角，变成“+”时，按住鼠标左键不松手并拖动，覆盖所有想要复制的单元格，再松开鼠标左键，完成公式复制。

1.1.3 明细账期初余额的输入

【业务描述】 根据湖南峰泉饮品有限公司 2019 年 12 月 31 日各明细账户余额编制明细账期初余额表（直接加到总账期初余额表里去）。

湖南峰泉饮品有限公司 2019 年 12 月 31 日各明细账户余额（见表 1–3 至表 1–7）。

表 1–3 部分往来账项账户余额

账户名称	金额（元）
应收账款——湖南江一食品有限公司	100 000.00（借方）
应收账款——湖南天湘食品有限公司	120 000.00（借方）
应收账款——湖南新太食品有限公司	80 000.00（借方）
应收账款——湖南科源食品有限公司	50 000.00（借方）
预付账款——吉林家贸有限公司	50 000.00（借方）
应付账款——吉林白山农产品有限公司	80 000.00（贷方）
预收账款——湖南金源食品有限公司	20 000.00（贷方）

表 1–4 原材料、库存商品明细账户余额

账户名称	数量	单位	单价	金额（元）
原材料——松子仁	500	千克	134.40	67 200.00
原材料——白糖	1 000	千克	3.94	3 940.00
原材料——乳化剂	1 000	千克	11.00	11 000.00
原材料——稳定剂	2 560	千克	10.00	25 600.00
原材料——商标纸	140 000	张	0.10	14 000.00
原材料——重油	20 000	千克	3.00	60 000.00
周转材料——易拉罐	142 240	套	0.25	35 560.00
周转材料——纸箱	5 500	个	3.00	16 500.00
库存商品——峰泉松子汁	500	件	43.20	21 600.00

表 1–5 “生产成本——基本生产成本（峰泉松子汁）”明细账户余额

直接材料	直接人工	制造费用	合计
10 000.00	4 000.00	2 000.00	16 000.00

表 1-6　　　　　　　　　　“应交税费”明细账户余额

账户名称	贷方金额（元）
未交增值税	20 800.00
应交城市维护建设税	1 456.00
应交教育费附加	624.00
合计	22 880.00

表 1-7　　　　　　　　　　“应付职工薪酬”明细账户余额

账户名称	贷方金额（元）
工资	37 584.00
社会保险费	11 275.20
工会经费	751.68
合计	49 610.88

操作步骤：

（1）打开“项目 1 总账会计岗位 .xlsx”的工作簿，将 sheet4 表重命名为“总账及明细账期初余额表”。

（2）复制“总账期初余额表”的数据到“总账及明细账期初余额表”，将 B2 单元格数据改为“科目名称”，在 C 列和 D 列间插了两列，然后在 D3 和 E3 单元格中输入“数量”和“单位”，在 B 列找到相关一级科目，在其下方插入行，增加下级明细科目，其“数量”和“单位”数据参照相关明细数据输入，输入方法同“总账期初余额表”，如图 1-12 所示。

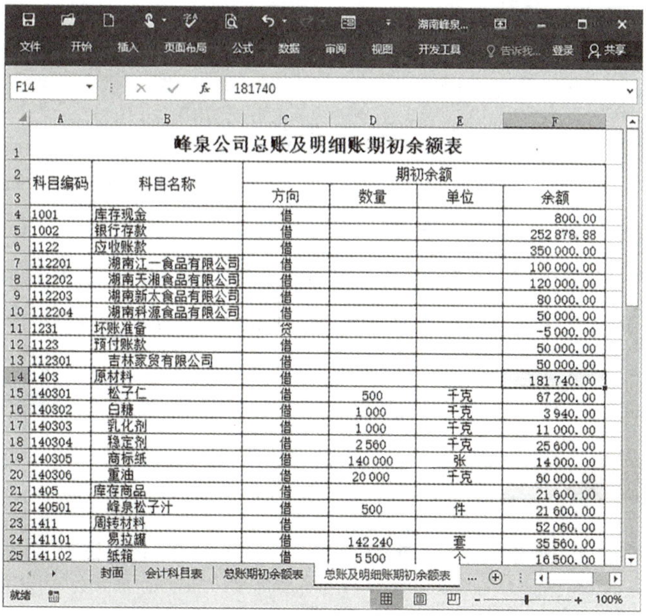

峰泉公司总账及明细账期初余额表

科目编码	科目名称	期初余额			
		方向	数量	单位	余额
1001	库存现金	借			800.00
1002	银行存款	借			252 878.88
1122	应收账款	借			350 000.00
112201	湖南江一食品有限公司	借			100 000.00
112202	湖南天湘食品有限公司	借			120 000.00
112203	湖南新太食品有限公司	借			80 000.00
112204	湖南科源食品有限公司	借			50 000.00
1231	坏账准备	贷			-5 000.00
1123	预付账款	借			50 000.00
112301	吉林家贸有限公司	借			50 000.00
1403	原材料	借			181 740.00
140301	松子仁	借	500	千克	67 200.00
140302	白糖	借	1 000	千克	3 940.00
140303	乳化剂	借	1 000	千克	11 000.00
140304	稳定剂	借	2 560	千克	25 600.00
140305	商标纸	借	140 000	张	14 000.00
140306	重油	借	20 000	千克	60 000.00
1405	库存商品	借			21 600.00
140501	峰泉松子汁	借	500	件	21 600.00
1411	周转材料	借			52 060.00
141101	易拉罐	借	142 240	套	35 560.00
141102	纸箱	借	5 500	个	16 500.00

图 1-12　总账及明细账期初余额表

任务 1.2　日常经济业务处理

课程思政

做两套账偷税、漏税，辩称是老板指使，依然逃不脱法律的惩罚

贵州省普安县人民检察指控，2011 年九龙水泥厂在生产经营期间，该厂会计危某文通过做两套账簿方法，隐瞒 2011 年度水泥销售收入 5 919 593.70 元，少申报增值税额 860 111.90 元；虚开运输发票额 1 078 179.95 元，用于认证抵扣增值税额 75 510.39 元，涉嫌逃税金额共计 935 622.29 元。

被告人危某文对指控提出：税务是否申报不是我能决定的，主要都是单位领导决定。

经审理查明，被告人危某文自 2009 年 9 月至 2012 年 9 月任普安县九龙水泥厂会计，负责该厂纳税申报等工作。普安县九龙水泥厂在 2011 年度生产经营期间，通过做两套账簿，向普安县国税局申报销售收入 11 318 036.55 元，缴纳增值税、地方教育附加税共计 607 905.57 元，隐瞒销售收入 5 919 593.70 元，少申报增值税额 860 111.90 元，逃税数额占应缴纳税额比例 58.59%。

被告人危某文身为普安县九龙水泥厂的会计，负责该厂税务申报工作，系直接责任人员，应以逃税罪追究其刑事责任。

被告人危某文犯逃税罪，判处有期徒刑三年，缓刑五年，并处罚金人民币三万元（罚金限判决生效后三十日内缴纳）。

案例点评：报税会计是直接责任人，没有借口！

其实这是这个案件一个很大的看点，大家都知道会计在一个企业里面很多时候并不是本人意愿去偷税，而是迫于老板的指使。但是会计也要自己考虑清楚你的行为是否触碰法律，不然你的解释都是苍白的，把偷税比作偷车的话可能更好理解，如果老板让你去偷车，被公安发现的话，你说老板让你去偷的，你觉得这个借口还成立吗？

引例与分析

根据峰泉公司 2020 年 1 月份的日常经济业务填制会计凭证，完成对会计凭证的审核、记账。

1.2.1 编制会计凭证表

【业务描述】 在 Excel 中，通常采用会计凭证表的形式来输入和存放记账凭证清单。会计凭证表是将企业每日发生的或完成的经济业务，按时间先后顺序逐笔完整登记的工作表。在 Excel 在会计处理中，会计凭证表是一个非常重要的工作表，是形成会计凭证和各种账簿及报表的核心信息资料，是企业财务处理的数据库。根据湖南峰泉饮品有限公司 1 月发生的经济业务情况编制会计凭证表。

湖南峰泉饮品有限公司 2020 年 1 月发生的经济业务如下：

（1）2020 年 1 月 4 日，收到湖南江一食品有限公司前欠货款 50 000 元。

（2）2020 年 1 月 5 日，购入国产小汽车一台，价款 105 856.6 元，增值税率 13%，增值税额 13 761.36 元，另交纳车辆购置税 10 585.66 元（税率 10%），车辆保险费用 5 776.96 元。

（3）2020 年 1 月 6 日，企业向银行借入短期借款 300 000 元。

（4）2020 年 1 月 12 日，用银行存款支付吉林白山农产品公司货款 100 000 元。

（5）2020 年 1 月 13 日从湖南省南雁糖酒副食品公司购买白糖 2 000 千克，价款 7 760 元，增值税 1 008.8 元（税率 13%），采用电汇付清款项，白糖已入库。

（6）2020 年 1 月 14 日，销售给湖南金源食品有限公司峰泉松子汁 2 200 件，单价 68 元，共计 149 600 元，增值税 19 448 元（税率 13%），货款已收到。

（7）2020 年 1 月 16 日，向吉林白山农产品有限公司购入松子仁 1 000 千克，单价 135 元，共计 135 000 元，增值税 17 550 元（税率 13%），松子仁已入库，货款未付。

（8）2020 年 1 月 17 日，购买办公用品 500 元，其中生产车间领用 310 元，财务科领用 190 元。

（9）2020 年 1 月 18 日用银行汇票支付前欠吉林白山农产品公司购买松子仁货款 137 950 元，并支付银行手续费 10 元。

（10）2020 年 1 月 19 日提取 1 000 元现金备用。

操作步骤：

（1）打开“项目 1 总账会计岗位 .xlsx”的工作簿，插入新工作表，并将 sheet5 表重命名为“峰泉公司会计凭证表”。

（2）选择 A1 单元格，输入标题“峰泉公司 1 月会计凭证表”，居中，字体加粗。

（3）选择 A2 单元格，输入“凭证编码”；选择 B2 单元格，输入“日期”；选择 C2 单元格，输入“摘要”；选择 D2 单元格，输入“科目编码”；选择 E2 单元格，输入“总账科目名称”；选择 F2 单元格，输入“二级科目名称”；选择 G2 单元格，输入“三级科目名称”；选择 H2 单元格，输入“借方金额”；选择 I2 单元格，输入“贷方金额”；选择 J2 单元格，输入“标志”。

（4）选择“科目编码”列单元格，右击鼠标，在弹出的菜单中选择“设置单元格格式”命令，设置为文本。

（5）将上述单元格调整至合适的行高及列宽，如图 1–13 所示。

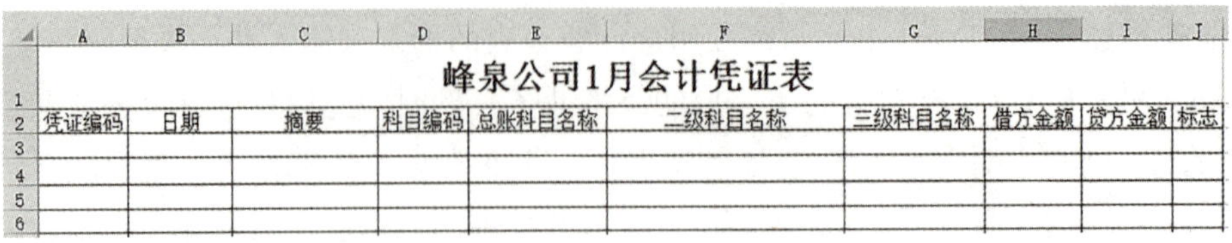

图 1–13　会计凭证表格式

（6）“贷方金额”栏右侧有一个“标志”栏，是用来说明此笔业务凭证是否已经输入完毕，如果输入完毕，则在“标志”栏输入“*”号标志。

（7）由于凭证编号都是每月连续编号，所以先在 A3 单元格中输入“1”。

（8）在 A4 单元格中输入公式：=IF(J3= “*” ,A3+1,A3)。

（9）其他单元格中的凭证编号利用填充柄将公式复制得到，如图 1–14 所示。

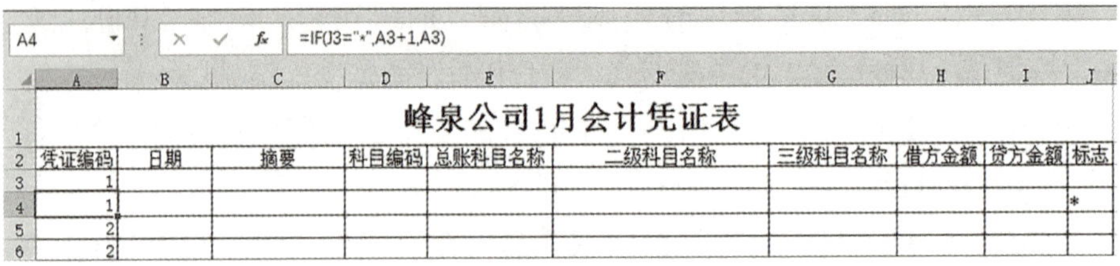

图 1–14　会计凭证表的公式输入

技能点：会计科目编码的输入。

方法一：设置数据验证输入会计科目

（1）选择会计凭证表中“科目编码”列单元格，右击鼠标，在弹出的菜单中选择“设置单元格格式”命令，设置为文本。

（2）复制“会计科目表”到“峰泉公司会计凭证表”主表外任意位置（只有在同工作表中才能进行有效性设置）

（3）选定 D 列，单击“数据”选项卡，选择“数据验证”命令，打开“数据验证”对话框，如图 1–15 所示。

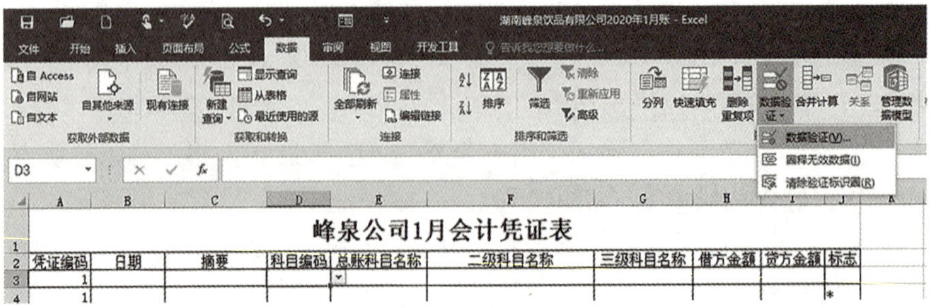

图 1–15　打开数据验证设置

（4）选择“设置”页卡，设置“有效性条件”，在允许中选择“序列”，在“来源”中输入会计科目表中的“科目编码”列所在的区域，如图 1–16 所示。

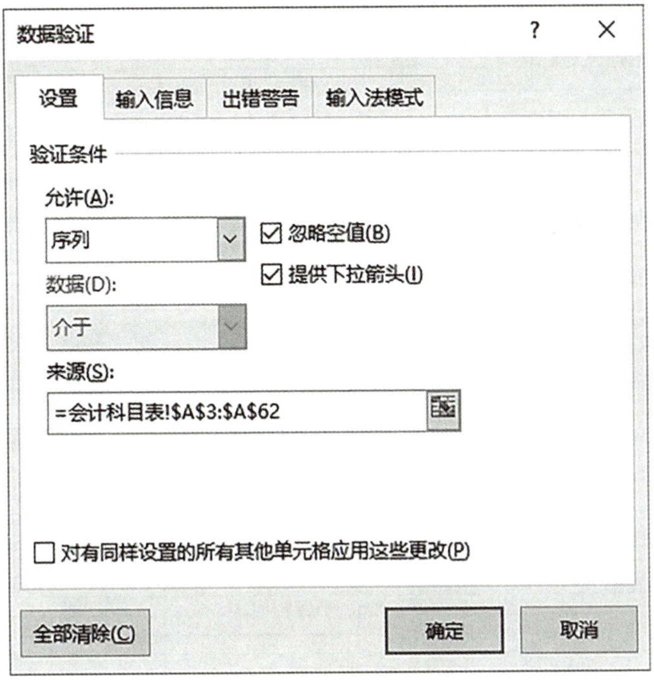

图 1–16　数据验证设置

（5）单击“确定”。再在 D3 单元格上，利用填充柄（+）复制该列其他单元格，完成“科目编码”列的有效性设置。

方法二：直接输入会计科目

（1）选择会计凭证表中“科目编码”列单元格，单击“格式”菜单中“单元格”命令，设置为文本。

（2）直接输入会计科目。

（10）打开“峰泉公司会计凭证表”，单击选定“总账科目名称”列第一个空白单元格，即 E3 单元格。输入公式：=VLOOKUP(--LEFT($D3,4), 会计科目表，2，0), 回车确认。

（11）单击选定“二级科目名称”列第一个空白单元格，即 F3 单元格。输入公式：=IF(--LEN($D3)<=4,"",VLOOKUP(--LEFT($D3,6), 会计科目表 ,2,0)), 回车确认。

（12）单击选定“三级科目名称”列第一个空白单元格，即 G3 单元格。输入公式：=IF(--LEN($D3)<=6,"",VLOOKUP(--LEFT($D3,8), 会计科目表 ,2,0)), 回车确认。

注：函数中应用的“会计科目表”是工作任务一项目活动二中已经定义好名称的数据区域，如图 1–17 所示。

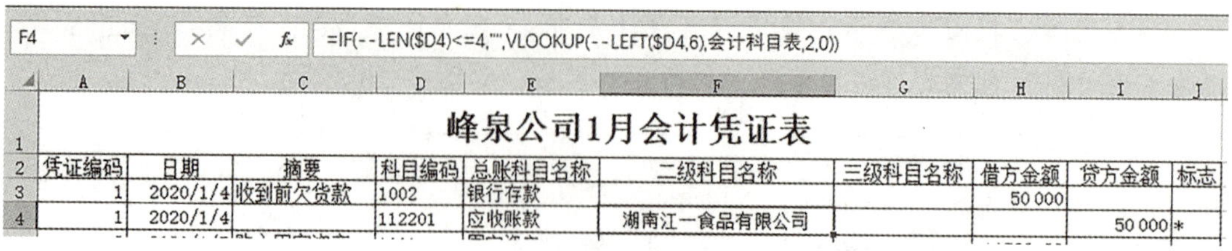

峰泉公司1月会计凭证表

凭证编码	日期	摘要	科目编码	总账科目名称	二级科目名称	三级科目名称	借方金额	贷方金额	标志
1	2020/1/4	收到前欠货款	1002	银行存款			50 000		
1	2020/1/4		112201	应收账款	湖南江一食品有限公司			50 000	*

图 1–17　编制会计凭证

（13）根据湖南峰泉饮品有限公司 1 月发生的经济业务，将各笔业务数据填入表格中完成凭证填制，如图 1–18 所示。

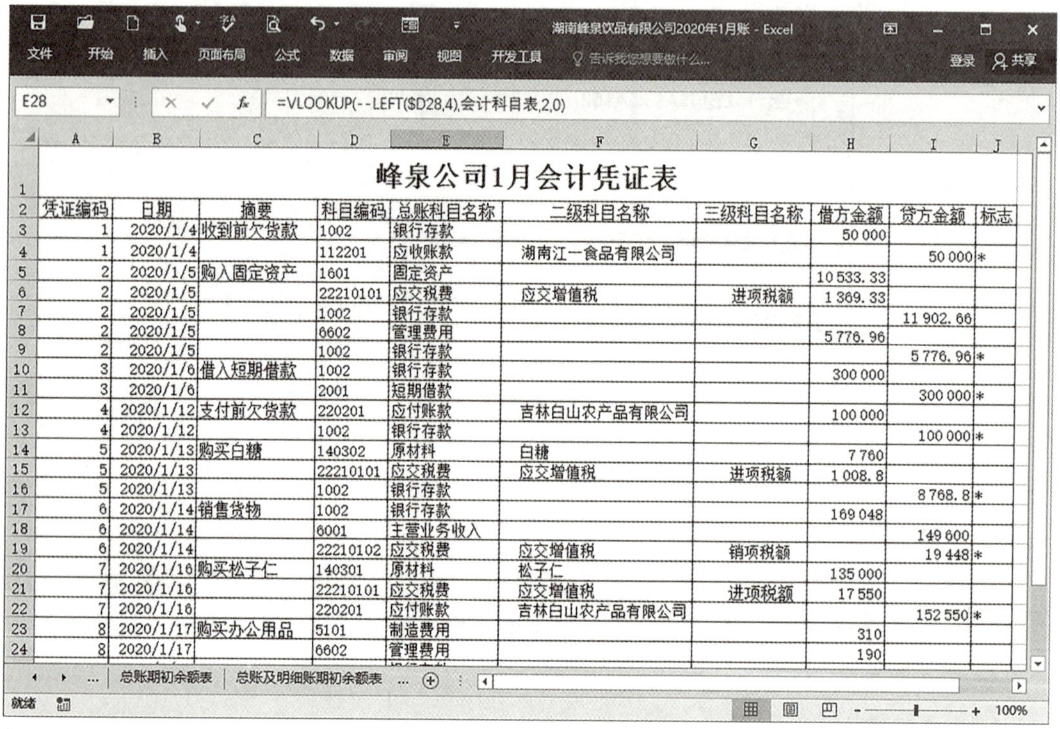

峰泉公司1月会计凭证表

凭证编码	日期	摘要	科目编码	总账科目名称	二级科目名称	三级科目名称	借方金额	贷方金额	标志
1	2020/1/4	收到前欠货款	1002	银行存款			50 000		
1	2020/1/4		112201	应收账款	湖南江一食品有限公司			50 000	*
2	2020/1/5	购入固定资产	1601	固定资产			10 533. 33		
2	2020/1/5		22210101	应交税费	应交增值税	进项税额	1 369. 33		
2	2020/1/5		1002	银行存款				11 902. 66	
2	2020/1/5		6602	管理费用			5 776. 96		
2	2020/1/5		1002	银行存款				5 776. 96	*
3	2020/1/6	借入短期借款	1002	银行存款			300 000		
3	2020/1/6		2001	短期借款				300 000	*
4	2020/1/12	支付前欠货款	220201	应付账款	吉林白山农产品有限公司		100 000		
4	2020/1/12		1002	银行存款				100 000	*
5	2020/1/13	购买白糖	140302	原材料	白糖		7 760		
5	2020/1/13		22210101	应交税费	应交增值税	进项税额	1 008. 8		
5	2020/1/13		1002	银行存款				8 768. 8	*
6	2020/1/14	销售货物	1002	银行存款			169 048		
6	2020/1/14		6001	主营业务收入				149 600	
6	2020/1/14		22210102	应交税费	应交增值税	销项税额		19 448	*
7	2020/1/16	购买松子仁	140301	原材料	松子仁		135 000		
7	2020/1/16		22210101	应交税费	应交增值税	进项税额	17 550		
7	2020/1/16		220201	应付账款	吉林白山农产品有限公司			152 550	*
8	2020/1/17	购买办公用品	5101	制造费用			310		
8	2020/1/17		6602	管理费用			190		

图 1–18　会计凭证表

知识拓展

1.Excel 函数即是预先定义，执行计算、分析等处理数据任务的特殊公式。函数由函数名和参数组成，格式为：函数名（参数 1，参数 2，…）

2.Excel 提供了大约 300 多个函数，按功能可分为以下类型：数据库函数；日期与时间函数；工程函数；财务函数；信息函数；逻辑函数；查找和引用函数；数学和三角函数；统计函数；文本与数据函数；外部函数

3.IF( ) 条件函数、VLOOKUP( ) 查找引用函数、LEN( ) 取字符串个数函数、LEFT( ) 取字符串左串函数，它们的具体用法请参见有关 Excel 函数帮助。

任务 1.3　编制打印记账凭证

课程思政

伪造凭证、销毁凭证，面临刑事指控

2011 年至 2013 年间，被告人仲宏斌与陈国庆等人共谋，私设小金库，伪造会计凭证，违规支付给业务单位和个人工程回扣款及违规报销费用，金额达 75 万余元。税务机关上门稽查时，被告人仲宏斌指使陈国庆销毁相关的原始凭证。公诉机关认为，被告人仲宏斌与陈国庆等人，私设小金库，伪造会计凭证，偷逃税款，税务机关稽查时又销毁相关的会计凭证，构成危害税收征管和故意销毁会计凭证，应接受相关的刑事处罚。

引例与分析

湖南峰泉饮品有限公司 2020 年 12 月发生的经济业务已采用 Excel 编制好会计凭证表，每笔业务发生后均需填制记账凭证，进行记账凭证格式设计。

技能点：设计记账凭证格式。

在项目活动一中制作的会计凭证表实际就是记账凭证汇总表，而在日常工作中须编制一张一张的记账凭证并粘贴原始凭证予以装订成册。本工作情境要进行的记账凭证的制作是基于记账凭证打印的需求而设计。记账凭证按照用途及使用范围的不同，可以分为专用记账凭证和通用记账凭证，在此以通用记账凭证为例。

1.3.1　设计记账凭证格式

【业务描述】 利用 Excel 设计记账凭证格式。

操作步骤：

（1）新建一个工作表并重命名为“记账凭证”。

（2）选取 A1:AH17 单元格，右击鼠标，在弹出的菜单中选择“设置单元格格式”命令，打开“设置单元格格式”对话框，选择“填充”标签，设置填充颜色为橙色，如图 1–19 所示。

①选取 B2:AG16 单元格，在“设置单元格格式”对话框，设置填充颜色为白色，选择“对齐”标签在“文本控制”中选择“缩小字体填充”复选框，如图 1–20 所示。

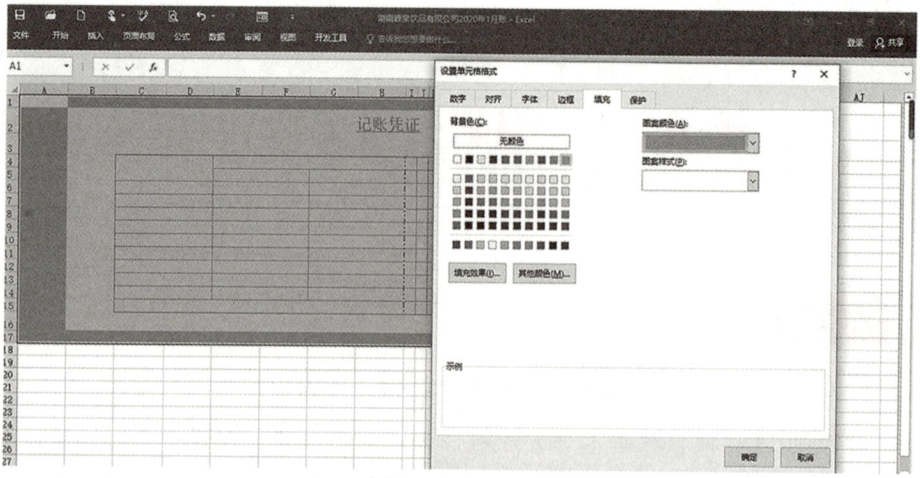

图 1-19　设置单元格格式对话框——填充

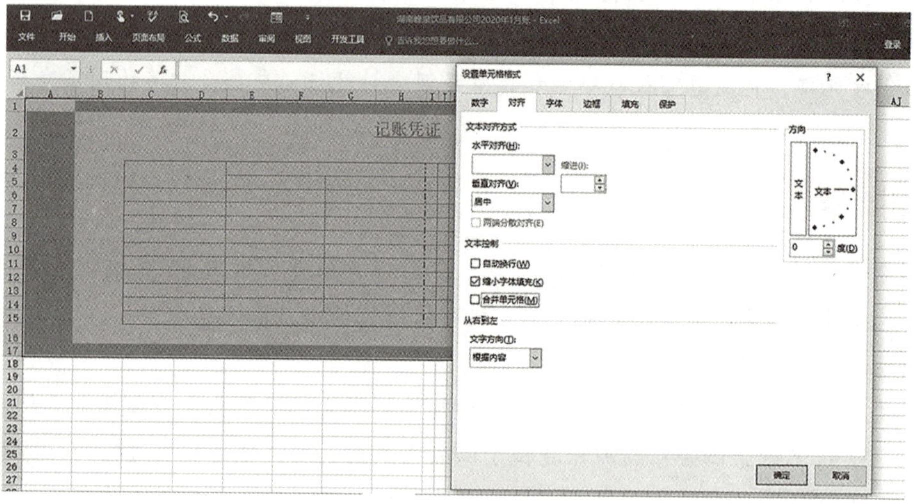

图 1-20　单元格格式对话框——对齐

②选取 I:AD 列，单击鼠标右键，设置列宽为 1.5。选取 C3:AF16 在“设置单元格格式”对话框，设置字体为“12”，颜色为绿色。

③选取 C4:AE15 在“设置单元格格式”对话框，选择“边框”标签，设置颜色为绿色，选取线条样式为“细实线”，单击“外边框”。选取线条样式为“细点线”，单击“内部”。

④选取 I4:S15 在“设置单元格格式”对话框，选择“边框”标签，设置颜色为绿色，线条样式为“双点线”，单击“左边框”和“右边框”确定线条格式。

⑤选取 T4:AD15，在“设置单元格格式”对话框，选择“边框”标签，设置颜色为绿色，线条样式为“双点线”，单击“右边框”确定线条格式。

（3）在 B2 单元格输入“记账凭证”，并将 B2:AF2 设置为合并单元格并居中，设置字体为楷体，字号 18。选择“单下划线”，颜色为绿色。

（4）选择 G3:L3 设置为合并单元格，选择 G3 单元格，设置对齐方式为居中，单击“fx”输入函数“=TODAY( )”，系统自动显示当天日期，打开“单元格格式”对话框，选择“数字”标签，在“分类”列表中选择“日期”类型为“2001 年 3 月 14 日”。

（5）选择 U3:Z3，设置为合并单元格并居中，在 U3 中输入“记字第”；选择 AA3:AD3 设置为合并单元格并居中，在 AE3 中输入“号”。

（6）选择 C4:D5，设置为合并单元格并居中，输入“摘要”，并将 C6:D6、C7:D7、C8:D8、C9:D9、C10:D10、C11:D11、C12:D12、C13:D13、C14:D14 设置为合并单元格并居中；选择 E4:H4，设置为合并单元格并居中，输入“会计科目”；选择 E5:F5，设置为合并单元格并居中，输入“总账科目”，并将 E6:F6、E7:F7、E8:F8、E9:F9、E10:F10、E11:F11、E12:F12、E13:F13、E14:F14 设置为合并单元格并居中；选择 G5:H5，设置为合并单元格并居中，输入“明细科目”，并将 G6:H6、G7:H7、G8:H8、G9:H9、G10:H10、G11:H11、G12:H12、G13:H13、G14:H14 设置为合并单元格并居中；选择 I4:S4，设置为合并单元格并居中，输入“借方金额”；选择 TI4:AD4，设置为合并单元格并居中，输入“贷方金额”。

（7）在 I5:S5 和 T5:AD5 分别输入“亿”“千”“百”“十”“万”“千”“百”“十”“元”“角”“分”。

（8）选择 AE4:AE5，设置为合并单元格并居中，输入“记账√”；并设置列宽 5.5。选择 C15:H15，设置为合并单元格并居中，输入“合计”。

（9）在单元格 C16 输入“财务主管：”；在 E16 输入“记账：”；在 G16 输入“出纳：”；选择 I16:N16，设置为合并单元格并居中，输入“审核：”；选择 O16:T16，设置为合并单元格并居中；选择 U16:X16，设置为合并单元格并居中，输入“制单：”；选择 Y16:AD16，设置为合并单元格并居中。

（10）在 AF5 输入“附”，在 AF6 输入“单”，在 AF7 输入“据”，在 AF9 输入“张”。

（11）将 C6:AE14、I15:AE15、AF8、D16、F16、H16、O16、Y16 设置字体颜色黑色。最终设计好记账凭证格式，如图 1-21 所示。

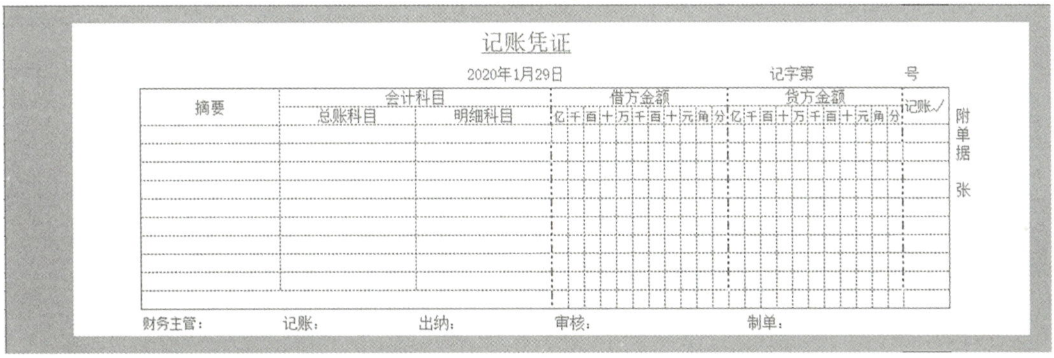

图 1-21　记账凭证格式

知识拓展

1.TODAY 函数显示计算机当前的日期。每天打开文件时，在单元格中显示系统当天的日期。

2. 每发生一笔业务就需要设计一张记账凭证，工作量太大，可以在设计之初，在“开发工具”主选项卡上的“代码”组中，点击“录制宏”。弹出“录制宏”窗口，我们可以设置“宏名”等，也可以直接使用默认设置，然后点击“确定”。单击“菜单”|“宏”|“录制新宏”将所有操作记录下来，供以后调用。单击“确定”，会出现宏的录制界面，如图 1–22 所示。在操作完成时，单击停止即可。

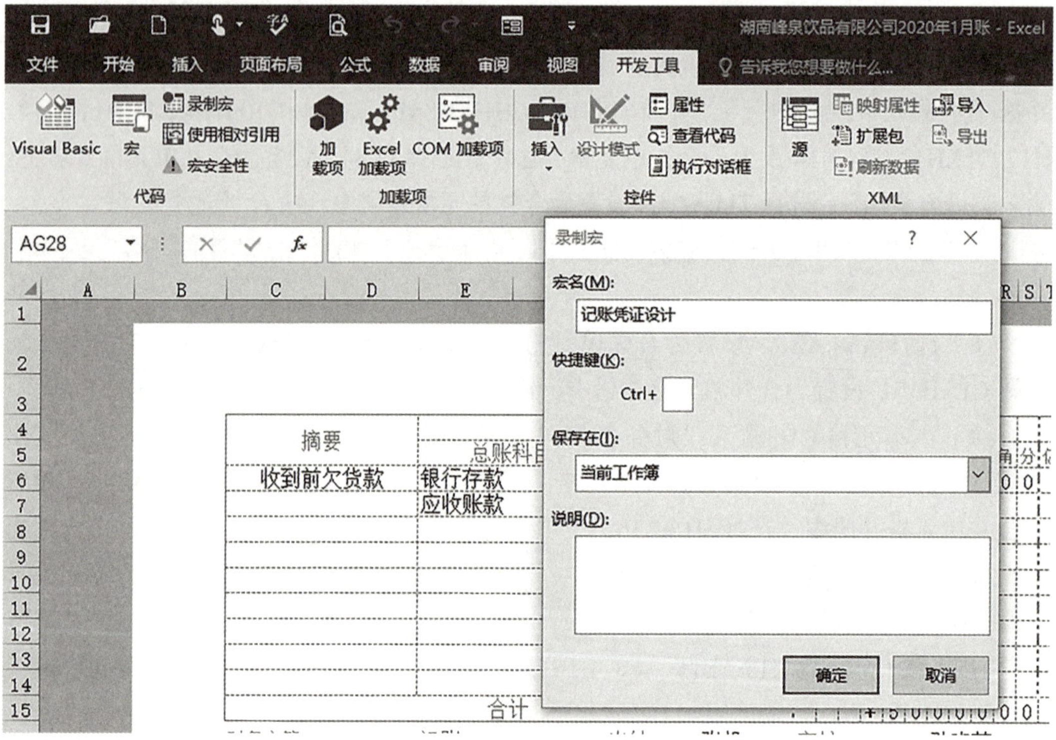

图 1–22　录制新宏

1.3.2　编制记账凭证

【业务描述】 湖南峰泉饮品有限公司每日根据会计凭证表的内容用函数来制作记账凭证。以会计凭证表第 1 笔的会计业务编制记账凭证为例，根据会计凭证表的内容编制记账凭证。

操作步骤：

（1）在“记账凭证”表中的 C6 单元格中输入“=”后直接鼠标点击“峰泉公司会计

凭证表”中的 C3 单元格并按回车键，显示“收到前欠货款”如图 1–23 所示，总账科目和明细科目操作方法和摘要操作方法一样。

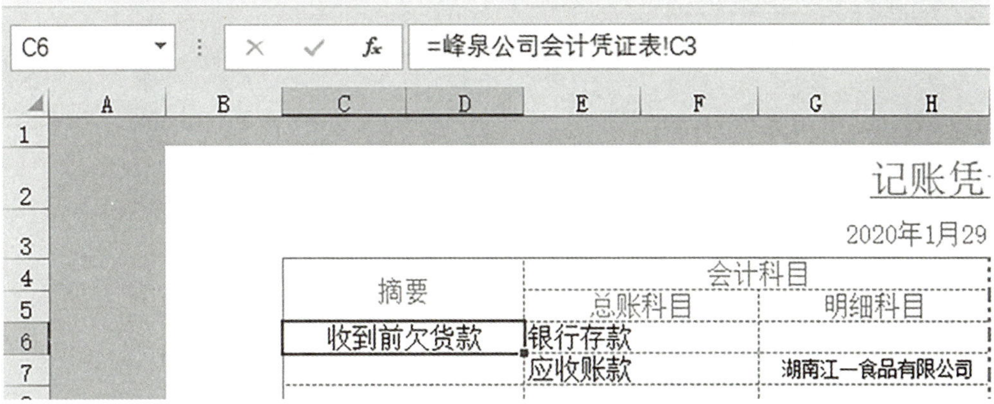

图 1–23　编制摘要内容

（2）在“记账凭证”表中的 S6 单元格中输入公式“=IF (峰泉公司会计凭证表 !$H3=0,"",MID(REPT("",11–LEN(FIXED(峰泉公司会计凭证表 !$H3*100,0,TRUE)))&FIXED(峰泉公司会计凭证表 !$H3*100,0,TRUE),COLUMN(A1),1))”，并单击 S6 单元格正文填充句柄一直拖到 I6 单元格，即可将银行存款 50 000 元的数字在记账凭证中显示出来，如图 1–24，贷方金额操作方法一样。

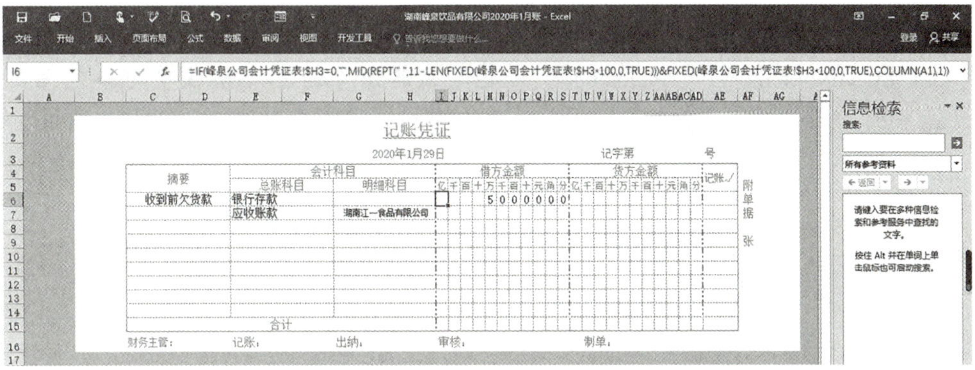

图 1–24　编制借方金额

（3）在“记账凭证”表中的 SI15 单元格中输入公式“=IF(峰泉公司会计凭证表 !$H3=0,"",MID(REPT("",11–LEN(" ￥"&FIXED(峰泉公司会计凭证表 !$H3*100,0,TRUE)))&" ￥"&FIXED(峰泉公司会计凭证表 !$H3*100,0,TRUE),COLUMN(A1),1))”，并单击 S15 单元格正文填充句柄一直拖到 I15 单元格，即可将借方合计数字在记账凭证中显示出来，贷方合计金额操作方法一样。最后将记字第几号、附单据数几张及相关人员签字处手动填写相关内容，如图 1–25。

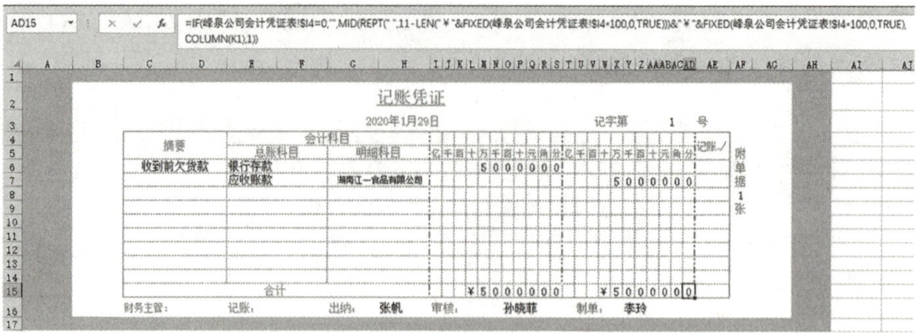

图 1–25　编制合计金额

知识拓展

1.FIXED(number,decimals,no_commas)。FIXED 函数跟 ROUND 函数的用法类似，也是一个四舍五入函数。FIXED 函数的作用是将需要处理的数字四舍五入到指定的小数位数，然后以文本形式返回结果。如 FIXED(123467890.126,2,TRUE) 返回的值为 123467890.13。

2.LEN(text)。text 表示要计算长度的文本。LEN 函数返回该文本的长度。如 LEN（123467890.12）返回的值为 12。

3.REPT(text,number_times)。REPT 函数可以按照定义的次数重复显示文本，number_times 表示重复显示该文本的次数。如 REPT（300,2）返回值为 300300。

4.MID(text,start_num,num_chars)。MID 函数是从 text 所示的字符串中，从左边开始数，第 start_num 个位置开始，截取 num_chars 个的字符。如 MID(12346789,4,3) 返回值为 467。

5.COLUMN(reference)。“Reference” 为要返回其列号的单元格或单元格范围（注：如省略参数 “reference”，则返回该参数对 COLUMN 函数所在单元格的引用）。如 COLUMN（D3）返回值为 4。

任务 1.4　账簿处理

课程思政

故意销毁会计账簿，面临刑事处罚

2010 年 12 月底，重庆某广告有限公司的实际负责人张天生，为达到偷税的目的，在该公司建立了一套暗账，主要记载该公司以现金收入且不开发票部分的广告款和一些支出。被告人张芹负责管理暗账及账款。2013 年 11 月底，张天生因涉嫌犯罪被重庆市公安局立案侦查，该公司公开账簿被公安局扣押后，被告人张芹即将暗账中的余款转到该公司的公开账户上，并擅自销毁了暗账，上述销毁的暗账涉及金额 400 余万元。张芹以故意销毁会计账簿罪被提起公诉。审理过程中，辩护人提出：被销毁的资料不属于依法应当保存的会计凭证、会计账簿或财务会计报告。

重庆市第三中级人民法院根据上述事实和证据认为，张芹所记录的账页，是经营业务的账外账，反映了公司的经营活动，是国家进行监管的依据，属依法应予保存的会计账簿。张芹的行为已构成故意销毁会计账簿罪。

引例与分析

会计账簿简称账簿，是由具有一定格式、相互联系的账页所组成，用来序时、分类地全面记录一个企业、单位经济业务事项的会计簿籍。设置和登记会计账簿，是重要的会计核算基础工作，是连接会计凭证和会计报表的中间环节。

1.4.1 总分类账表的建立与查询

【业务描述】 根据峰泉公司 2020 年 1 月的会计凭证表，建立峰泉公司总分类账。

操作步骤：

（1）打开“项目 1 总账会计岗位 .xlsx”的工作簿，插入新工作表，并将 sheet5 表重命名为“峰泉公司总分类账表”。

（2）选择 A1 单元格，输入标题“峰泉公司 2020 年 1 月总分类账表”，居中，字体加粗。

（3）选择 A2 单元格，输入“科目编码”；选择 B2 单元格，输入“总账科目名称”；选择 C2 单元格，输入“月初余额”；选择 D2 单元格，输入“借方合计”；选择 E2 单元格，输入“贷方合计”；选择 F2 单元格，输入“方向”；选择 G2 单元格，输入“月末余额”。

（4）选择“科目编码”列单元格，单击“格式”菜单中“单元格”命令，设置为文本。

（5）将上述单元格调整至合适的行高及列宽，如图 1-26 所示。

	A	B	C	D	E	F	G
1	**峰泉公司1月份总分类账表**						
2	科目编码	总账科目名称	月初余额	借方合计	贷方合计	方向	月末余额
3							
4							

图 1-26 总分类账表

1.4.2 填制总分类账表

【业务描述】 根据峰泉公司 2020 年 1 月的会计凭证表，填制总分类账表。

方法一：先排序，后分类汇总。

操作步骤：

（1）选择“峰泉公司会计凭证表”，为了不破坏原表数据及格式，单击表名并按住 CTRL 键向右拖动，复制出一张与原表同数据同格式的“峰泉公司会计凭证表（2）”，选择“峰泉公司会计凭证表（2）”，重命名为“峰泉公司会计凭证表（汇总）”。

（2）选择“峰泉公司会计凭证表（汇总）”，选择“数据”选项卡，单击“排序”命令。

（3）打开“排序”对话框，设置以“科目编码”为主要关键字，以“升序”为次序，单击“确定”完成，如图 1–27 所示。

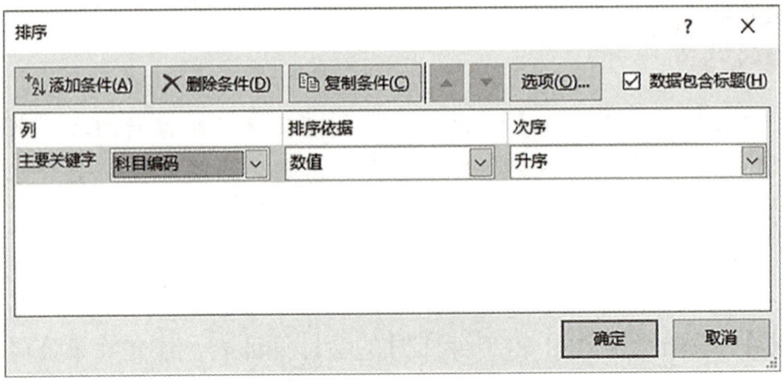

图 1–27　排序设置

（4）选择“数据”选项卡，单击“分类汇总”命令，如图 1–28 所示。

（5）打开“分类汇总”对话框，设置以“总账科目名称”为分类项，对“借方金额”及“贷金额”进行汇总求和，单击“确定”按钮完成，如图 1–29 所示。

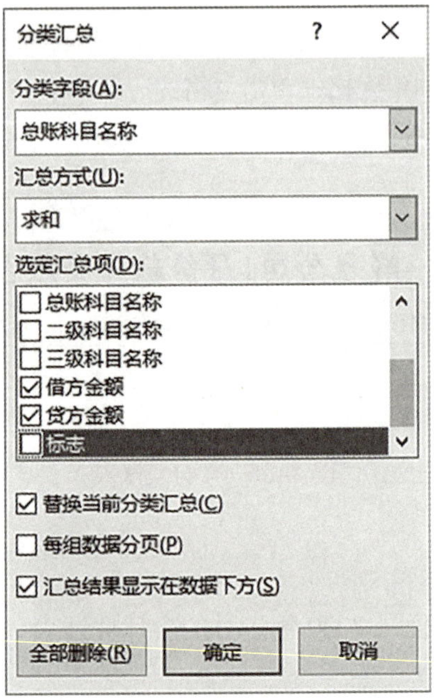

图 1–28　分类汇总

	A	B	C	D	E	F	G	H	I	J
1	峰泉公司1月会计凭证表									
2	凭证编码	日期	摘要	科目编码	总账科目名称	二级科目名称	三级科目名称	借方金额	贷方金额	标志
3	10	2020/1/19	取现	1001	库存现金			1 000		
4					**库存现金 汇总**			1 000	0	
5	1	2020//1/4	收到前欠货款	1002	银行存款			50 000		
6	1	2020//1/5		1002	银行存款				11 902. 66	
7	1	2020//1/5		1002	银行存款				5 776. 96	*
8	2	2020//1/6	借入短期借款	1002	银行存款			300 000		
9	2	2020//1/12		1002	银行存款				100 000	*
10	3	2020//1/13		1002	银行存款				8 768. 8	*
11	4	2020//1/14	销售货物	1002	银行存款			169 048		
12	8	2020/1/17		1002	银行存款				500	*
13	9	2020//1/18		1002	银行存款				157 950	*
14	10	2020//1/19		1002	银行存款				1 000	*
15					**银行存款 汇总**			519 048	285 898. 42	
16	11	2020//1/5	购入固定资产	1601	固定资产			10 533. 33		
17					**固定资产 汇总**			10 533. 33	0	
18	11	2020//1/6		2001	短期借款				300 000	*
19					**短期借款 汇总**			0	300 000	
20	8	2020//1/17	购买办公用品	5101	制造费用			310		
21					**制造费用 汇总**			310	0	
22	8	2020//1/14		6001	主营业务收入				149 600	
23					**主营业务收入 汇总**			0	149 600	
24	8	2020//1/5		6602	管理费用			5 776. 96		
25	8	2020//1/17		6602	管理费用			190		
26					**管理费用 汇总**			5 966. 96	0	
27	8	2020//1/4		112201	应收账款	湖南江一食品有限公司			50 000	*

图 1–29　分类汇总结果

（6）选中“峰泉公司会计凭证表（汇总）”中 E2 到 I40 区域，单击“公式”选项卡中的“定义名称”命令，设置为“汇总表”的定义名称。

（7）选择“峰泉公司 1 月份总分类账表”中 A3 单元格，输入“总账期初余额表”表中的相关科目编码，在“总账科目名称”列的第一个单元格，输入公式：=VLOOKUP(A3, 会计科目表 ,2,0), 该列其他单元格数据利用填充柄（+）复制公式取得，如图 1–30 所示。

B3　=VLOOKUP(A3,会计科目表,2,0)

	A	B	C	D	E	F	G
1	峰泉公司1月份总分类账表						
2	科目编码	总账科目名称	月初余额	借方合计	贷方合计	方向	月末余额
3	1001	库存现金	800				
4							

图 1–30　自动填制会计科目名称

（8）在“峰泉公司总账期初余额表”中，由于有些会计科目没有期初余额，VLOOKUP( ) 函数可能得出的就是一个错误值，所以选择“峰泉公司 1 月总分类账表”中“月初余额”列第一个单元格，输入公式：=IF(ISERROR(VLOOKUP(A3, 总账期初余额表 !$A$4:$D$28,4,0)),0,VLOOKUP(A3, 总账期初余额表 !$A$4:$D$28,4,0))，该列其他单元格数据利用填充柄（+）复制公式取得。（注：ISERROR( ) 函数：检测一个值是否为任意错误值（#N/A、#VALUE!、#REF!、#DIV/0!、#NUM!、#NAME? 或 #NULL!)。）

（9）选择“峰泉公司 1 月总分类账表”中“借方合计”列第一个单元格，输入公式：=IF(ISERROR(VLOOKUP($B3&" 汇总 ", 汇总表 ,4,0)),0,VLOOKUP($B3&" 汇总 ", 汇总表 ,4,0))，该列其他单元格数据利用填充柄（+）复制公式取得。（注：& 为字符串连接符，例：A1=“我”，B1=“爱中国”，A1&B1=“我爱中国”），如图 1–31 所示。

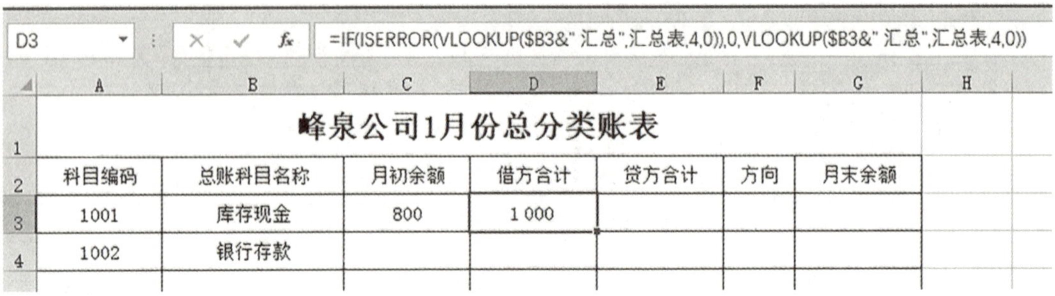
D3　=IF(ISERROR(VLOOKUP($B3&" 汇总",汇总表,4,0)),0,VLOOKUP($B3&" 汇总",汇总表,4,0))

峰泉公司1月份总分类账表

科目编码	总账科目名称	月初余额	借方合计	贷方合计	方向	月末余额
1001	库存现金	800	1 000			
1002	银行存款					

图 1–31　取库存现金借方合计金额

（10）选择“峰泉公司 1 月总分类账表”中“贷方合计”列第一个单元格，输入公式：=IF(ISERROR(VLOOKUP($B3&" 汇总 ", 汇总表 ,5,0)),0,VLOOKUP($B3&" 汇总 ", 汇总表 ,5,0))，该列其他单元格数据利用填充柄（+）复制公式取得。

（11）在“峰泉公司 1 月总分类账表”中，选择“方向”列数据均为借。

（12）在“峰泉公司 1 月总分类账表”中，选择“月末余额”列第一个单元格，输入公式：=C3+(D3−E3)，该列其他单元格数据利用填充柄（+）复制公式取得。

方法二：SUMIF( ) 函数条件汇总

操作步骤：

（1）在“峰泉公司 1 月总分类账表”中，选择“月初余额”列第一个单元格，输入公式：=IF(ISERROR(VLOOKUP(A3, 总账期初余额 ,4,0)),0,VLOOKUP(A3, 总账期初余额 ,4,0))，该列其他单元格数据利用填充柄（+）复制公式取得。

（2）在“峰泉公司 1 月总分类账表”中，选择“借方合计”列第一个单元格，输入公式：=SUMIF(总账科目 ,$B3, 借方金额)；再利用填充柄（+）横向拖动复制公式到“贷方合计”列第一个单元格中，并将公式中“借方金额”改为“贷方金额”即可。该两列其他单元格数据利用填充柄（+）纵向复制公式取得。（注：SUMIF( ) 函数：对满足条件的单元格求和。本例 SUMIF( ) 函数中使用的“总账科目”“借方金额”及“贷方金额”均为“峰泉公司会计凭证表”中的名称定义区域。如图 1–32 所示。

D3　=SUMIF(总账科目,$B3,借方金额)

	A	B	C	D	E	F	G
1	峰泉公司1月份总分类账表						
2	科目编码	总账科目名称	月初余额	借方合计	贷方合计	方向	月末余额
3	1001	库存现金	800	1 000	0	借	1 800

图 1-32　填入借方合计金额

（3）在“峰泉公司 1 月总分类账表”中，选择“方向”列数据均为借。

（4）在“峰泉公司 1 月总分类账表”中，选择“月末余额”列第一个单元格，输入公式：=C3+(D−E3)，该列其他单元格数据利用填充柄（+）复制公式取得，如图 1-33 所示。

G5　=C5+(D5-E5)

	A	B	C	D	E	F	G
1	峰泉公司1月份总分类账表						
2	科目编码	总账科目名称	月初余额	借方合计	贷方合计	方向	月末余额
3	1001	库存现金	800	1 000	0	借	1 800
4	1002	银行存款	252 878. 88	519 048	285 898. 42	借	486 028. 46
5	1601	固定资产	2 100 000	10 533. 33	0	借	2 110 533. 33

图 1-33　填入月末余额

1.4.3　明细账的建立与查询

【业务描述】 根据峰泉公司 2020 年 1 月的会计凭证表，利用数据筛选建立公司各明细账表。

操作步骤：

（1）打开前面所建立的“2020 年 1 月总账 .xlsx”工作簿，插入新工作表 sheet8，命名为：“峰泉公司 1 月明细账”。

（2）选择 A1:J1，合并单元格，输入标题“峰泉公司 1 月份明细账”，居中，字体加粗。

（3）选择“峰泉公司会计凭证表”，单击“数据”选项卡中的“筛选”按钮，在各列数据标题栏下出现下拉式按钮，单击“二级科目名称”的下拉按钮，选择所需的明细科目，如图 1-34 所示（另外一种方法：单击下拉列表中的“文本筛选”，选择“等于”命令，在弹出的“自定义自动筛选方式”中选择所需的明细科目，见图 1-35），例如：“应收账款——湖南江一食品公司”，即得到应收账款——湖南江一食品公司明细账的筛选数据。

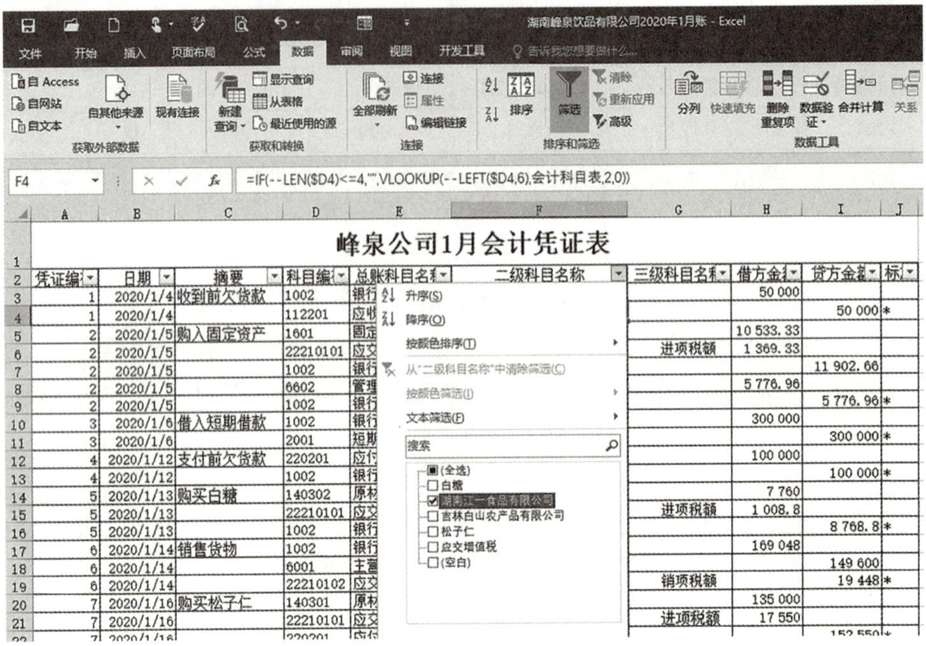

图 1–34 数据筛选

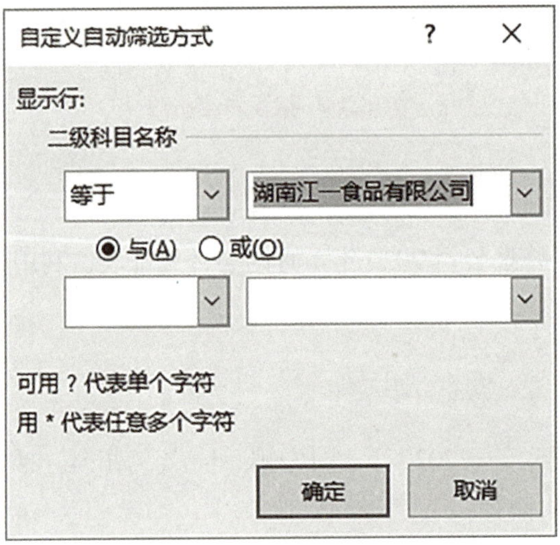

图 1–35 设置自定义自动筛选方式

（4）把筛选数据复制到新工作表中，再在新工作表中照总分类账表格式添加“月初余额”“方向”“月末余额”三列，选择“月初余额”列第一个单元格，输入公式：=VLOOKUP(D3, 往来账明细期初 ,6,0)；“方向”列均输入“借”；“月末余额”列第一个单元格输入公式：=H3+(I3–J3)。其他单元格公式利用填充柄复制取得，如图 1–36 所示。

H3　=VLOOKUP(D3,往来账明细期初,6,0)

峰泉公司1月份明细账											
凭证编码	日期	摘要	科目编码	总账科目名	二级科目名称	三级科目名称	月初余额	借方金额	贷方金额	方向	月末余额
1	2020/1/4	收到前欠货款	112201	应收账款	湖南江一食品有限公司		100 000.00		50 000.00	借	50 000.00
1	2020/1/13	购买白糖	140302	原材料	白糖		3 940.00	7 760		借	11 700.00
4	2020/1/12	支付前欠货款	220201	应付账款	吉林白山农产品有限公司		-80 000.00	100 000		借	20 000.00
7	2020/1/16	购买松子仁	220201	应付账款	吉林白山农产品有限公司		-80 000.00		157 950	借	-237 950.00
9	2020/1/18	支付前欠货款	220201	应付账款	吉林白山农产品有限公司		-80 000.00	157 950		借	77 950.00

图 1-36　明细账

（5）回到“峰泉公司会计凭证表”，单击“数据”选项卡中的“筛选”按钮，取消筛选功能，恢复“峰泉公司会计凭证表”原来状态。

1.4.4　编制科目汇总表

【业务描述】 为了节约登记总账的时间，可先定期（如 5 天或 10 天或 1 个月）根据记账凭证编制科目汇总表。根据本月的各科目的期初余额及本期借、贷发生额，进行科目汇总表的编制。

操作步骤：

（1）插入新工作表，并将新工作表重命名为“峰泉公司 1 月科目汇总表”。

（2）选择 A1:D1，合并单元格，输入标题“峰泉公司 1 月份科目汇总表”，居中，字体加粗。

（3）选择 A2 单元格，输入“科目编码”；选择 B2 单元格，输入“总账科目名称”；选择 C2 单元格，输入“借方发生额”；选择 D2 单元格，输入“贷方发生额”。

（4）表的最后一行设计“合计”栏。将上述单元格调整至合适的行高及列宽，如图 1-37 所示。

D15　=SUM(D3:D14)

峰泉公司1月份科目汇总表			
科目编码	总账科目名称	借方发生额	贷方发生额
1001	库存现金	1 000	0
1002	银行存款	519 048	285 898.42
1122	应收账款	0	50 000
1403	原材料	142 760	0
1405	库存商品	0	0
1601	固定资产	10 533.33	0
2001	短期借款	0	300 000
2202	应付账款	257 950	152 550
2221	应交税费	19 928.13	19 448
5101	制造费用	310	0
6001	主营业务收入	0	149 600
6602	管理费用	5 966.96	0
合计		957 496.42	957 496.42

图 1-37　科目汇总表

（5）表中除“合计”外，其他各单元的填制方法同总分类账中各单元格填制方法，不再复述。

1.4.5 编制科目余额表

【业务描述】 科目余额表是用来记录本期所有会计科目的发生额和余额的表格。它是科目汇总表的进一步延伸，能够反映某一会计期间相关会计科目（账户）的期初余额、本期发生额、期末余额，为编制会计报表提供更完善的数据。科目余额表的格式如表 1–8 所示。

表 1–8 科目余额表

科目编码	科目名称	期初余额		本期发生额		期末余额	
		借方	贷方	借方	贷方	借方	贷方
合　计							

操作步骤：

（1）插入一个新的工作表并命名为“科目余额表”，在 A1 单元格输入湖南峰泉公司科目余额表，在 A2:A3 输入科目编码，B2:B3 输入科目名称，C2:D2 输入期初余额，E2:F2 输入本期发生额，G2:H2 输入期末余额，在 C3、E3、G3 输入借方，D3、F3、H3 输入贷方，建立科目余额表的基本格式。

（2）在 A4:B28 的单元格中输入会计科目编码及相应的会计科目。

（3）在 C4 单元格输入“=IF（VLOOKUP（A4，总账期初余额表!$A$4:$D$28，4，0）>0，VLOOKUP（A4，总账期初余额表! $A$4:$D$28，4，0），0）”，将该函数向下填充至 C28 单元格。

（4）在 D4 单元格输入“=IF（VLOOKUP(A4, 总账期初余额表!$A$4:$D$28,4,0）<0，-VLOOKUP（A4, 总账期初余额表! $A$4:$D$28，4，0），0）”，将该函数向下填充至 D28 单元格，如图 1–38 所示。

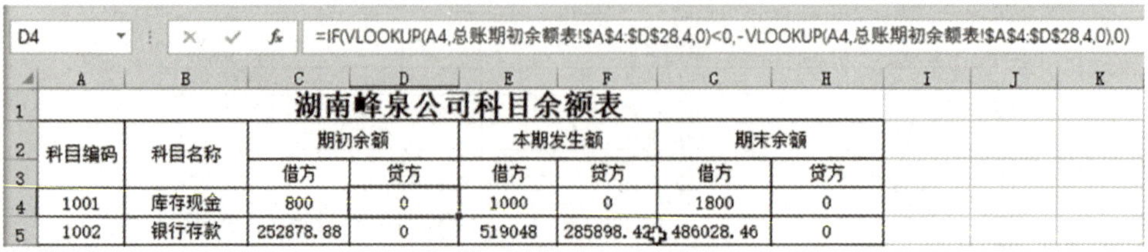

图 1–38 期初贷方余额的取值

（5）在 E4 单元格输入“= IF（ISERROR(VLOOKUP（$B4&“总汇”总表，4，0）)，0，VLOOKUP（$B4&“汇总”，汇总表，4，0）)”或“=SUMIF（峰泉公司会计凭证表 !$E$3:$E$29，B4，峰泉公司会计凭证表 !$H$3:$H$29）”，将该函数向下填充至 E28 单元格。

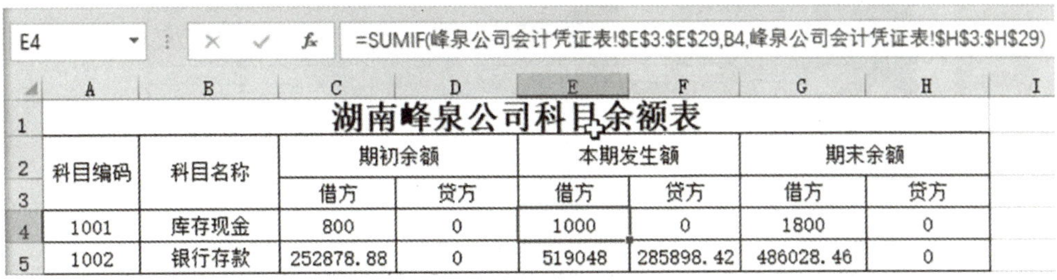

E4　=SUMIF(峰泉公司会计凭证表!$E$3:$E$29,B4,峰泉公司会计凭证表!$H$3:$H$29)

湖南峰泉公司科目余额表							
科目编码	科目名称	期初余额		本期发生额		期末余额	
		借方	贷方	借方	贷方	借方	贷方
1001	库存现金	800	0	1000	0	1800	0
1002	银行存款	252878.88	0	519048	285898.42	486028.46	0

图 1-39　用 SUMIF 函数求本期借方发生额

（6）在 F4 单元格输入“= IF（ISERROR（VLOOKUP（$B4&“汇总”，汇总表，5，0））,0，VLOOKUP（$B4&“汇总”，汇总表，5，0）)”或“=SUMIF（峰泉公司会计凭证表 !$E$3:$E$29，B4，峰泉公司会计凭证表 !$I$3:i29）”，将该函数向下填充至 F28 单元格。

（7）在 G4 单元格输入“=IF（C4–D4+E4–F4>0，C4–D4+E4–F4，0）”，将该函数向下填充至 G28 单元格。

（8）在 H4 单元格输入“=IF（C4–D4+E4–F4<0，–（C4–D4+E4–F4），0）”，将该函数向下填充至 H28 单元格。

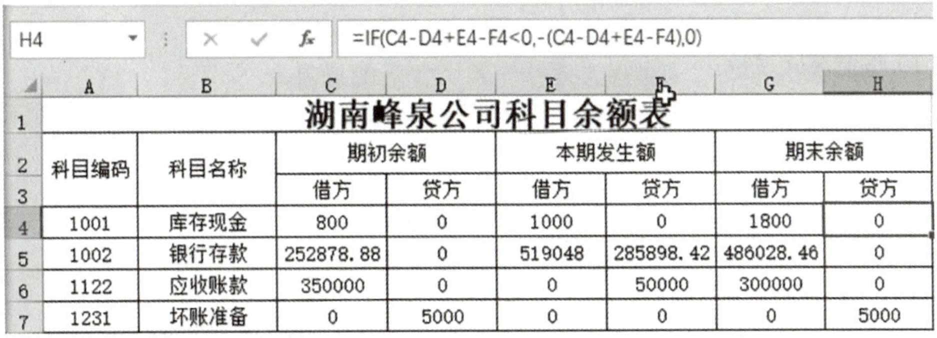

H4　=IF(C4-D4+E4-F4<0,-(C4-D4+E4-F4),0)

湖南峰泉公司科目余额表							
科目编码	科目名称	期初余额		本期发生额		期末余额	
		借方	贷方	借方	贷方	借方	贷方
1001	库存现金	800	0	1000	0	1800	0
1002	银行存款	252878.88	0	519048	285898.42	486028.46	0
1122	应收账款	350000	0	0	50000	300000	0
1231	坏账准备	0	5000	0	0	0	5000

图 1-40　IF 函数求期末贷方余额

1.4.6　编制资产负债表

【业务描述】 会计报表是财务报表的主体和核心，由资产负债表、利润表、现金流量表、所有者权益（或股东权益）变动表及相关附表组成。根据峰泉公司 2020 年 1 月的总分类账表，编制峰泉公司 1 月资产负债表。

操作步骤：

（1）插入新工作表，命名为“峰泉公司 1 月资产负债表”。

（2）根据资产负债表的基本格式，设计资产负债表 Excel 表格，如图 1–41 所示。

资产负债表					
					会企01表
编制单位：			____年____月____日		单位：元
资　产	年初余额	期末余额	负债和所有者权益（或股东权益）	年初余额	期末余额
流动资产：			流动负债：		
货币资金			短期借款		
交易性金融资产			交易性金融负债		
应收票据			应付票据		
应收账款			应付账款		
预付款项			预收款项		
应收利息			应付职工薪酬		
应收股利			应交税费		
其他应收款			应付利息		
存货			应付股利		
持有待售资产			其他应付款		
一年内到期的非流动资产			持有待售负债		
其他流动资产			一年内到期的非流动负债		
			其他流动负债		
流动资产合计	-	-	流动负债合计	-	-
非流动资产：			非流动负债：		
可供出售金融资产			长期借款		
持有至到期投资			应付债券		
长期应收款			长期应付款		
长期股权投资			专项应付款		
投资性房地产			预计负债		
固定资产			递延所得税负债		
减：累计折旧			其他非流动负债		
固定资产净值			非流动负债合计	-	-
减：固定资产减值准备			负债合计	-	-
固定资产净额					
在建工程			所有者权益（或股东权益）：		
工程物资			实收资本（或股本）		
固定资产清理			资本公积		
生产性生物资产			减：库存股		
无形资产			专项储备		
无形资产			盈余公积		
商誉			未分配利润		
长期待摊费用			所有者权益（或股东权益）合计	-	-
递延所得税资产					
其他非流动资产					
非流动资产合计	-	-			
资产总计	-	-	负债和所有者权益（或股东权益）合计	-	-

图 1–41　资产负债表

（3）编制公式取数。

操作方法一：根据总分类账表数据及资产负债表各项填制方式，生成各项目年初余额。各单元格公式如下：

“货币资金年初数”单元格 =SUMIF(总账科目名称 ," 库存现金 ", 月初余额)+SUMIF(总账科目名称 ," 银行存款 ", 月初余额)+SUMIF(总账科目名称，" 其他货币资金 "，月初余额)

“应收账款年初数”单元格 =SUMIF(总账科目名称 ," 应收账款 ", 月初余额)

注：

（1）坏账准备、固定资产原值、累计折旧、短期负债、应付账款、应交税金、实收资本、盈余公积、未分配利润等项目的年初数均采用上述 SUMIF( ) 函数从总账中取对应科目的期初余额。

（2）公式中的“总账科目名称”及“月初余额”均为总分类账中总账科目名称及月初余额列的区域名称定义。

根据总分类账表数据及资产负债表各项填制方式，生成各项目年末余额。各单元格公式设置方法同年初余额公式，只需做修改即可，如：

“货币资金年初数”单元格 =SUMIF(总账科目名称 ," 库存现金 ", 月末余额)+SUMIF(总账科目名称 ," 银行存款 ", 月末余额)+SUMIF(总账科目名称 ," 其他货币资金 ", 月末余额)

“应收账款年初数”单元格 =SUMIF(总账科目名称 ," 应收账款 ", 月末余额)

表中各项合计单元格公式均采用 SUM( ) 函数完成。如“所有者权益年初数”合计单元格：=SUM(G14:G16)

操作方法二：采用数据链接直接引用的方式填制。

打开科目余额表和资产负债表。如设置货币资金的期初余额，选择资产负债表的 C5 单元格（货币资金期初余额栏）输入“=”，单击切换至“科目余额表”，选择科目余额表中 C4（库存现金期初余额栏），输入“+”，然后单击“科目余额表”C5（银行存款期初余额栏），键入回车键。系统自动切换到“资产负债表”显示计算结果。

参照上述操作方法设置其他项目的金额。

在合计栏利用 SUM( ) 函数进行求和计算。

资产负债表

会企01表

编制单位：　　2020 年 1 月 31 日　　单位：元

资产	年初余额	期末余额	负债和所有者权益（或股东权益）	年初余额	期末余额
流动资产：			流动负债：		
货币资金	253,678.88	487,828.46	短期借款		300,000.00
交易性金融资产			交易性金融负债		
应收票据			应付票据		
应收账款	345,000.00	295,000.00	应付账款	80,000.00	-
预付款项	50,000.00	75,400.00	预收款项	20,000.00	20,000.00
应收利息			应付职工薪酬	49,610.88	49,610.88
应收股利			应交税费	22,880.00	22,399.87
其他应收款			应付利息	13,056.00	13,056.00
存货	271,400.00	414,470.00	应付股利		
持有待售资产			其他应付款		
一年内到期的非流动资产			持有待售负债		
其他流动资产			一年内到期的非流动负债		
			其他流动负债		
流动资产合计	920,078.88	1,272,698.46	流动负债合计	185,546.88	405,066.75
非流动资产：			非流动负债：		
可供出售金融资产			长期借款	800,000.00	800,000.00
持有至到期投资			应付债券		
长期应收款			长期应付款		
长期股权投资			专项应付款		
投资性房地产			预计负债		
固定资产	2,100,000.00	2,110,533.33	递延所得税负债		
减：累计折旧	286,300.00	286,300.00	其他非流动负债		
固定资产净值	1,813,700.00	1,824,233.33	非流动负债合计	800,000.00	800,000.00
减：固定资产减值准备			负债合计	985,546.88	1,205,066.75
固定资产净额	1,813,700.00	1,824,233.33			
在建工程			所有者权益（或股东权益）：		
工程物资			实收资本（或股本）	1,500,000.00	1,500,000.00
固定资产清理			资本公积		
生产性生物资产			减：库存股		
无形资产			专项储备		
无形资产			盈余公积	100,000.00	100,000.00
商誉			未分配利润	148,232.00	291,865.04
长期待摊费用			所有者权益（或股东权益）合计	1,748,232.00	1,891,865.04
递延所得税资产					
其他非流动资产					
非流动资产合计	1,813,700.00	1,824,233.33			
资产总计	2,733,778.88	3,096,931.79	负债和所有者权益（或股东权益）合计	2,733,778.88	3,096,931.79

图 1-42　1 月份资产负债表

1.4.7　编制利润表

【业务描述】 会计报表是财务报表的主体和核心，由资产负债表、利润表、现金流量表、所有者权益（或股东权益）变动表及相关附表组成。根据峰泉公司 2020 年 1 月的总分类账表，编制峰泉公司 1 月利润表。

操作步骤：

（1）插入新工作表，命名为“峰泉公司 1 月利润表”。

（2）根据利润表的基本格式，设计利润表 Excel 表格，如图 1-43 所示。

利润表		
编制单位：湖南峰泉饮品有限公司　　　　____年____月		会企02表 单位：元
项目	本月数	本年累计数
一、营业务收入		
减：营业成本		
税金及附加		
销售费用		
管理费用		
财务费用		
加：公允价值变动收益（损失以“-”号填列）		
投资收益（损失以“-”号填列）		
其中：对联营企业和合营企业的投资收益		
资产处置收益（损失以“-”号填列）		
其他收益		
二、营业利润（亏损以“-”号填列）		
加：营业外收入		
减：营业外支出		
三、利润总额（亏损以“-”号填列）		
减：所得税费用		
四、净利润（净亏损以“-”号填列）		
（一）持续经营净利润（净亏损以“-”号填列）		
（二）终止经营净利润（净亏损以“-”号填列）		
五、其他综合收益的税后净额		
（一）以后不能重分类进损益的其他综合收益		
1. 重新计量设定受益计划净负债或净资产的变动		
……		
（二）以后将重分类进损益的其他综合收益		
1. 权益法下在被投资单位以后将重分类进损益的其他综合收益中享有的份额		
……		
六、综合收益总额		
七、每股收益		
（一）基本每股收益		
（二）稀释每股收益		

图 1-43　编制利润表

（3）根据总分类账表数据及利润表各项填制方式，设计各项目数据公式。

选择利润表”的 B5 单元格，输入“=IF(ISERROR(VLOOKUP(" 主营业务收入 ", 科目余额表 !$B$4:$H$28,5,0)),0,VLOOKUP(" 主营业务收入 ", 科目余额表 !$B$4:$H$28,5,0))+IF(ISERROR(VLOOKUP(" 其他业务收入 ", 科目余额表 !$B$4:$H$28,5,0)),0,VLOOKUP(" 其他业

务收入 ",科目余额表 !$B$4:$H$28,5,0))"。单击确定完成函数的取数。

同理输入其他项目的金额。

选中 B16 单元格输入公式 "=B5-SUM(B6:B10)+B11+B12+B14+B15"；同理直接输入其他科目的计算公式。

利润表

		会企02表
编制单位：湖南峰泉饮品有限公司　　2020 年 1 月		单位：元
项目	本月数	本年累计数
一、营业务收入	149600.00	149600.00
减：营业成本	0.00	0.00
税金及附加	0.00	0.00
销售费用	0.00	0.00
管理费用	5966.96	5966.96
财务费用	0.00	0.00
加：公允价值变动收益（损失以"-"号填列）		
投资收益（损失以"-"号填列）		
其中：对联营企业和合营企业的投资收益		
资产处置收益（损失以"-"号填列）		
其他收益		
二、营业利润（亏损以"-"号填列）	143633.04	143633.04
加：营业外收入		
减：营业外支出		
三、利润总额（亏损以"-"号填列）	143633.04	143633.04
减：所得税费用	35908.26	35908.26
四、净利润（净亏损以"-"号填列）	107724.78	107724.78
（一）持续经营净利润（净亏损以"-"号填列）		
（二）终止经营净利润（净亏损以"-"号填列）		
五、其他综合收益的税后净额		
（一）以后不能重分类进损益的其他综合收益		
1. 重新计量设定受益计划净负债或净资产的变动		
……		
（二）以后将重分类进损益的其他综合收益		
1. 权益法下在被投资单位以后将重分类进损益的其他综合收益中享有的份额		
……		
六、综合收益总额		
七、每股收益		
（一）基本每股收益		
（二）稀释每股收益		

图 1—44　1 月份利润表

项目小结

本项目讲述了利用 Excel 电子表格及 IF、LEN、LOOKUP 和 SUMIF 等函数功能制作会计科目表、进行日常经济业务处理、账簿处理、编制科目余额表、编制会计报表等。

会计报表是综合反映企业经营成果、财务状况以及现金流量信息的书面文件，它是会计核算的最终结果，也是会计核算工作的总结。

【职业能力训练】

1. 简述 Excel 中 VLOOKUP 函数的含义。

2. 总分类账表中的会计科目期间发生额如何从会计凭证表中获取金额数字。

【技能强化训练】

一、开账并完成初始化设置

实训目标：根据衡阳仁科公司 2020 年 12 月相关资料建立总账及相关基本表格。

实训资料：2020 年 12 月份有关科目及期初余额表如下。（见表 1–9）

表 1–9

科目名称	方向	币别 / 计量	期初余额
库存现金（1001）	借		6 775.00
银行存款（1002）	借		159 488.00
工行（100201）	借		159 488.00
中行（100202）	借		
	借	美元	
应收账款（1122）	借		157 600.00
世纪学校	借		99 600.00
海达公司	借		58 000.00
坏账准备（1231）	贷		788.00
其他应收款（1221）	借		3 800.00
肖剑	借		3 800.00
库存商品（1405）	借		199 976.00
多媒体教程（140501）	借		87 976.00
	借	册	3 142.00
多媒体课件（140502）	借		112 000.00
	借	套	3 200.00
待摊费用（1802）	借		642.00
报刊费（180201）	借		642.00
固定资产（1601）	借		260 680.00
累计折旧（1602）	贷		10 689.00
无形资产（1701）	借		58 500.00
短期借款（2001）	贷		200 000.00
应付账款（2202）	贷		276 850.00
应付账款——万科（220201）	贷		276 850.00
应付职工薪酬（2211）	贷		10 222.00
应付福利费（221102）	贷		10 222.00
应交税金（2221）	贷		0.00
应交增值税（222101）	贷		0.00

续表

科目名称	方向	币别 / 计量	期初余额
进项税额（22210101）	贷		0.00
销项税额（22210102）	贷		0.00
已交税金（22210103）	贷		0.00
未交增值税（22210107）	贷		0.00
其他应付款（2241）	贷		2 100.00
预提费用（2802）	贷		50 000.00
短期借款利息（280201）	贷		50 000.00
实收资本（4001）	贷		190 955.00
利润分配（4104）	贷		144 400.00
未分配利润（410407）	贷		144 400.00
生产成本（5001）	借		17 165.00
直接材料（500101）	借		155.00
直接工资（500102）	借		15 000.00
制造费用（500103）	借		2 010.00
制造费用（5101）	借		0.00
主营业务收入（6001）	贷		0.00
多媒体教程（600101）	贷		0.00
多媒体课件（600102）	贷		0.00
主营业务成本（6401）	借		0.00
多媒体教程（640101）	借		0.00
多媒体课件（640102）	借		0.00
管理费用（6602）	借		0.00
工资费用（660201）	借		0.00
办公费用（660202）	借		0.00
其他费用（660203）	借		0.00
财务费用（6603）	借		0.00
利息支出（660301）	借		0.00

注：借方及贷方余额合计均为 875 315 元。

工作步骤：

（1）在“F:\光明公司财务\2020 年总账”的文件夹下建立名为“2020 年 12 月总账 .xlsx”的工作簿。

（2）将 sheet1 改名为封面，输入光明公司的基本信息。

（3）选择 sheet2 表，重命名为“会计科目表”，设计表格样式，输入相应单元格公式。

（4）选择 sheet3 表，重命名为“总账期初余额表”，设计表格样式，输入相应单元格公式。

（5）插入新工作表，重命名为“明细账期初余额表”，设计表格样式，输入相应单元格公式。

二、填制会计凭证表

实训目标：根据衡阳仁科 2020 年 1 月的经济业务，利用 Excel 填制会计凭证表。

实训资料：

①1 月 3 日，财务部王晶从工行提取现金 10 000 元。

②1 月 5 日，总经理办公室肖剑出差归来，报销差旅费（其他费用）3 600 元，交回现金 200 元。

③1 月 6 日，总经理办公室支付业务招待费（其他费用）1 200 元。

④1 月 9 日，市场部宋佳收到世纪学校转来支票 2 张，面值分别为：40 000 元和 59 600 元，用以归还前欠货款。

⑤1 月 10 日，市场部宋佳归还前欠万科公司部分货款 100 000 元。

⑥1 月 14 日，市场部宋佳向世纪学校售出《多媒体教学教程》600 册，单价 32 元。货税款尚未收到（适应税率 13%）。

⑦1 月 15 日，收到美丽集团投入资金 10 000 美元。

⑧1 月 16 日，市场部宋佳从万科公司购入《多媒体课件》3 000 套，单价 35 元。货税款暂欠，商品已验收入库（适应税率 13%）。

⑨1 月 20 日，开发 A1 软件产品发生应付福利费用 20 000 元。

⑩1 月 23 日，市场部宋佳报销差旅费 1 800 元，交回发票及支票回联。

⑪1 月 23 日，红字冲销 1 月 20 日编制的会计凭证。

⑫1 月 23 日，开发 A1 软件产品发生工资费用 20 000 元。

⑬1 月 24 日，现金支付广告费 2 000 元。

⑭1 月 31 日，结转出售《多媒体教程》600 套的销售成本，单位成本 28 元。

⑮1 月 31 日，将损益类账户的发生额全部转入本年利润账户。

工作步骤：

（1）打开前面所建立的“2020 年 1 月总账 .xlsx”工作簿，插入新工作表，重命名为“光明公司会计凭证表”。

（2）选择 A1:J1，合并单元格，输入标题“光明公司 2020 年 1 月会计凭证表”，居中，字体加粗。

（3）选择 A2 单元格，输入“凭证编码”；选择 B2 单元格，输入“日期”；选择 C2 单元格，输入“摘要”；选择 D2 单元格，输入“科目编码”；选择 E2 单元格，输入“总账科目名称”；选择 F2 单元格，输入“二级科目名称”；选择 G2 单元格，输入“三级科目名称”；选择 H2 单元格，输入“借方金额”；选择 I2 单元格，输入“贷方金额”；选择 J2 单元格，输入“标志”。

（4）将上述单元格调整至合适的行高及列宽。

（5）在“贷方金额”栏右侧有一个“标志”栏，是用来说明此笔业务凭证是否已经输入完毕，如果输入完毕，则在“标志”栏输入“*”号标志。

（6）由于凭证编号都是每月连续编号，所以先在 A3 单元格中输入“1”。

（7）在 A4 单元格中输入公式：=IF(J3= “*” ,A3+1,A3)

（8）其他单元格中的凭证编号利用填充柄将公式复制得到。

（9）“科目编码”的输入采用选择方式，使凭证科目代码不需输入，采用数据验证命令完成。该列其他单元格的数据验证利用填充柄（+）复制取得。

（10）打开“峰泉公司会计凭证表”，单击选定“总账科目名称”列第一个空白单元格，即 E3 单元格。输入公式：=VLOOKUP(LEFT（$D3,4), 会计科目表 ,2,0)，该列其他单元格数据利用填充柄（+）复制公式取得。

（11）单击选定“二级科目名称”列第一个空白单元格，即 F3 单元格。输入公式：=IF(LEN（$D3）=4,"",VLOOKUP(LEFT($D3,6), 会计科目表 ,2,0))，该列其他单元格数据利用填充柄（+）复制公式取得。

（12）单击选定“三级科目名称”列第一个空白单元格，即 G3 单元格。输入公式：=IF(LEN($D3)<=6,"",VLOOKUP(LEFT($D3,8), 会计科目表 ,2,0))，该列其他单元格数据利用填充柄（+）复制公式取得。

注：函数中应用的“会计科目表”是已经定义好名称的数据区域。

（13）“借方金额”及“贷方金额”均采用直接输入法。

三、编制资产负债表、利润表、现金流量表

实训目标：根据衡阳仁科 2020 年 12 月的经济业务编制资产负债表、利润表、现金流量表。

实训资料：见实训资料 1、2。

工作步骤：

（1）建立资产负债表的格式。

（2）打开“科目余额表”工作表和“资产负债表”工作表，如“货币资金”期初余额栏目在“资产负债表”的 D5 单元格，选择此单元格，输入“＝”，切换至“科目余额表”工作表，选择“科目余额表”工作表中的“库存现金”期初余额栏目，然后输入“+”，选择“科目余额表”工作表中的“银行存款”期初余额栏目，键入回车键，界面自动切换至“资产负债表”工作表“货币资金”期初余额栏目，并显示计算出的金额。同理输入其他科目。

（3）利用 SUM 函数求出相应的合计数。

【学习评价】

职业核心能力测评表

（在□中打√，A 通过，B 基本通过，C 未通过）

职业核心能力	评估标准	自测结果
自我学习	1. 能进行时间管理 2. 能选择适合自己的学习和工作方式 3. 能随时修订计划并进行意外处理 4. 能将已经学到的东西用于新的工作任务	□A □B □C □A □B □C □A □B □C □A □B □C
信息处理	1. 能根据不同需要去搜寻、获取并选择信息 2. 能筛选信息，并进行信息分类 3. 能使用多媒体等手段来展示信息	□A □B □C □A □B □C □A □B □C
数字应用	1. 能从不同信息源获取相关信息 2. 能依据所给的数据信息，作简单计算 3. 能用适当方法展示数据信息和计算结果	□A □B □C □A □B □C □A □B □C
与人交流	1. 能把握交流的主题、时机和方式 2. 能理解对方谈话的内容，准确表达自己的观点 3. 能获取信息并反馈信息	□A □B □C □A □B □C □A □B □C
与人合作	1. 能挖掘合作资源，明确自己在合作中能够起到的作用 2. 能同合作者进行有效沟通，理解个性差异及文化差异	□A □B □C □A □B □C
解决问题	1. 能说明何时出现问题并指出其主要特征 2. 能做出解决问题的计划并组织实施计划 3. 能对解决问题的方法适时做出总结和修改	□A □B □C □A □B □C □A □B □C
革新创新	1. 能发现事物的不足并提出新的需要 2. 能创新性地提出改进事物的意见和具体方法 3. 能从多种方案中选择最佳方案，在现有条件下实施	□A □B □C □A □B □C □A □B □C
学生签字：	教师签字：	20　年　月　日

专业能力测评表

评价内容	权重	考核点	考核得分		
			小组评价	教师评价	综合得分
职业素养（20 分）	20	分析财务核算的内容			
案例分析（80 分）	20	制作会计科目表：会计科目表的建立、总账及明细账期初余额的输入、明细账期初余额的输入			
	20	日常经济业务处理：编制会计凭证表			
	20	编制打印记账凭证：设计记账凭证格式、编制记账凭证			
	20	账簿处理：总分类的建立与查询、明细账的建立与查询、编制科目余额表、编制资产负债表、编制利润表			
组长签字：		教师签字：	20　年　月　日		

项目 2

出纳岗位

【职业能力及成果目标】

1. 专业能力

了解日记账各项指标的计算公式，能熟练利用 Excel 引用各个工作表中的数据，掌握现金日记账、银行存款日记账、资金日报表的编制方法。

2. 职业素养能力

运用所学理论和方法管理企业日记账，在学习过程中提高独立解决问题的能力和培养创新的意识。

【主要概念】

现金日记账、银行存款日记账、资金日报表、银行存款余额调节表

【岗课证赛融合】

本章为业财税融合 1+ X 证书《Excel 财务应用》之 Excel 在企业账务处理及营运资金管理中的应用日常业务处理技能点。

任务 2.1　日记账的编制

课程思政

利用职务便利，挪用公款，涉嫌贪污罪

王蔚，男，1978 年生，系龙岩市新罗区西陂街道办事处武装部副部长兼出纳。2012 年 1 月至 2017 年 12 月，他在担任新罗区西陂镇政府（街道办事处）出纳期间，利用保管现金支票的职务便利，擅自使用会计保管的银行预留印鉴，以虚增取现金额、虚开现金支票的方式，从该镇政府（街道办事处）在银行开立的基本户中挪用公款人民币二千二百多万元，用于参与“六合彩”赌博以及偿还向他人借款用于营利活动产生的债务。

2017 年 12 月 27 日，王蔚主动到新罗区监察委员会投案。至法院判决前，他挪用的公款仍有一千二百多万元未归还。

引例与分析

日记账是根据全部经济业务发生或完成的先后顺序，逐日、逐笔连续进行登记的账簿，或者是用来随时记录和反映某一类或某一项经济业务的发生和完成情况的账簿。根据湖南峰泉公司 2020 年 1 月的总账工作簿文件来完成现金日记账、银行日记账及资金日报表的编制。

2.1.1　编制现金日记账

【业务描述】 根据峰泉公司 2020 年 1 月的会计凭证表，建立峰泉公司现金日记账。

操作步骤：

（1）在“E:\班名 + 学生姓名”的文件夹下新建工作簿，命名为“项目 2 出纳岗位 .xlsx”。

（2）启动 Excel 2016 程序，打开“项目 1 总账会计岗位 .xlsx”工作簿，分别选择“会计科目表”“峰泉公司会计凭证表”，并复制到“项目 2 出纳岗位 .xlsx”工作簿中。

（3）选择 Sheet 3，命名为“现金日记账”，选择 A1:J1，合并单元格，输入标题“峰泉公司 2020 年 1 月现金日记账”，居中，字体加粗。

（4）选择“峰泉公司会计凭证表”，单击“数据”选项卡中的“筛选”按钮，在各列数据标题栏下出现下拉式按钮，单击“科目编码”的下拉按钮，选择所需的科目编码，例如：“1001”，即得到库存现金的筛选数据，如图 2-1 所示。

（5）把筛选数据复制到“现金日记账”中。如图 2-2 所示。

（6）回到“峰泉公司会计凭证表”，单击“数据”选项卡中的“筛选”按钮，取消筛选功能，恢复“峰泉公司会计凭证表”原来状态。

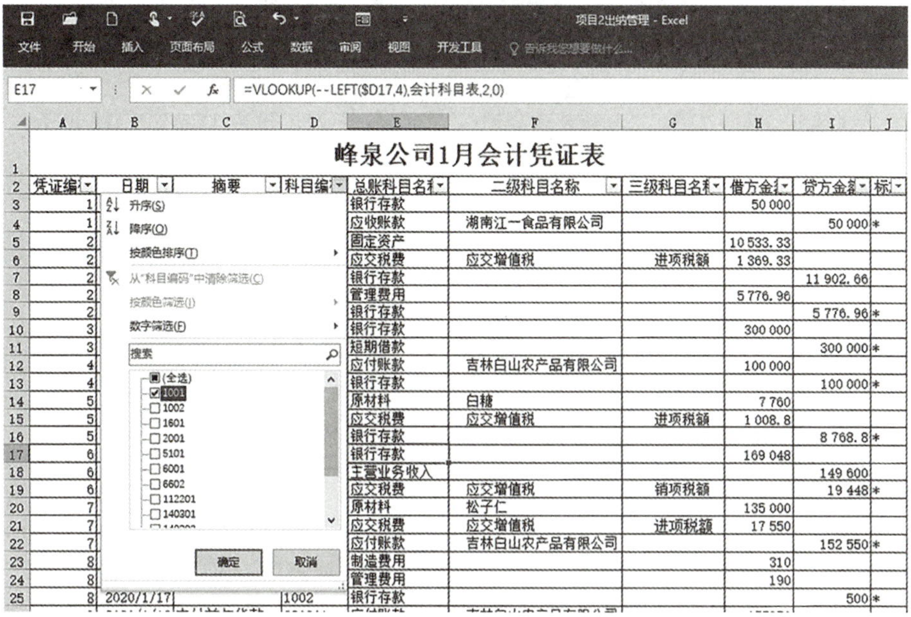

峰泉公司1月会计凭证表

凭证编号	日期	摘要	科目编码	总账科目名称	二级科目名称	三级科目名称	借方金额	贷方金额	标志
1				银行存款			50 000		
1				应收账款	湖南江一食品有限公司			50 000	*
2				固定资产			10 533. 33		
2				应交税费	应交增值税	进项税额	1 369. 33		
2				银行存款				11 902. 66	
2				管理费用			5 776. 96		
2				银行存款				5 776. 96	*
3				银行存款			300 000		
3				短期借款				300 000	*
4				应付账款	吉林白山农产品有限公司		100 000		
4				银行存款				100 000	*
5				原材料	白糖		7 760		
5				应交税费	应交增值税	进项税额	1 008. 8		
5				银行存款				8 768. 8	*
6				银行存款			169 048		
6				主营业务收入				149 600	
6				应交税费	应交增值税	销项税额		19 448	*
7				原材料	松子仁		135 000		
7				应交税费	应交增值税	进项税额	17 550		
7				应付账款	吉林白山农产品有限公司			152 550	*
8				制造费用			310		
8				管理费用			190		
8	2020/1/17		1002	银行存款				500	*

图 2-1　筛选数据

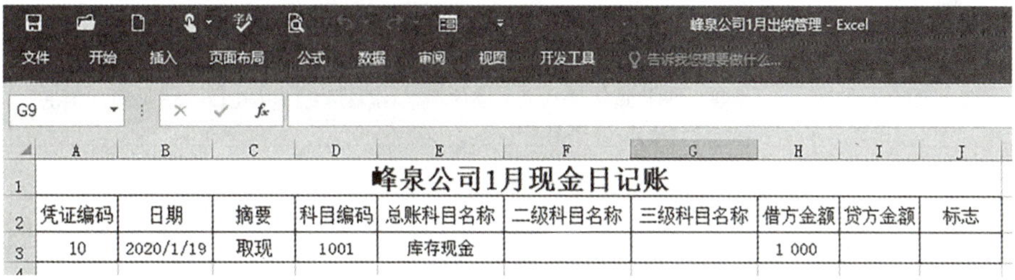

峰泉公司1月现金日记账

凭证编码	日期	摘要	科目编码	总账科目名称	二级科目名称	三级科目名称	借方金额	贷方金额	标志
10	2020/1/19	取现	1001	库存现金			1 000		

图 2-2　复制筛选数据

2.1.2　编制银行存款日记账

【业务描述】根据峰泉公司 2020 年 1 月的会计凭证表，建立峰泉公司银行存款日记账。

操作步骤：

（1）打开“E:\班名 + 学生姓名”的文件夹下“项目 2 出纳岗位 .xlsx”工作簿。

（2）插入新工作表，命名为“银行存款日记账”。

（3）选择 A1:J1，合并单元格，输入标题“峰泉公司 1 月银行存款日记账”，居中，字体加粗。

（4）选择“峰泉公司会计凭证表”，单击“数据”选项卡中的“筛选”按钮，在各列数据标题栏下出现下拉式按钮，单击“科目编码”的下拉按钮，选择所需的科目编码，例如：“1002”，即得到银行存款的筛选数据，如图 2-3 所示。

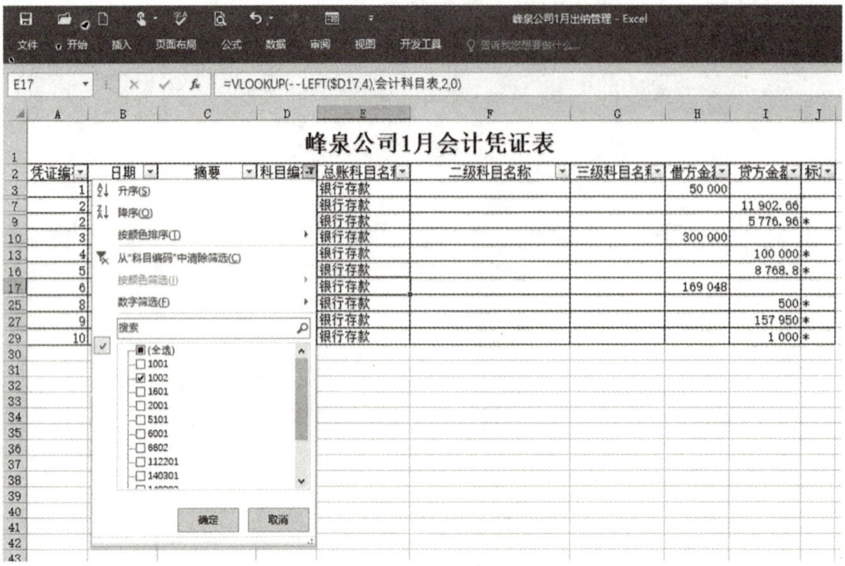

图 2-3　筛选数据

（5）把筛选数据复制到“银行存款日记账”中，如图 2-4 所示。

峰泉公司1月银行存款日记账

凭证编码	日期	摘要	科目编码	账科目名	级科目名	级科目名	借方金额	贷方金额	标志
1	2020/1/4	收到前欠	1002	银行存款			50 000		
2	2020/1/5		1002	银行存款				11 902.66	
2	2020/1/5		1002	银行存款				5 776.96	*
3	2020/1/6	借入短期	1002	银行存款			300 000		
4	2020/1/12		1002	银行存款				100 000	*
5	2020/1/13		1002	银行存款				8 768.8	*
6	2020/1/14	销售货物	1002	银行存款			169 048		
8	2020/1/17		1002	银行存款				500	*
9	2020/1/18		1002	银行存款				157 950	*
10	2020/1/19		1002	银行存款				1 000	*

图 2-4　复制筛选数据

（6）回到“峰泉公司会计凭证表”，单击“数据”选项卡中的“筛选”按钮，取消筛选功能，恢复“峰泉公司会计凭证表”原来状态。

2.1.3　编制资金日报表

【业务描述】 根据峰泉公司 2020 年 1 月库存现金日记账及银行存款日记账，编制峰泉公司资金日报表。

操作步骤：

（1）打开“E：\ 班名 + 学生姓名”的文件夹下“项目 2 出纳岗位 .xlsx”工作簿。

（2）插入新工作表，命名为“峰泉公司资金日报表”。

（3）选择 A1:G1，合并单元格，输入标题“峰泉公司资金日报表”，居中，字体加粗。

（4）在 A2:G2 单元格中，分别输入“日期”“科目编码”“科目名称”“今日共借”“今日共贷”“方向”“今日余额”栏目标题。将各列单元格调整至合适的行高及列宽，如图 2–5 所示。

图 2–5　设置资金日报表样式

（5）选择“峰泉公司会计凭证表”，单击“数据”选项卡中的“筛选”按钮，在各列数据标题栏下出现下拉式按钮，单击“科目名称”的下拉按钮，选择“数字筛选”菜单中的“自定义筛选”，打开“自定义自动筛选方式”对话框。

（6）输入筛选条件：显示“库存现金”或“银行存款”，单击“确定”，即得到具有库存现金及银行存款的筛选数据，如图 2–6 所示。

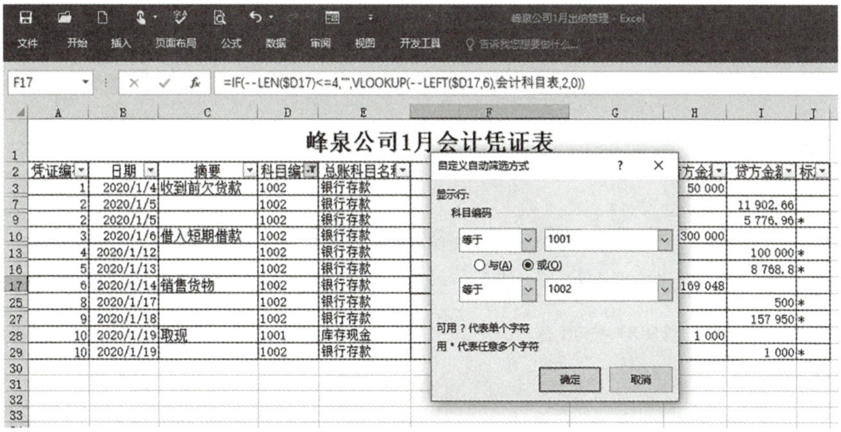

图 2–6　自定义自动筛选方式

（7）把筛选数据中的“日期”“科目编号”“科目名称”“借方金额”“贷方金额”列

复制到“峰泉公司资金日报表”中。

（8）“方向”列数据均为“借”。

（9）由于“今日余额＝今日借方－今日贷方”，因此选择“今日余额”列第一个单元格，输入公式：=D3–E3，该列其他单元格利用填充柄将公式复制得到余额，如图 2–7 所示。

G3 =D3-E3

	A	B	C	D	E	F	G
1	峰泉公司资金日报表						
2	日期	科目编码	科目名称	今日共借	今日共贷	方向	今日余额
3	2020/1/4	1002	银行存款	50 000		借	50 000
4	2020/1/5	1002	银行存款		11 902.66	借	-11 902.66
5	2020/1/5	1002	银行存款		5 776.96	借	-5 776.96
6	2020/1/6	1002	银行存款	300 000		借	300 000
7	2020/1/12	1002	银行存款		100 000	借	-100 000
8	2020/1/13	1002	银行存款		8 768.8	借	-8 768.8
9	2020/1/14	1002	银行存款	169 048		借	169 048
10	2020/1/17	1002	银行存款		500	借	-500
11	2020/1/18	1002	银行存款		157 950	借	-157 950
12	2020/1/19	1001	库存现金	1 000		借	1 000
13	2020/1/19	1002	银行存款		1 000	借	-1 000

图 2–7　资金日报表

任务 2.2　编制银行存款余额调节表

课程思政

侵吞、骗取公款，被开除公职，被判刑罚

某离退休干部休养所原出纳员王某，仅一年多的时间，利用职务便利，侵吞、骗取公款多达 720 余万元，1990 年出生的她将所得全部用于个人奢侈消费，一件衣服 6.4 万元，一个包超过 20 万元……

1990 年出生的王某，是北京市东城区某离退休干部休养所原出纳员。仅一年多的时间，王雪利用职务便利，侵吞、骗取公款多达 720 余万元，均用于个人奢侈消费。

侵吞公款手法曝光：

王某通过假的银行对账单，模仿自己上司的签字，使用现金支票，将公款转移到自己的银行账户。她还伪造医疗报销申请，将公款从报销款项中转出。

而整个单位对王雪的违法犯罪行为毫无察觉，致使其更加肆无忌惮，连现金支票都懒得用了，直接通过银联转账将单位账户的钱转到自己名下。

最终，因涉嫌贪污罪，王雪被开除公职。2019 年 12 月，王某被东城区人民法院判处有期徒刑十二年，并处罚金人民币一百万元。

引例与分析

拟对湖南峰泉公司的银行存款通过 Excel 来自动完成对账及银行存款余额调节表的编制。

分析：为保证银行存款的安全完整，必须定期对银行存款进行清查，将银行对账单与企业银行存款日记账进行核对。

2.2.1　银行对账

【业务描述】 银行存款的清查主要手段是通过银行对账单与企业银行存款日记本账的核对。现讲述利用 Excel 自动查找湖南峰泉公司银行存款未达账项的方法。

操作步骤：

（1）插入新工作表，命名为“未达账表”。

（2）设计表格样式，如图 2-8 所示。

	A	B	C	D	E
1	单位：元				
2	序号	企业日记账		银行对账单	
3		借方	贷方	借方	贷方
4	1	50 000	11 902.66	11 902.66	50 000
5	2	300 000	5 776.96	5 776.96	300 000
6	3	169 048	100 000	100 000	5 000
7	4		8 768.8	1 500	169 048
8	5		500	8 768.8	1 500
9	6		157 950	157 950	
10	7		1 000	1 000	
11	合计	519 048	285 898.42	286 898.42	525 548

图 2-8　设计表格样式

（3）将企业银行存款日记账及银行对账单中的数据复制到“未达账表”中来。

（4）修改表格，如图 2-9 所示。

	A	B	C	D	E	F	G	H	I
1	单位：元								
2	序号	企业日记账				银行对账单			
3		借方	核对	贷方	核对	借方	核对	贷方	核对
4	1	50 000		11 902.66		11 902.66		50 000	
5	2	300 000		5 776.96		5 776.96		300 000	
6	3	169 048		100 000		100 000		5 000	?
7	4			8 768.8		1 500	?	169 048	
8	5			500	?	8 768.8		1 500	?
9	6			157 950		157 950			
10	7			1 000		1 000			
11	合计	519 048		285 898.4		286 898.4		525 548	

图 2-9　未达账表

（5）在 C、E、G、I 四列的第 4 个单元格中分别输入下列公式：

=IF(COUNTIF($H$4:$H$10,B4)<COUNTIF($B$4:B10,B4),"?","")

=IF(COUNTIF($F$4:$F$10,D4)<COUNTIF($D$4:D10,D4),"?","")

=IF(COUNTIF($D$4:$D$10,F4)<COUNTIF($F$4:F10,F4),"?","")

=IF(COUNTIF($B$4:$B$10,H4)<COUNTIF($H$4:H10,H4),"?","")

将公式向下填充自动标出未达账项。

2.2.2　生成银行存款余额调节表

【业务描述】 编制银行存款余额调节表是出纳员的一项重要工作。每月末将本月银行对账单与企业银行存款明细账逐笔核对后编制的报表。

操作步骤：

（1）插入新工作表，命名为“银行存款余额调节表”。

（2）设计表格样式，如图 2-10 所示。

	A	B	C	D
1	银行存款余额调节表			
2	企业：XX公司	日期：20XX年XX月XX日		单位：元
3	项目	金额	项目	金额
4	企业银行存款日记账余额		银行对账单余额	
5	加：企业未入账收入款项		加：银行未入账收入款项	
6				
7				
8	减：企业未入账支出款项		减：银行未入账支出款项	
9				
10				
11	调节后的银行存款日记账余额		调节后的对账单余额	

图 2-10　银行存款余额调节表样式

（3）因为银行对账单的借方是企业支出的款项，贷方是企业收入的款项，所以根据银行对账生成的“未达账表”数据填列“银行存款余额调节表”，如图 2-11 所示。

D11　=D4+D5+D6+D7-D8-D9-D10

银行存款余额调节表			
企业：峰泉公司	日期：2020年1月31日		单位：元
项目	金额	项目	金额
企业银行存款日记账余额	151 874.8	银行对账单余额	157 374.8
加：企业未入账收入款项	5 000	加：银行未入账收入款项	
	1 500		
减：企业未入账支出款项	1 500	减：银行未入账支出款项	500
调节后的银行存款日记账余额	156 874.8	调节后的对账单余额	156 874.8

图 2-11　银行存款余额调节表

其中：

B11 单元格中输入公式：=B4+B5+B6-B8-B9-B10

D11 单元格中输入公式：=D4+D5+D6+D7-D8-D9-D10

项目小结

本项目讲述了利用 Excel 进行出纳管理系统系统工作簿的制作，创建库存现金日记账、银行存款日记账、资金日报表等。

创建未达账表，将银行对账单与企业银行存款日记账进行核对，自动查找未达账项，建立银行存款余额调节表。

【职业能力训练】

1. 简述 Excel 中 COUNTIF 函数的含义。

2. 银行对账单与企业银行存款日记账有何不同。

【技能强化训练】

一、建立银行存款日记账

任务描述：利用 Excel 筛选功能建立银行日记账。

工作情境：根据情境 1 中峰泉公司 2020 年 1 月经济业务制作银行存款日记账

工作步骤：

（1）启动 Excel 新建一个“出纳管理”的工作簿，选中 sheet1 表，双击重命名为“银行存款日记账表”，设计好表头。

（2）打开“总账处理”工作簿，选择“峰泉峰公司会计凭证表”，单击“数据”选项卡中的“筛选”按钮，在各列数据标题栏下出现下拉式按钮，单击“科目编码”的下拉按钮，选择所需的科目编码，例如：“1002”，即得到银行存款的筛选数据。

（3）把筛选数据复制到“银行存款日记账”中。

（4）回到“峰泉公司会计凭证表”，单击“数据”选项卡中的“筛选”按钮，取消筛选功能，恢复“峰泉公司会计凭证表”原来状态。

二、银行对账

任务描述：利用 Excel 输入银行对账期初数据和银行对账单，进行自动对账和手工对账并输出余额调节表。

工作情境：峰泉公司 2020 年 1 月 1 日工行人民币户企业日记账调整前余额为 119 488 元，银行对账单调整前余额为 159 488 元，未达账项一笔，系银行已收企业未收款 40 000 元。月终，银行发来的银行对账单如下：

表 2-1　银行对账单

日期	结算方式	票号	借方金额	贷方金额
2019.12.31			40 000	
2020.01.03	201	2000		10 000
2020.01.06			59 600	
2020.01.21	202	201		100 000
2020.01.29	202	202		32 760

操作步骤：

（1）启动 Excel 2016 新建一个“出纳管理”的工作簿，选中 sheet1 表，双击重命名为“未达账表”，根据银行对账单输入相应的内容。

（2）打开银行日记账，将数据输入未达账表相应单元格中。

（3）在核对列第一个单元格中，输入公式自动查找出未达账项。

（4）插入新工作表，重命名为“银行存款余额调节表”，根据未达账表中的数据填制并调平银行存款余额。

【学习评价】

职业核心能力测评表

（在□中打√，A 通过，B 基本通过，C 未通过）

职业核心能力	评估标准	自测结果
自我学习	1. 能进行时间管理	□A　□B　□C
	2. 能选择适合自己的学习和工作方式	□A　□B　□C
	3. 能随时修订计划并进行意外处理	□A　□B　□C
	4. 能将已经学到的东西用于新的工作任务	□A　□B　□C
信息处理	1. 能根据不同需要去搜寻、获取并选择信息	□A　□B　□C
	2. 能筛选信息，并进行信息分类	□A　□B　□C
	3. 能使用多媒体等手段来展示信息	□A　□B　□C

续表

职业核心能力	评估标准	自测结果
数字应用	1. 能从不同信息源获取相关信息	□A　□B　□C
	2. 能依据所给的数据信息，作简单计算	□A　□B　□C
	3. 能用适当方法展示数据信息和计算结果	□A　□B　□C
与人交流	1. 能把握交流的主题、时机和方式	□A　□B　□C
	2. 能理解对方谈话的内容，准确表达自己的观点	□A　□B　□C
	3. 能获取信息并反馈信息	□A　□B　□C
与人合作	1. 能挖掘合作资源，明确自己在合作中能够起到的作用	□A　□B　□C
	2. 能同合作者进行有效沟通，理解个性差异及文化差异	□A　□B　□C
解决问题	1. 能说明何时出现问题并指出其主要特征	□A　□B　□C
	2. 能做出解决问题的计划并组织实施计划	□A　□B　□C
	3. 能对解决问题的方法适时做出总结和修改	□A　□B　□C
革新创新	1. 能发现事物的不足并提出新的需要	□A　□B　□C
	2. 能创新性地提出改进事物的意见和具体方法	□A　□B　□C
	3. 能从多种方案中选择最佳方案，在现有条件下实施	□A　□B　□C
学生签字：	教师签字：　　　　20　　年　月　日	

专业能力测评表

评价内容	权重	考核点	考核得分		
			小组评价	教师评价	综合得分
职业素养（20分）	20	明确出纳管理岗位的工作任务			
案例分析（80分）	20	编制现金日记账：现金日记账的结构设计、数据验证的设置、条件格式的设置、余额自动计算、现金日报表数据的自动生成			
	20	编制银行存款日记账：银行日记账的结构设计、数据验证的设置、条件格式的设置、余额自动计算			
	20	编制资金日报表：资金日报表的结构设计、条件格式的设置、余额自动计算			
	20	编制银行存款余额调节表：银行存款余额调节表的结构设计、条件格式的设置、输入银行对账单、对账、银行存款余额调节表的自动生成			
组长签字：		教师签字：　　　　20　　年　月　日			

项目 3

薪资管理岗位

【职业能力及成果目标】

1. 专业能力

本情境主要介绍 Excel 在企业工资管理中的应用，包括基本信息的设置、员工考勤表的输入、薪资计算、薪资数据汇总、薪资费用分配及生成记账凭证、薪资数据分析、薪资数据查询等功能。

2. 职业素养能力

了解薪资核算模式，熟悉薪资核算业务，培养良好的分析判断能力、组织协调处理问题能力以及沟通能力，积累实际工作经验，熟练掌握 Word、Excel 办公软件及办公自动化软件应用。

【主要概念】

薪资核算、数据处理、薪资计算、薪资分配、数据查询

【岗课证赛融合】

本章为业财税融合 1+ X 证书《Excel 财务应用》之 Excel 在薪资管理中的应用日常业务处理技能点。

任务 3.1　薪资管理基本表格的建立

课程思政

个人所得税改革的重要意义——纳税光荣

一、个人所得税的意义

1、组织财政收入。在人均国内生产总值较高的国家，个人所得税不仅是重要税源之一，而且税源广泛，征收个人所得税能够保证稳定的财政收入。

2、调节收入分配，有助于实现社会公平。随着经济发展，社会贫富差距加大等问题将会逐步显现，有可能成为影响社会稳定的负面因素。对个人所得征收累进税，可减少社会分配不公的程度，缓和社会矛盾。

3、具有自动稳定器的功能。由于个人所得税一般采用累进税率，在经济繁荣时期，税收增加的速度超过个人所得增加的速度，可以自动遏制通货膨胀趋势；反之，在经济萧条时期，税收减少的速度比个人收入降低的速度还要快，可阻止通货紧缩的趋势。

4、个人所得税作为直接税，有助于培养和增强公民的纳税意识。

二、缴纳个人所得税的好处

第一、个税可以作为自己收入证明的佐证

交税多少当然是跟收入水平呈现正相关的关系，一般来说，收入越高交税越多；交税越多，收入越高。去银行贷款时，个人所得税完税证明虽然不作为硬性规定，但是可以作为个人收入证明的佐证。你现在可能会抱怨自己交税太多，但如果真的去办理贷款，有可能就比交税少的人群更有优势。

第二、防止个人隐匿收入

在离婚案件中多涉及抚养费，夫妻一方为了少付子女抚养费，会刻意隐瞒自己的收入或者财产，但一面之词不足采信，取证机构一般还会调查父母双方的纳税证明。如果有个税完税证明，想要隐藏自己的真实收入恐怕难度大大增加。

第三、办理居住证

北京积分落户政策。想要办理居住证，其中有一个要求就是要求提供最近连续 6 个月的个人所得税缴税证明，而且单月缴税额还不能低于 150 元。

第四、部分地区买房买车

现在部分地区对房和车的限购政策非常严苛。其中有一项规定是：要求购房者提供在连续几年的纳税证明或者在某地区连续几年的社保证明。

引例与分析

湖南峰泉公司为一家中小型制造类企业，该公司是一个集原茶采购、加工生产、销售成品茶的一个茶叶公司。有关工资的基本信息资料如下：该公司设有办公室、采购部、技术部、生产部、销售部五个部门，职工技术职称设有高级工程师（简称高工）、工程师、助理工程师（助工）、技术员、学徒五个技术职称，单位设有总经理、主任、职员三种职务。每个员工的工资项目有基本工资、岗位工资、津贴、计件工资、考勤扣款、养老保险、医疗保险、个人所得税、应发工资、实发工资等项目组成。全公司共有人员 15 名，单位实行计件工资。具体数据资料如以下表格（表 3-1 至表 3-8）所示。

表 3-1 职工基本情况表

编号	姓名	部门	职务	职称	参加工作日期	性别	出生年月	年龄	备注	人员类别
101	何能	办公室	总经理	高工	1997 年 8 月	男	1977 年 10 月		略	管理人员
102	刘小云	办公室	主任	工程师	2001 年 8 月	女	1980 年 1 月		略	管理人员
103	张文杰	办公室	职员	助工	1999 年 8 月	女	1970 年 1 月		略	管理人员
201	宋平	采购部	主任	高工	1997 年 8 月	男	1987 年 1 月		略	管理人员
202	王明	采购部	职员	助工	1996 年 8 月	男	1974 年 5 月		略	管理人员
203	刘君	采购部	职员	学徒	2002 年 8 月	男	1976 年 5 月		略	管理人员
301	李佑	技术部	主任	工程师	1997 年 8 月	女	1982 年 6 月		略	管理人员
302	张圣建	技术部	职员	高工	1993 年 8 月	女	1986 年 9 月		略	管理人员
303	刘程	技术部	职员	工程师	1996 年 8 月	男	1971 年 9 月		略	管理人员
401	李晓军	生产部	主任	工程师	1996 年 8 月	男	1976 年 8 月		略	管理人员
402	李明	生产部	职员	工程师	1997 年 8 月	男	1987 年 5 月		略	生产人员
403	张红	生产部	职员	助工	1993 年 8 月	男	1986 年 7 月		略	生产人员
501	李鹏	销售部	主任	高工	1995 年 8 月	女	1967 年 4 月		略	管理人员
502	李红	销售部	职员	助工	1994 年 8 月	女	1976 年 8 月		略	销售人员
503	王小黎	销售部	职员	学徒	1995 年 8 月	男	1974 年 8 月		略	销售人员

表 3-2　　职务岗位工资津贴标准表

职务	岗位工资	津贴
总经理	3 500	3 000
主任	2 000	1 500
职员	1 500	1 000

表 3-3　　职称基本工资标准表

职称	基本工资
高工	3 000
工程师	2 000
助工	1 500
技术员	1 100
学徒	800

表 3-4　　事假病假旷工扣款标准表

扣款项目	扣款金额 / 天（元）
病假	50
事假	100
旷工	300

表 3-5　　计件工资标准表

人员类别	满勤奖	产量、销售（件）
管理人员	500	0
生产人员	300	50
销售人员	300	30

表 3-6　　个人所得税税率表

起征点	5000			
级数	全月应纳税所得额	税率	扣除数	收入
1	0	3%	0	5000–8000
2	3000	10%	210	8000–17000
3	12000	20%	1410	17000–30000
4	25000	25%	2660	30000–40000

续表

起征点	5000			
5	35000	30%	4410	40000–60000
6	55000	35%	7160	60000–85000
7	80000	45%	15160	85000 以上

个人所得税计算方法：

应缴纳个人所得税 =（个人扣除社保后的月工资 – 起征点 5 000 元）× 工资所在级别的税率 – 速算扣除数。资料暂不考虑专项附加扣除和依法确定的其他扣除。

表 3–7　社会保险扣缴比例表

项目	养老保险	医疗保险
单位	20%	8%
个人	8%	2%

表 3–8　部门编码与部门名称对照表

部门编号	部门名称
1	办公室
2	采购部
3	技术部
4	生产部
5	销售部

分析：职工工资管理是整个企业财务管理中不可或缺的部分。工资的核算与管理不仅涉及企业的每一个职工，而且涉及企业的所有部门。传统的工资核算、记录和发放方式是依靠手工操作来完成的，计算比较复杂，业务量较大，常常需要花费大量的人力和时间，所以很多企业的会计电算化从工资管理开始。通过 Excel 来编制和管理职工的工资，可以简化每个月都须重复进行的统计工作，确保工资核算的准确性，提高工资管理的效率。做好工资管理工作，正确计算职工工资，如实地反映和监督工资基金使用情况以及与职工的工资结算情况，是加强工资基金管理、降低工资费用的一个重要手段。

工资管理的主要任务是通过工资基金计划反映工资基金的使用情况，监督企业严格执行国家颁布的有关工资政策和制度；正确计算每个职工应得的工资，反映和监督企业与职工的工资结算情况，贯彻按劳分配原则；按照工资的用途，合理地分配工资费用，以便准确计算产品成本。

首先建立一个“薪资管理”的工作簿，在此工作簿中建立“职工基本情况表”“工资基本信息表”“职工考勤及汇总表”“计件工资满勤奖计算表”“工资计算表”“社会保险表”“个人所得税表”“银行代发表”“职务统计表”“部门统计表”“工资分配表”等工作表。从而完成薪资管理的全部工作。

薪资管理一般包括初始化设置、日常业务数据输入、薪资计算、汇总分配、查询输出等。按照企业管理与会计信息化处理的一般流程，薪资管理的具体流程如图 3-1 所示。

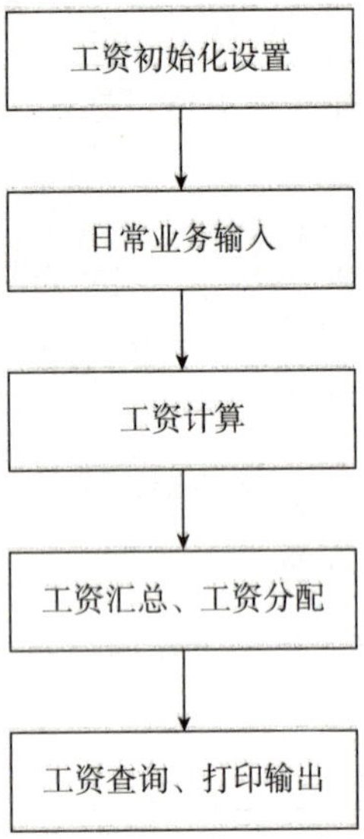

图 3-1　财务分析工作流程

3.1.1　建立职工基本情况表

【业务描述】 职工基本信息表数据主要来源于湖南峰泉公司职工基本情况表（见表 3-1），根据湖南峰泉公司职工基本情况表建立“职工基本情况表”。

操作步骤：

（1）启动 Excel 2016 程序，新建一个工作簿并将其命名为“项目 3 薪资管理”，双击 Sheet1 工作表并重新命名为“职工基本信息表”，如图 3-2 所示。

（2）设计并输入“职工基本情况表”，并根据单位实际情况直接输入单位人员编号、姓名等相关项目名称及项目内容。

（3）由于部门、职务、职称、性别这几个项目的资料是固定的且内容较少，可采用下拉列表的形式输入。下面以部门为例进行讲解，基本操作方法为：选定单元格区域 C3:C17，然后选择“数据”选项卡下面的“数据工具”命令，打开“数据验证”对话框，在“设置”选项卡中“有效性条件”栏中的“允许”下拉列表框中选择“序列”，并在“来源”中输入学院所属部门（例如：办公室、采购部、技术部、生产部、销售部）这几个类别，如图 3-3 所示。单击“确定”按钮，结果如图 3-4 所示。

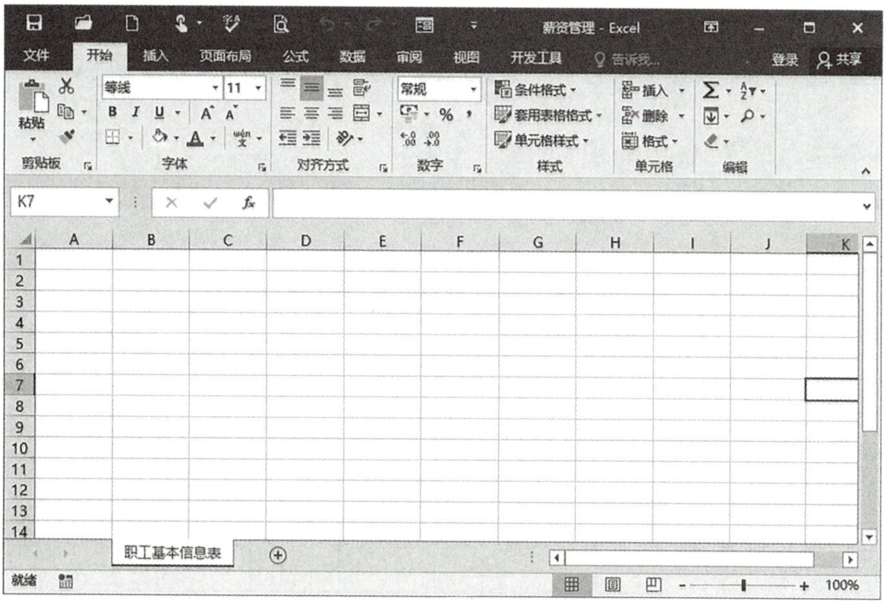

图 3-2　建立“薪资管理”工作簿及“职工基本情况表”工作表

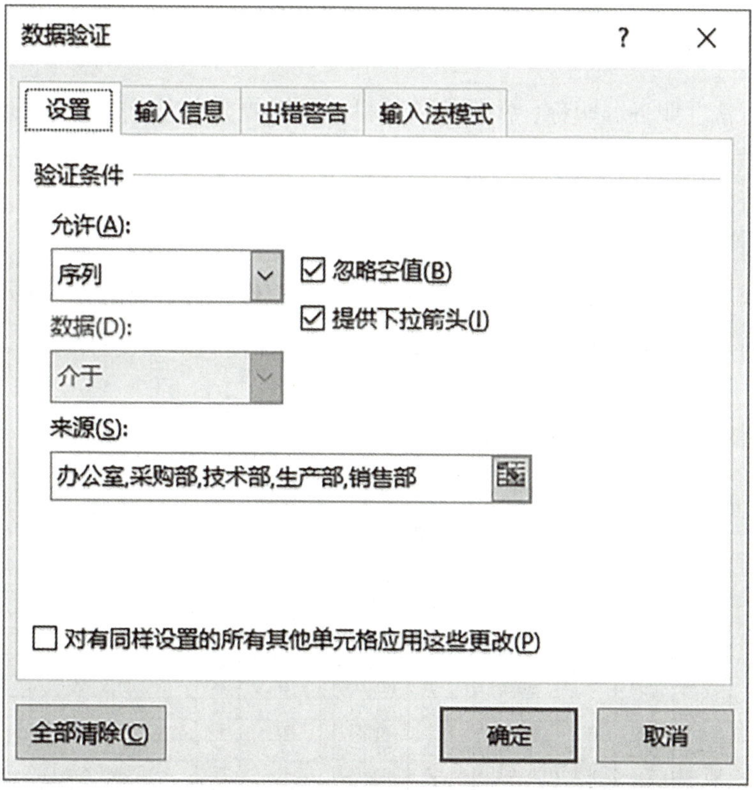

图 3-3　设置部门数据验证参数

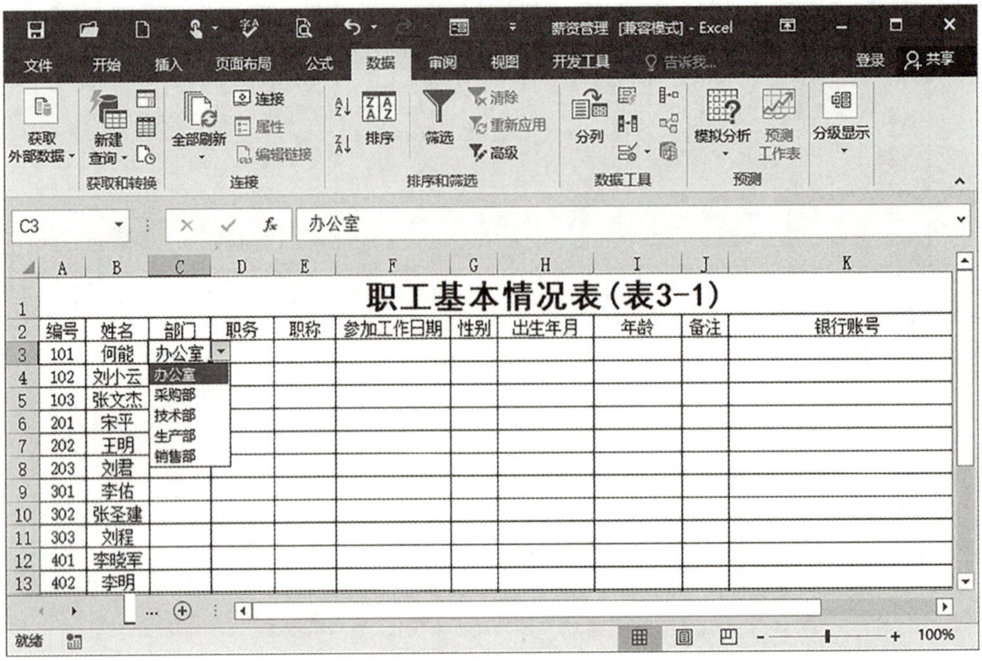

图 3–4　选择输入各个不同部门

同样的方法在职务、职称、性别等项目栏也采用数据序列表的形式产生数据，方法如上。其他数据的输入采用直接输入法，同时注意在参加工作时间项目栏输入日期时，调整日期格式为“**** 年 ** 月”的格式。

年龄栏目 I3 输入计算公式：=INT(DAYS360(H3,TODAY(),1)/360)，该栏目其余单元格采用填充柄复制该公式到第 17 行，同时将该列单元格属性设置为数值型，无小数位。

为了银行代发工资可以增加银行账号一栏，为了后面工资费用分配可以增加人员类别一栏。

输入所有项目信息输入后结果如图 3–5 所示。

职工基本情况表（表3-1）

编号	姓名	部门	职务	职称	参加工作日期	性别	出生年月	年龄	备注	银行账号	人员类别
101	何能	办公室	总经理	高工	1997年8月	男	1977年10月	42	略	2013230565891201	管理人员
102	刘小云	办公室	主任	工程师	2001年8月	女	1980年1月	40	略	2013230565891202	管理人员
103	张文杰	办公室	职员	助工	1999年8月	女	1970年1月	50	略	2013230565891203	管理人员
201	宋平	采购部	主任	高工	1997年8月	男	1987年1月	33	略	2013230565891204	管理人员
202	王明	采购部	职员	助工	1996年8月	男	1974年5月	46	略	2013230565891205	管理人员
203	刘君	采购部	职员	学徒	2002年8月	男	1976年5月	44	略	2013230565891206	管理人员
301	李佑	技术部	主任	工程师	1997年8月	女	1982年6月	38	略	2013230565891207	管理人员
302	张圣建	技术部	职员	高工	1993年8月	女	1986年9月	33	略	2013230565891208	管理人员
303	刘程	技术部	职员	工程师	1996年8月	男	1971年9月	48	略	2013230565891209	管理人员
401	李晓军	生产部	主任	工程师	1996年8月	男	1976年8月	44	略	2013230565891210	管理人员
402	李明	生产部	职员	工程师	1997年8月	男	1987年5月	33	略	2013230565891211	生产人员
403	张红	生产部	职员	助工	1993年8月	男	1986年7月	34	略	2013230565891212	生产人员
501	李鹏	销售部	主任	高工	1995年8月	女	1967年4月	53	略	2013230565891213	管理人员
502	李红	销售部	职员	助工	1994年8月	女	1976年8月	44	略	2013230565891214	销售人员
503	王小黎	销售部	职员	学徒	1995年8月	男	1974年8月	46	略	2013230565891215	销售人员

图 3–5　职工基本情况表

（4）为了今后的工资计算方便对本表数据的引用，这里把职工基本情况表所在单元格区域 A2:L17 定义名称为“职工基本情况区”，单元格或单元格区域名称定义具体方法有以下三种。

①直接在名称框中输入名称后回车。先选定要的单元格或单元格区域，再在名称框中直接输入名称后回车（如图 3-6 所示）。

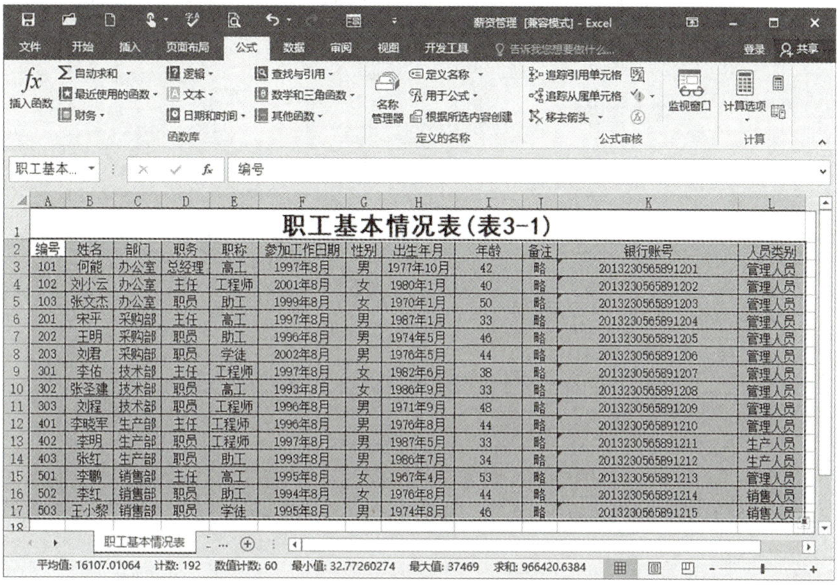

图 3-6　职工基本情况区的定义方法

②使用新建名称按钮。先在公式菜单下找到新建名称按钮单击，再在新建名称对话框中设置单元格或单元格区域作为引用位置并输入名称（见图 3-7）。

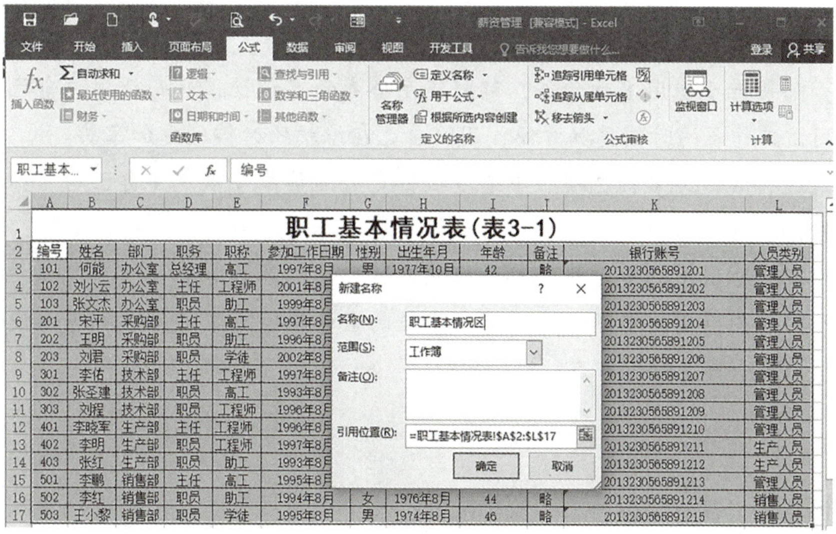

图 3-7　职工基本情况区定义方法

③使用名称管理器。先在公式菜单下找到名称管理器按钮单击，再在名称管理器对话框中新建名称、删除名称、修改名称对应的单元格或单元格区域（见图 3–8）。

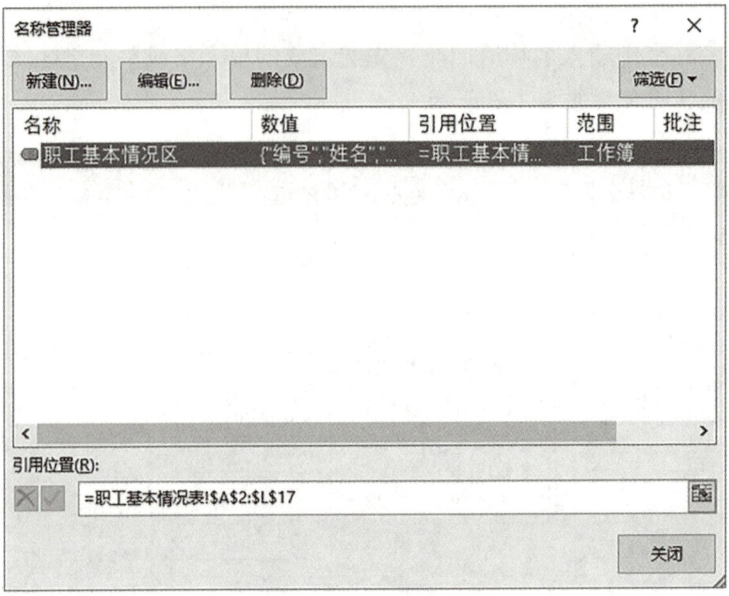

图 3–8　职工基本情况区定义方法

知识链接

1. 关于数据验证设置：在“数据验证”对话框中的“来源”中输入数据时，两个序列之间用逗号隔开，并且逗号一定是半角状态下的。同时在“数据验证”对话框中的“来源”中的数据也可以定义的名称或单元格引用。

2. 关于单元格或单元格区域名称定义：Excel 2016 提供了很多定义名称的方法。当需要在 Excel 工作表中进行复杂分析时，往往会编写许多公式，这些复杂的公式使得用户感到头痛。如果善于使用名称的话，可以提高公式的可读性，从而让用户自己或者其他用户在使用该工作表的时候更加方便，用户自己在维护的时候也更加容易。

在公式选项卡定义名称选项组中通过执行定义名称命令来定义自己的名称。单击定义名称按钮，在随机打开的新建名称对话框中在名称文本框中输入公式名称，在引用位置文本框中输入所引用的单元格或单元格的地址引用。名称和位置设置完成之后还可以更改该名称的使用范围。在默认情况下所定义的名称在整个工作簿中都可以使用，还可以将其更改为某个特定的工作表。

3.1.2　建立工资基本信息表

工资核算除了遵照国家有关工资标准外，每个单位还有本单位的工资分配方案，这个方案将是工资核算的执行标准。我们应充分分析单位的分配方案，在此基础上将它准确地应用到工资核算中去，为此我们应将方案以表格形式具体化。一般来讲应有如下表格：职务岗位工资津贴标准表、职称基本工资标准表、计件工资标准表、事假病假旷工扣款标准表、社会保险扣缴比例表，当然为规范单位的部门名称、职务名称、职称名称，还可以为部门、职务、职称编码，从而编制相关表格。

【业务描述】 湖南峰泉公司职务岗位工资津贴标准表、职称基本工资标准表、事假病假旷工扣款标准表、计件工资标准表、个人所得税税率表、社会保险扣缴比例表、部门编码与部门名称对照表、职务编码与职务名称对照表、职称与职称名称对照表等，以上各表内容分别如表 3-2 至表 3-10 所示。

操作步骤：

（1）把工作表 Sheet2 命名为“工资基本信息表”。

（2）根据已知实验资料创建“工资基本信息表”，其具体内容如图 3-9 所示。

职务岗位工资津贴标准表（表3-2）

职务	岗位工资	津贴
总经理	3 500	3 000
主任	2 000	1 500
职员	1 500	1 000

职称基本工资标准表（表3-3）

职称	基本工资
高工	3 000
工程师	2 000
助工	1 500
技术员	1 100
学徒	800

事假病假旷工扣款标准表（表3-4）

扣款项目	扣款金额/天
病假	50
事假	100
旷工	300

计件工资标准表（表3-5）

人员类别	满勤奖	产销量（件）
管理人员	500	0
生产人员	300	50
销售人员	300	30

个人所得税税率表（表3-6）

起征点	5 000		
级数	全月应纳税所得额	税率	扣除数
1	不超过 3 000元的	3%	0
2	超过3 000元至12 000元的部分	10%	210
3	超过12 000元至25 000元的部分	20%	1 410
4	超过25 000元至35 000元的部分	25%	2 660
5	超过35 000元至55 000元的部分	30%	4 410
6	超过55 000元至80 000元的部分	35%	7 160
7	超过80 000元的部分	45%	15 160

社会保险扣缴比例表（表3-7）

项目	养老保险	医疗保险
单位	20%	8%
个人	8%	2%

部门编码与部门名称对照表（表3-8）

部门编号	部门名称
1	办公室
2	采购部
3	技术部
4	生产部
5	销售部

职务编码与职务名称对照表（表3-9）

职称代码	职称名称
1	高级工程师
2	工程师
3	助理工程师
4	技术员
5	学徒

职称与职称名称对照表（表3-10）

职务代码	职务名称
1	总经理
2	主任
3	职员

图 3-9 “工资基本信息表”具体内容

其中，单元格 B3:D6 区域为职务岗位工资津贴对照表；单元格区域 F3:G8 为职称基本工资对照表；单元格区域 I3:J6 为考勤扣款标准对照表，单元格区域 B11:D14 为计件工资标准表；单元格 B17:D19 为社会保险扣缴比例表；单元格区域 F12:I19 为个人所得税税率表，G11 为起征点。

（3）为工资各初始信息表定义名称。选定单元格 B3:D6 区域定义名称为“职务岗位工资津贴对照区”；选定单元格 F3:G8 区域定义名称为“职称基本工资对照区”，选定单元格 I3:J6 区域定义名称为“考勤扣款标准对照区”；选定单元格 B11:D14 区域定义名称为“计件工资标准区”；选定 G11 定义名称为“起征点”，选定单元格 F12:I19 区域定义名称为“个人所得税税率区”；选定单元格区域 B17:D19 名称为“社会保险扣缴比例区”。

3.1.3 建立职工考勤及汇总表

考勤表是公司员工每天上班的凭证，考勤表可以作为文本的“证据”，也是核算员工工资的重要依据，因为它记录员工上班的情况，包括公司员工的上下班时间、迟倒、早退、旷工、病假、事假、休假等。

简单起见，衡阳仁科公司对职工考勤按天计算，考勤类型分为病假、事假、旷工三种情况。每月的天数可能是 30 天或 31 天，故要考虑天数的设置；由于周六、周日不上班不用考勤，也应该设置每天对应的星期。

【业务描述】 根据职工考勤明细表（见表 3-9），制作湖南峰泉公司“职工考勤及汇总表”。

表 3-9 职工考勤明细表

日期	编号	101	102	103	……	501	502	503
	姓名	何能	刘小云	张文杰	……	李鹏	李红	王小黎
1	星期日				……			
2	星期一							
3	星期二	事假						
4	星期三	事假						病假
5	星期四	事假		病假				
6	星期五	旷工						病假
7	星期六							
8	星期日							病假
……								
31	星期二				……			

操作步骤：

（1）打开工资管理工作簿，将工作表 Sheet3 命名为“职工考勤及汇总表”。

（2）设计职工考勤明细表，如图 3-10 所示。

其中：

①单元格 P8（为单元格 P8:O8 合并）为当前日期，其公式为“=TODAY()"。

②单元格 A11:A41 为本月 1，2，…，31 号所对应的天数。该列数字通过填充柄直接填充自动生成日期。其他单元格使用填充柄直接填充至 B41 区域中输入产生如图 3-9 的结果。

③ B11:B41 对应为周次数，数值 1 对应为星期日，数值 2 对应为星期一……，数据 7 对应为星期六，可以手工填列，也可以采用代码自动生成。如果自动生成可以编写宏代码如图 3-11 所示。同时在单元格 B8:C8 处添加一按钮窗体，并指定宏为“日期自动生成”。然后单击“自动生成日期”按钮将产生如图 3-10 的效果。

	A	B	C	D	E	F	G	H	I	J	K	L	M	N	O	P	Q
8		自动生成日期		职工考勤明细表											日期	1月31日	
9		编号	101	102	103	201	202	203	301	302	303	401	402	403	501	502	503
10		姓名	何能	刘小云	张文杰	宋平	王明	刘君	李佑	张圣建	刘程	李晓军	李明	张红	李鹏	李红	王小黎
11	1	星期三															
12	2	星期四															
13	3	星期五	事假										病假				
14	4	星期六	事假														病假
15	5	星期日	事假		病假								事假				
16	6	星期一	旷工					病假									病假
17	7	星期二															
18	8	星期三															
19	9	星期四															
20	10	星期五	病假					事假									
21	11	星期六	病假														
22	12	星期日	旷工														
23	13	星期一															
24	14	星期二															
25	15	星期三															
26	16	星期四															
27	17	星期五															
28	18	星期六															
29	19	星期日															

图 3–10　职工考勤明细表

④在单元格 C8 中输入公式“=WEEKDAY(DATE(YEAR($P$8),MONTH($P$8),B8),1)”，产生对应 B8 单元格本月天数次序的本月周次数。

⑤设置周六、周日为不同的颜色。可以使用条件格式来完成这项操作。

薪资管理.xls - 模块1 (代码)

(通用)　　日期自动生成

```
Sub 日期自动生成()
    Sheets("职工考勤及汇总表").Select
    Range("B11:B41").Select
    Selection.ClearContents
    daysum = Day(Range("p8"))
    For k = 1 To daysum
        If k <= daysum Then
            Range("b8") = k
            Cells(10 + k, 2) = Range("c8")
            Cells(10 + k, 1) = k
        End If
    Next
End Sub
```

图 3–11　自动生成日期宏代码

（3）根据人事部门的考勤记录职工考勤明细表（表 3–9），输入职工考勤明细表记录。

由于职工考勤只存在“病假”“事假”“旷工”三种类型，为了提高数据的输入效率，把每一个考勤单元格（除去周六、周日，把不能输入或修改数据的单位设置单元格保护，方法略）设置为下拉列表，数据源为“病假”“事假”“旷工”，根据日常考勤记录数据输入考勤数据，结果如图 3–10 所示。

（4）设计“职工考勤汇总表”，如图 3–12 所示。

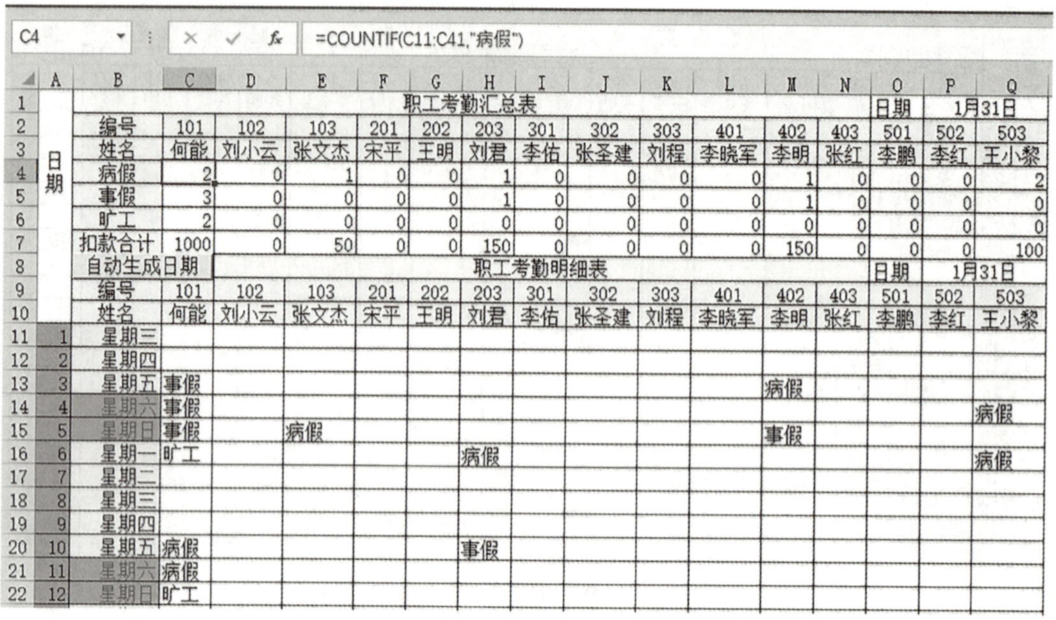

C4 =COUNTIF(C11:C41,"病假")

	A	B	C	D	E	F	G	H	I	J	K	L	M	N	O	P	Q
1			职工考勤汇总表												日期	1月31日	
2	日期	编号	101	102	103	201	202	203	301	302	303	401	402	403	501	502	503
3		姓名	何能	刘小云	张文杰	宋平	王明	刘君	李佑	张圣建	刘程	李晓军	李明	张红	李鹏	李红	王小黎
4		病假	2	0	1	0	0	1	0	0	0	0	1	0	0	0	2
5		事假	3	0	0	0	0	1	0	0	0	0	1	0	0	0	0
6		旷工	2	0	0	0	0	0	0	0	0	0	0	0	0	0	0
7		扣款合计	1000	0	50	0	0	150	0	0	0	0	150	0	0	0	100
8		自动生成日期	职工考勤明细表												日期	1月31日	
9		编号	101	102	103	201	202	203	301	302	303	401	402	403	501	502	503
10		姓名	何能	刘小云	张文杰	宋平	王明	刘君	李佑	张圣建	刘程	李晓军	李明	张红	李鹏	李红	王小黎
11	1	星期三															
12	2	星期四															
13	3	星期五	事假										病假				
14	4	星期六	事假														病假
15	5	星期日	事假		病假								事假				
16	6	星期一	旷工					病假									病假
17	7	星期二															
18	8	星期三															
19	9	星期四															
20	10	星期五	病假					事假									
21	11	星期六	病假														
22	12	星期日	旷工														

图 3–12 职工考勤汇总表

在“职工考勤明细表”上方预留位置，设计“职工考勤汇总表”，如图 3–12 所示。单元格 C4:Q4 区域表示每位员工病假天数汇总；单元格 C5:Q5 区域表示每位员工事假天数汇总；单元格 C6:Q6 区域表示每位员工旷工天数汇总。

对每位员工进行病假、事假及旷工天数进行汇总。在“何栋”病假天数汇总单元格 C4 输入公式为“=COUNTIF(C$11:C$41,$B4)*VLOOKUP($B4,事假病假旷工扣款标准区,2,0)"，其他员工病假天数汇总公式可通过填充柄将 C4 中的公式复制到其他单元格。选中 C4:Q4 单元格，通过填充柄将公式复制到 C6:Q6。

日常考勤应扣款计算。根据不同假别的每天扣款数及每位员工的病假、事假及旷工天数汇总数据，计算每位员工的考勤扣款数。每位员工的本月考勤扣款合计数据所在单元格区域为 C7:Q7，其中单元格 C7 公式为“=VLOOKUP("病假",事假病假旷工扣款标准区,2,FALSE)*C4+VLOOKUP("事假",事假病假旷工扣款标准区,2,FALSE)*C5+VLOOKUP("旷工",事假病假旷工扣款标准区,2,FALSE)*C6，其他单元格公式通过复制单元格 C7 公式得到。其结果如图 3–12 所示。其中“事假病假旷工扣款标准区”为“工资基本信息表”中事假病假旷工扣款标准表（表 3–4）区域定义的名称。

区域定义。为方便在工资计算表中对职工考勤汇总扣款的引用，应定义区域 C2:Q7 的名称为：职工考勤汇总区。

3.1.4　建立工资计算表

【业务描述】 根据前面资料提供的工资项目，设计湖南峰泉公司“工资计算表”，并进行工资计算。

操作步骤：

（1）在“工资管理”工作簿中插入一张工作表，并命名为“工资计算表”。

（2）根据已知工资项目组成，设计工资计算表各项目，如图 3-13 所示。

A2　=IF(B2<>"",MONTH(TODAY()) & "月","")

	A	B	C	D	E	F	G	H	I	J	K	L	M	N	O
1	月份	编号	姓名	部门	基本工资	岗位工资	津贴	考勤扣款	计件工资	应发工资	养老保险	医疗保险	个税	实发工资	人员类别
2	1月	101	何能	办公室											
3	1月	102	刘小云	办公室											
4	1月	103	张文杰	办公室											
5	1月	201	宋平	采购部											
6	1月	202	王明	采购部											
7	1月	203	刘君	采购部											
8	1月	301	李佑	技术部											
9	1月	302	张圣建	技术部											
10	1月	303	刘程	技术部											
11	1月	401	李晓军	生产部											
12	1月	402	李明	生产部											
13	1月	403	张红	生产部											
14	1月	501	李鹏	销售部											
15	1月	502	李红	销售部											
16	1月	503	王小黎	销售部											

图 3-13　工资计算表

（3）生成各基本项目。

①日期项目的单元格公式为“=IF(B2<>"",MONTH(TODAY( ))&“月”,"")”，表示自动产生本月的月份。

②编号、姓名、部门从“职工基本情况表”复制得到即可。

（4）基本工资、岗位工资及津贴这三个相对固定的数据，要从原来的分配方案中实现自动取数。

①基本工资自动取数：在基本工资单元格 E2 输入公式“=VLOOKUP(VLOOKUP(B2,职工基本情况区,5,FALSE)，职称基本工资标准区,2,FALSE)”。单元格 E3:E16 公式通过复制单元格 E2 公式得到。

其中：参数“职工基本情况区”为职工基本情况表定义的名称；“职称基本工资标准区”为“职称基本工资标准表”中定义的名称；VLOOKUP(B2,职工基本情况区,5,FALSE) 表示为在“职工基本情况表”中查找职工编号所对应的职称；VLOOKUP(VLOOKUP(B2,职工基本情况区,5,FALSE),职称基本工资标准区,2,FALSE) 是表示在职称基本工资标准区查找职称所对应的基本工资。

②岗位工资自动取数：在岗位工资单元格 F2 输入公式“=VLOOKUP(VLOOKUP(B2,职工基本情况区,4,FALSE)，职务岗位工资津贴标准区,2,FALSE)”。单元格 F3:F16 公式

通过复制单元格 F2 公式所得到。

其中：参数“职工基本情况区”同上解释；“职务岗位工资津贴标准区”为职务岗位工资津贴标准表定义的名称；VLOOKUP(B2, 职工基本情况区 ,4,FALSE) 表示在“职工基本情况表”中查找职工编号所对应的职务；VLOOKUP(VLOOKUP(B2, 职工基本情况区 ,4,FALSE), 职务岗位工资津贴标准区 ,2,FALSE) 表示为在职务岗位工资津贴标准表查找职务所对应的岗位工资。

③津贴自动取数：在津贴单元格 G2 输入公式“=VLOOKUP(VLOOKUP(B2，职工基本情况区 ,4,FALSE)，职务岗位工资津贴标准区 ,3,FALSE)"。单元格 G3:G16 公式通过复制单元格 G2 公式得到。各参数说明同（1）和（2）。输入项目公式后，显示计算结果如图 3–14 所示。

G2　=VLOOKUP(VLOOKUP(B2,职工基本情况区,4,FALSE),职务岗位工资津贴标准区,3,FALSE)

	A	B	C	D	E	F	G	H	I	J	K	L	M	N	O
1	月份	编号	姓名	部门	基本工资	岗位工资	津贴	考勤扣款	计件工资	应发工资	养老保险	医疗保险	个税	实发工资	人员类别
2	1月	101	何能	办公室	3 000.00	3 500.00	3 000.00								
3	1月	102	刘小云	办公室	2 000.00	2 000.00	1 500.00								
4	1月	103	张文杰	办公室	1 500.00	1 500.00	1 000.00								
5	1月	201	宋平	采购部	3 000.00	2 000.00	1 500.00								
6	1月	202	王明	采购部	1 500.00	1 500.00	1 000.00								
7	1月	203	刘君	采购部	800.00	1 500.00	1 000.00								
8	1月	301	李佑	技术部	2 000.00	2 000.00	1 500.00								
9	1月	302	张圣建	技术部	3 000.00	1 500.00	1 000.00								
10	1月	303	刘程	技术部	2 000.00	1 500.00	1 000.00								
11	1月	401	李晓军	生产部	2 000.00	2 000.00	1 500.00								
12	1月	402	李明	生产部	2 000.00	1 500.00	1 000.00								
13	1月	403	张红	生产部	1 500.00	1 500.00	1 000.00								
14	1月	501	李鹏	销售部	3 000.00	2 000.00	1 500.00								
15	1月	502	李红	销售部	1 500.00	1 500.00	1 000.00								
16	1月	503	王小黎	销售部	800.00	1 500.00	1 000.00								

图 3–14　工资计算表部分数据生成

（5）生成考勤扣款数据。根据“职工考勤及汇总表”中的数据，生成“工资计算表”中考勤扣款数据，在单元格 H2 中输入公式“=HLOOKUP(B2, 职工考勤汇总区 ,6,FALSE)"，其中，参数“职工考勤汇总区”为“职工考勤及汇总表”中单元格区域 C2:Q7 定义的名称。其他单元格区域通过复制单元格 H2 得到。结果如图 3–15 所示。

（6）生成计件或满勤工资数据。由于生产人员和销售人员计件工资数据是通过每月实际完成的产量或销量同每件产品的单位酬金计算得出来的，同时可以享受满勤奖；管理人员没有直接从事生产和销售，他们没有计件工资，只能享受满勤奖。所以要对所有人员做出是否满勤的判定，才能确定该人员是否有满勤奖。但计件工资只是针对生产人员和销售人员来计算，计算方法相对比较复杂，为此我们再设计一个计件满勤计算表，以计算每位职工的计件工资和满勤工资数据。

①插入一工作表，并命名为“计件工资满勤奖计算表”，保存该表。

②复制编号、姓名、人员类别数据制作如下空表，如图 3–16 所示。

H2　=HLOOKUP(B2,职工考勤汇总区,6,FALSE)

	A	B	C	D	E	F	G	H	I	J	K	L	M	N	O
1	月份	编号	姓名	部门	基本工资	岗位工资	津贴	考勤扣款	计件工资	应发工资	养老保险	医疗保险	个税	实发工资	人员类别
2	1月	101	何能	办公室	3 000.00	3 500.00	3 000.00	1 000.00							
3	1月	102	刘小云	办公室	2 000.00	2 000.00	1 500.00	0.00							
4	1月	103	张文杰	办公室	1 500.00	1 500.00	1 000.00	50.00							
5	1月	201	宋平	采购部	3 000.00	2 000.00	1 500.00	0.00							
6	1月	202	王明	采购部	1 500.00	1 500.00	1 000.00	0.00							
7	1月	203	刘君	采购部	800.00	1 500.00	1 000.00	150.00							
8	1月	301	李佑	技术部	2 000.00	2 000.00	1 500.00	0.00							
9	1月	302	张圣建	技术部	3 000.00	1 500.00	1 000.00	0.00							
10	1月	303	刘程	技术部	2 000.00	1 500.00	1 000.00	0.00							
11	1月	401	李晓军	生产部	2 000.00	2 000.00	1 500.00	0.00							
12	1月	402	李明	生产部	2 000.00	1 500.00	1 000.00	150.00							
13	1月	403	张红	生产部	1 500.00	1 500.00	1 000.00	0.00							
14	1月	501	李鹏	销售部	3 000.00	2 000.00	1 500.00	0.00							
15	1月	502	李红	销售部	1 500.00	1 500.00	1 000.00	0.00							
16	1月	503	王小黎	销售部	800.00	1 500.00	1 000.00	100.00							

图 3–15　工资计算表中生成了考勤扣款数据

	A	B	C	D	E	F	G	H	I
1	编号	姓名	人员类别	满勤否	满勤奖	产销量(实际完成工作量)	单件酬金	计件工资	小计
2	101	何能	管理人员						
3	102	刘小云	管理人员						
4	103	张文杰	管理人员						
5	201	宋平	管理人员						
6	202	王明	管理人员						
7	203	刘君	管理人员						
8	301	李佑	管理人员						
9	302	张圣建	管理人员						
10	303	刘程	管理人员						
11	401	李晓军	生产人员						
12	402	李明	生产人员						
13	403	张红	生产人员						
14	501	李鹏	销售人员						
15	502	李红	销售人员						
16	503	王小黎	销售人员						

图 3–16　计件工资满勤奖计算表

③判断职工是否满勤。可以根据“职工考勤明细表及汇总表”中的“职工考勤汇总区”是否有扣款数据来判定，因而只要在 D2 单元格设置公式：=IF(HLOOKUP(A2, 职工考勤汇总区 ,6,FALSE)=0," 满勤 "," 非满勤 ")，再将此公式复制到本列其他单元格，其中 HLOOKUP 是行引用函数，请大家自行查找资料学习。

④引用满勤奖数据。在 E2 单元格设置公式：=IF(D2=" 满勤 ",VLOOKUP(C2, 计件工资标准区 ,2,FALSE),0), 再将此公式复制到本列其他单元格。

⑤产销量（实际完成工作量）数据。产销量（实际完成工作量）应据实际工作情况记录如实填写。假设如下表所示的数据。

表 3-10　　产销量记录表

401	李晓军	生产人员	20
402	李明	生产人员	15
403	张红	生产人员	18
501	李鹏	销售人员	40
502	李红	销售人员	35
503	王小黎	销售人员	30

⑥单件酬金。G2 中填写公式：=VLOOKUP(C2, 计件工资标准区 ,3,FALSE), 复制到本列其他单元格。

⑦计件工资及小计。

计件工资 H2 单元格填写公式：=F2*VLOOKUP(C2, 计件工资标准区 ,3,FALSE), 复制到本列其他单元格。

小计 I2 单元格填写公式：=E2+H2，复制到本列其他单元格。

计件工资满勤奖计算表填列及计算结果如图 3-17 所示。

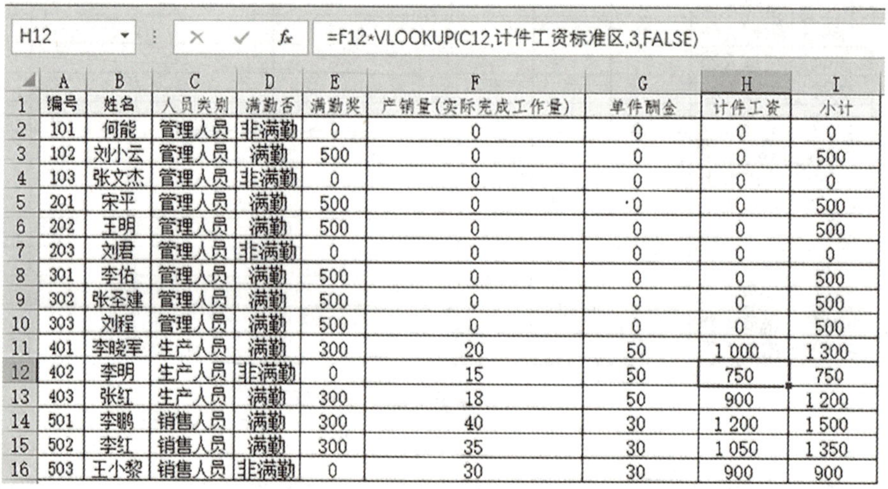

H12　=F12*VLOOKUP(C12,计件工资标准区,3,FALSE)

	A	B	C	D	E	F	G	H	I
1	编号	姓名	人员类别	满勤否	满勤奖	产销量(实际完成工作量)	单件酬金	计件工资	小计
2	101	何能	管理人员	非满勤	0	0	0	0	0
3	102	刘小云	管理人员	满勤	500	0	0	0	500
4	103	张文杰	管理人员	非满勤	0	0	0	0	0
5	201	宋平	管理人员	满勤	500	0	0	0	500
6	202	王明	管理人员	满勤	500	0	0	0	500
7	203	刘君	管理人员	非满勤	0	0	0	0	0
8	301	李佑	管理人员	满勤	500	0	0	0	500
9	302	张圣建	管理人员	满勤	500	0	0	0	500
10	303	刘程	管理人员	满勤	500	0	0	0	500
11	401	李晓军	生产人员	满勤	300	20	50	1 000	1 300
12	402	李明	生产人员	非满勤	0	15	50	750	750
13	403	张红	生产人员	满勤	300	18	50	900	1 200
14	501	李鹏	销售人员	满勤	300	40	30	1 200	1 500
15	502	李红	销售人员	满勤	300	35	30	1 050	1 350
16	503	王小黎	销售人员	非满勤	0	30	30	900	900

图 3-17　计件工资满勤奖计算表

定义“计件工资满勤奖计算区”：A1:H16，为后面引用作准备。

（7）把计件工资满勤奖计算表中的小计数据填列到工资计算表中的计件工资项目。

在工资计算表的 I2 单元格填列公式：=VLOOKUP(B2, 计件工资满勤奖计算区 ,9,FALSE), 并将此公式复制到本列其他单元格。

（8）计算应发工资合计数。在“工资计算表”中的应发工资单元格 J2 输入公式 "=E2+F2+G3-H2+I2"，该列其他单元格区域通过复制单元格 J2 得到。

（9）生成养老保险及医疗保险数据。根据“工资基本信息表”中的养老保险及医疗保险扣除比例及扣除依据（基本工资 + 岗位工资 + 津贴）计算养老保险及医疗保险数据。

在单元格 K2 输入公式“=（E2+F2+G2）* 工资基本信息表 !$C$19"，在单元格 L2 输入公式“=（E2+F2+G2）* 工资基本信息表 !$D$19"，其他单元格区域通过复制单元格 K2、L2 得到。结果如图 3–18 所示。

L2　=(E2+F2+G2)*工资基本信息表!$D$19

	A	B	C	D	E	F	G	H	I	J	K	L	M	N	O
1	月份	编号	姓名	部门	基本工资	岗位工资	津贴	考勤扣款	计件工资	应发工资	养老保险	医疗保险	个税	实发工资	人员类别
2	1月	101	何能	办公室	3 000.00	3 500.00	3 000.00	1 000.00	0.00	8 500.00	760.00	190.00			
3	1月	102	刘小云	办公室	2 000.00	2 000.00	1 500.00	0.00	500.00	6 000.00	440.00	110.00			
4	1月	103	张文杰	办公室	1 500.00	1 500.00	1 000.00	50.00	0.00	3 950.00	320.00	80.00			
5	1月	201	宋平	采购部	3 000.00	2 000.00	1 500.00	0.00	500.00	7 000.00	520.00	130.00			
6	1月	202	王明	采购部	1 500.00	1 500.00	1 000.00	0.00	500.00	4 500.00	320.00	80.00			
7	1月	203	刘君	采购部	800.00	1 500.00	1 000.00	150.00	0.00	3 150.00	264.00	66.00			
8	1月	301	李佑	技术部	2 000.00	2 000.00	1 500.00	0.00	500.00	6 000.00	440.00	110.00			
9	1月	302	张圣建	技术部	3 000.00	1 500.00	1 000.00	0.00	500.00	6 000.00	440.00	110.00			
10	1月	303	刘程	技术部	2 000.00	1 500.00	1 000.00	0.00	500.00	5 000.00	360.00	90.00			
11	1月	401	李晓军	生产部	2 000.00	2 000.00	1 500.00	0.00	1 300.00	6 800.00	440.00	110.00			
12	1月	402	李明	生产部	2 000.00	1 500.00	1 000.00	150.00	750.00	5 100.00	360.00	90.00			
13	1月	403	张红	生产部	1 500.00	1 500.00	1 000.00	0.00	1 200.00	5 200.00	320.00	80.00			
14	1月	501	李鹏	销售部	3 000.00	2 000.00	1 500.00	0.00	1 500.00	8 000.00	520.00	130.00			
15	1月	502	李红	销售部	1 500.00	1 500.00	1 000.00	0.00	1 350.00	5 350.00	320.00	80.00			
16	1月	503	王小黎	销售部	800.00	1 500.00	1 000.00	100.00	900.00	4 100.00	264.00	66.00			

图 3–18　工资计算表部分数据

（10）个人所得税数据的计算。在工资计算表的个税单元格 M2 输入公式“=IF((J2–K2–L2–5000)>0,(J2–K2–L2–5000)*VLOOKUP((J2–K2–L2–5000),工资基本信息表 !$G$13:$J$19,2)–VLOOKUP((J2–K2–L2–5000),工资基本信息表 !$G$13:$J$19,3),0)”。

注意：这里的 VLOOKUP 函数只有三个参数。如图 3–19。

M2　=IF((J2-K2-L2-5000)>0,(J2-K2-L2-5000)*VLOOKUP((J2-K2-L2-5000),工资基本信息表!$G$13:$J$19,2)-VLOOKUP((J2-K2-L2-5000),工资基本信息表!$G$13:$J$19,3),0)

	B	C	D	E	F	G	H	I	J	K	L	M	N	O
1	编号	姓名	部门	基本工资	岗位工资	津贴	考勤扣款	计件工资	应发工资	养老保险	医疗保险	个税	实发工资	人员类别
2	101	何栋	办公室	3000.00	3500.00	3000.00	1000.00	0.00	8500.00	680.00	170.00	79.50	7570.50	管理人员
3	102	刘小云	办公室	2000.00	2000.00	1500.00	0.00	500.00	6000.00	480.00	120.00	12.00	5388.00	管理人员
4	103	张文杰	办公室	1500.00	1500.00	1000.00	50.00	0.00	3950.00	316.00	79.00	0.00	3555.00	管理人员
5	201	宋平	采购部	3000.00	2000.00	1500.00	0.00	500.00	7000.00	560.00	140.00	39.00	6261.00	管理人员
6	202	王明	采购部	1500.00	1500.00	1000.00	0.00	500.00	4500.00	360.00	90.00	0.00	4050.00	管理人员
7	203	刘君	采购部	800.00	1500.00	1000.00	150.00	0.00	3150.00	252.00	63.00	0.00	2835.00	管理人员
8	301	李佑	技术部	2000.00	2000.00	1500.00	0.00	500.00	6000.00	480.00	120.00	12.00	5388.00	管理人员
9	302	张圣建	技术部	3000.00	1500.00	1000.00	0.00	500.00	6000.00	480.00	120.00	12.00	5388.00	管理人员
10	303	刘程	技术部	2000.00	1500.00	1000.00	0.00	500.00	5000.00	400.00	100.00	0.00	4500.00	管理人员
11	401	李晓军	生产部	2000.00	2000.00	1500.00	0.00	1300.00	6800.00	544.00	136.00	33.60	6086.40	管理人员
12	402	李明	生产部	2000.00	1500.00	1000.00	150.00	750.00	5100.00	408.00	102.00	0.00	4590.00	生产人员
13	403	张红	生产部	1500.00	1500.00	1000.00	0.00	1200.00	5200.00	416.00	104.00	0.00	4680.00	生产人员
14	501	李鹏	销售部	3000.00	2000.00	1500.00	0.00	1500.00	8000.00	640.00	160.00	66.00	7134.00	管理人员
15	502	李红	销售部	1500.00	1500.00	1000.00	0.00	1350.00	5350.00	428.00	107.00	0.00	4815.00	销售人员
16	503	王小黎	销售部	800.00	1500.00	1000.00	100.00	900.00	4100.00	328.00	82.00	0.00	3690.00	销售人员

图 3–19　个税计算方法一

或者“=MAX((J2–K2–L2–5000)*{0.03,0.1,0.2,0.25,0.3,0.35,0.45}–{0,210,1410,2660,4410,7160,15160},0)”，其他单元格公式通过复制单元格 M2 公式得到。本函数第一个大括号内列举出所有的税率，第二个大括号内列举出所有的速算扣除数。

(J2–K2–L2–5000) 为应纳税所得，本教材没有列举抚养费、赡养费、房租、房贷、继续教育费等项目，如果实际工作中有这些项目则在 (J2–K2–L2–5000– 相关项目)。

（11）实发工资数据的计算。在实发工资单元格 N2 输入公式“=J3-K3-L3-M2”，其他单元格公式通过复制单元格 N2 公式得到。结果如图 3-20 所示。

	A	B	C	D	E	F	G	H	I	J	K	L	M	N	O
1	月份	编号	姓名	部门	基本工资	岗位工资	津贴	考勤扣款	计件工资	应发工资	养老保险	医疗保险	个税	实发工资	人员类别
2	1月	101	何能	办公室	3 000.00	3 500.00	3 000.00	1 000.00	0.00	8 500.00	760.00	190.00	76.50	7 473.50	管理人员
3	1月	102	刘小云	办公室	2 000.00	2 000.00	1 500.00	0.00	500.00	6 000.00	440.00	110.00	13.50	5 436.50	管理人员
4	1月	103	张文杰	办公室	1 500.00	1 500.00	1 000.00	50.00	0.00	3 950.00	320.00	80.00	0.00	3 550.00	管理人员
5	1月	201	宋平	采购部	3 000.00	2 000.00	1 500.00	0.00	500.00	7 000.00	520.00	130.00	40.50	6 309.50	管理人员
6	1月	202	王明	采购部	1 500.00	1 500.00	1 000.00	0.00	500.00	4 500.00	320.00	80.00	0.00	4 100.00	管理人员
7	1月	203	刘君	采购部	800.00	1 500.00	1 000.00	150.00	0.00	3 150.00	264.00	66.00	0.00	2 820.00	管理人员
8	1月	301	李佑	技术部	2 000.00	2 000.00	1 500.00	0.00	500.00	6 000.00	440.00	110.00	13.50	5 436.50	管理人员
9	1月	302	张圣建	技术部	3 000.00	1 500.00	1 000.00	0.00	500.00	6 000.00	440.00	110.00	13.50	5 436.50	管理人员
10	1月	303	刘程	技术部	2 000.00	1 500.00	1 000.00	0.00	500.00	5 000.00	360.00	90.00	0.00	4 550.00	管理人员
11	1月	401	李晓军	生产部	2 000.00	2 000.00	1 500.00	0.00	1 300.00	6 800.00	440.00	110.00	37.50	6 212.50	管理人员
12	1月	402	李明	生产部	2 000.00	1 500.00	1 000.00	150.00	750.00	5 100.00	360.00	90.00	0.00	4 650.00	生产人员
13	1月	403	张红	生产部	1 500.00	1 500.00	1 000.00	0.00	1 200.00	5 200.00	320.00	80.00	0.00	4 800.00	生产人员
14	1月	501	李鹏	销售部	3 000.00	2 000.00	1 500.00	0.00	1 500.00	8 000.00	520.00	130.00	70.50	7 279.50	管理人员
15	1月	502	李红	销售部	1 500.00	1 500.00	1 000.00	0.00	1 350.00	5 350.00	320.00	80.00	0.00	4 950.00	销售人员
16	1月	503	王小黎	销售部	800.00	1 500.00	1 000.00	100.00	900.00	4 100.00	264.00	66.00	0.00	3 770.00	销售人员

图 3-20　工资计算表全部数据

通过上述的步骤，工资计算表中的各项目数据已完全生成。

定义“工资计算区”：B1:O16，以备后面调用本表数据。

3.1.5　建立职工工资条

为了方便每位员工能够清楚地了解自己的工资收入及扣除情况，每个企业都要给员工发一个自己本月的工资条，以便核对自己的工资数据正确与否。工资条数据是根据企业本月工资表的数据生成的，是在原来数据基础上，在每位员工的数据前面再加上一个表头而已。

设计工资条的方法很多，这里提供三种方法：第一种是采用 Word 的邮件合并功能与 Excel 数据表建立连接，从而生成 Word 形式的工资条；第二种是 Excel 中用自动排序的方法来产生工资条；第三种是采用宏代码法，通过程序自动生成职工工资条。

【业务描述】 根据前面资料，在制作出工资计算表以后，设计出湖南峰泉公司职工工资条。

方法一：采用 Word 邮件合并功能实现工资条的生成。

操作步骤：

（1）创建 Word 模板。在 Word 中新建一个文件，页面设置为 A4 纸，按照应打印工资项目的名称，制作出一个表格，在一页纸中设计能打印一个工资条，将其另存为工资条模板备用。结果如图 3-21 所示。

（2）确定邮件合并文档的类型。选择邮件菜单栏 |“开始邮件合并工具”|“普通 Word 文档”，如图 3-22 所示。

（3）建立邮件与数据表工资计算表的连接。点击工具栏命令“选择收件人”| 使用现有列表”选中包含工资条中所有数据的工作表“工资计算表”。选择“工资管理”工作簿

所在的位置，选择“工资管理”工作簿并打开，进一步选择其中的“工资计算表”，结果如图 3–23 所示。

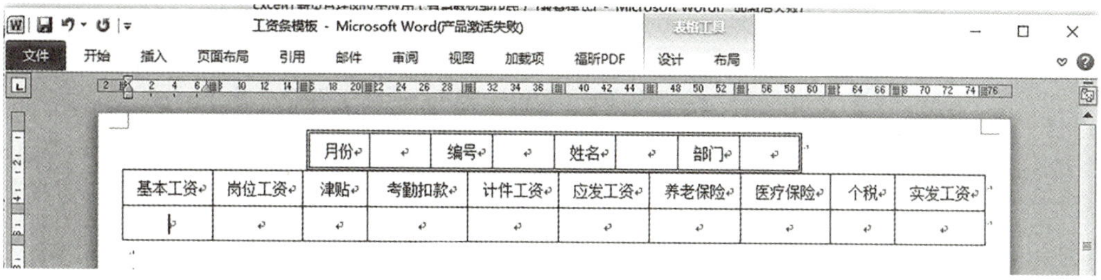

图 3–21 创建 WORD 工资条模板

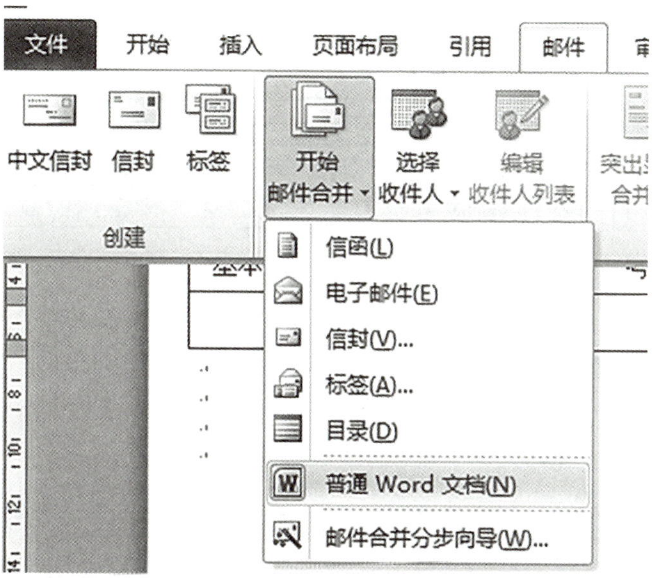

图 3–22 选择邮件合并文档文件类型

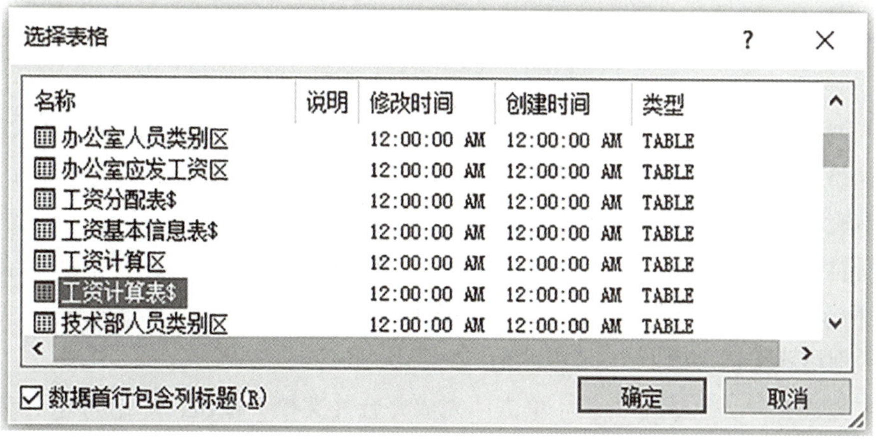

图 3–23 确定邮件合并文档数据源

（4）为模板中每一项目插入合并域。将光标移到一个项目的位置（例如，“月份”右的单元格），单击“插入合并域”命令，打开“插入合并域”对话框，选中“域”列表框中的“月份”单击鼠标左按钮就可以将月份合并域插入到表格中，如图 3-24 所示。

月份	«月份»	编号		姓名		部门	

基本工资	岗位工资	津贴	考勤扣款	计件工资	应发工资	养老保险	医疗保险	个税	实发工资

图 3-24　将月份合并域插入到模板月份项目中

重复上面的操作将所有合并域插入工资条模板中的对应位置，如图 3-25 所示。

月份	«月份»	编号	«编号»	姓名	«姓名»	部门	«部门»

基本工资	岗位工资	津贴	考勤扣款	计件工资	应发工资	养老保险	医疗保险	个税	实发工资
«基本工资»	«岗位工资»	«津贴»	«考勤扣款»	«计件工资»	«应发工资»	«养老保险»	«医疗保险»	«个税»	«实发工资»

图 3-25　将所有合并域插入工资条中的对应位置

（5）预览合并结果，并调整合并格式。

比如：第 15 条记录预览如图 3-26 所示，此图中个税和实发工资数据小数位太多，应予以数据显示格式的调整。

月份	5 月	编号	503	姓名	王小黎	部门	销售部

基本工资	岗位工资	津贴	考勤扣款	计件工资	应发工资	养老保险	医疗保险	个税	实发工资
800	1 500	1 000	100	900	4 100	264	66	8.0999999999999996	3 761.9000000000001

图 3-26　第 15 条记录预览

格式调整方法：先发命令 ALT+F9，显示或隐藏文档中所有域代码，再在每个域代码后附加格式码：\#°"#,##0.00"，此格式码的意义是将表格中数值格式调整为两位小数，对整数采购千位分隔符形式分隔。具体如图 3-27 所示。

查看格式调整后的结果，可以再发命令 ALT+F9，隐藏域代码，查看预览结果。如图 3-28 所示，至此，格式调整好了，以此类推将其他域的格式作同样的设置，从而使所有数值数据格式保持一致。

（6）完成合并，生成工资条。单击“完成并合并文档”按钮，依据向导生成工资条文档，并对新生成的工资条文档进行格式调整，删除其中的分节符，全部工资条显示紧凑，如图 3-29 所示。

月份	{ MERGEFIELD 月份 }	编号	{ MERGEFIELD 编号 }	姓名	{ MERGEFIELD 姓名 }	部门	{ MERGEFIELD 部门 }

基本工资	岗位工资	津贴	考勤扣款	计件工资	应发工资	养老保险	医疗保险	个税	实发工资
{ MERGEFIELD 基本工资 }	{ MERGEFIELD 岗位工资 }	{ MERGEFIELD 津贴 }	{ MERGEFIELD 考勤扣款 }	{ MERGEFIELD 计件工资 }	{ MERGEFIELD 应发工资 }	{ MERGEFIELD 养老保险 }	{ MERGEFIELD 医疗保险 }	{ MERGEFIELD 个税 \# "#,##0.00"}	{ MERGEFIELD 实发工资 \#"#,##0.00" }

图 3-27 显示域代码，其中个税和实发工资代码中加入了格式码

月份	5 月	编号	503	姓名	王小黎	部门	销售部

基本工资	岗位工资	津贴	考勤扣款	计件工资	应发工资	养老保险	医疗保险	个税	实发工资
800	1 500	1 000	100	900	4 100	264	66	8.10	3 761.90

图 3-28 对个税和实发工资两个域加上格式码以后的预览结果

月份	5 月	编号	101	姓名	何能	部门	办公室

基本工资	岗位工资	津贴	考勤扣款	计件工资	应发工资	养老保险	医疗保险	个税	实发工资
3 000	3 500	3 000	1 000	0	8 500	760	190	300.00	7 250.00

月份	5 月	编号	102	姓名	刘小云	部门	办公室

基本工资	岗位工资	津贴	考勤扣款	计件工资	应发工资	养老保险	医疗保险	个税	实发工资
2 000	2 000	1 500	0	500	6 000	440	110	90.00	5 360.00

月份	5 月	编号	103	姓名	张文杰	部门	办公室

基本工资	岗位工资	津贴	考勤扣款	计件工资	应发工资	养老保险	医疗保险	个税	实发工资
1 500	1 500	1 000	50	0	3 950	320	80	1.50	3 548.50

图 3-29 紧凑型的工资条（前三条）

通过上述方法生成工资条的数据具有一定的动态性，要产生不同月份的工资条时，只需要用每月的新数据覆盖原有数据，按照上述的步骤，就会产生动态的工资条数据。

这种方法每次都要做一定的手工操作，企业操作员工必须具备一定的操作技能才能完成上述工作，但中小企业的员工变换较大，这种方法使用起来比较复杂，优点是能制

做出格式灵活多样，外观精美的工资条，缺点是手工操作太多，使用不是特别便捷。

方法二：运用排序实现工资条的自动生成。

操作步骤：

（1）新建一个工作表并命名为“工资条”，然后打开工资条所要用到的数据表“工资计算表”，选定工资数据区域并复制该区域，然后选择“工资条”工作表，选择 A3 单元格，单击右键，选择“选择性粘贴”命令，打开“选择性粘贴”对话框，单击“确定”按钮，复制“基本工资表”所有数据到“工资条”表格中。

（2）使用填充柄来进行填充，将工资项目的表头复制若干份，如图 3–30 所示。

	A	B	C	D	E	F	G	H	I	J	K	L	M	N	O
1	1月	101	何能	办公室	3 000.00	3 500.00	3 000.00	1 000.00	0.00	8 500.00	760.00	190.00	76.50	7 473.50	管理人员
2	1月	102	刘小云	办公室	2 000.00	2 000.00	1 500.00	0.00	500.00	6 000.00	440.00	110.00	13.50	5 436.50	管理人员
3	1月	103	张文杰	办公室	1 500.00	1 500.00	1 000.00	50.00	0.00	3 950.00	320.00	80.00	0.00	3 550.00	管理人员
4	1月	201	宋平	采购部	3 000.00	2 000.00	1 500.00	0.00	500.00	7 000.00	520.00	130.00	40.50	6 309.50	管理人员
5	1月	202	王明	采购部	1 500.00	1 500.00	1 000.00	0.00	500.00	4 500.00	320.00	80.00	0.00	4 100.00	管理人员
6	1月	203	刘君	采购部	800.00	1 500.00	1 000.00	150.00	0.00	3 150.00	264.00	66.00	0.00	2 820.00	管理人员
7	1月	301	李佑	技术部	2 000.00	2 000.00	1 500.00	0.00	500.00	6 000.00	440.00	110.00	13.50	5 436.50	管理人员
8	1月	302	张圣建	技术部	3 000.00	1 500.00	1 000.00	0.00	500.00	6 000.00	440.00	110.00	13.50	5 436.50	管理人员
9	1月	303	刘程	技术部	2 000.00	1 500.00	1 000.00	0.00	500.00	5 000.00	360.00	90.00	0.00	4 550.00	管理人员
10	1月	401	李晓军	生产部	2 000.00	2 000.00	1 500.00	0.00	1 300.00	6 800.00	440.00	110.00	37.50	6 212.50	管理人员
11	1月	402	李明	生产部	2 000.00	1 500.00	1 000.00	150.00	750.00	5 100.00	360.00	90.00	0.00	4 650.00	生产人员
12	1月	403	张红	生产部	1 500.00	1 500.00	1 000.00	0.00	1 200.00	5 200.00	320.00	80.00	0.00	4 800.00	生产人员
13	1月	501	李鹏	销售部	3 000.00	2 000.00	1 500.00	0.00	1 500.00	8 000.00	520.00	130.00	70.50	7 279.50	管理人员
14	1月	502	李红	销售部	1 500.00	1 500.00	1 000.00	0.00	1 350.00	5 350.00	320.00	80.00	0.00	4 950.00	销售人员
15	1月	503	王小黎	销售部	800.00	1 500.00	1 000.00	100.00	900.00	4 100.00	264.00	66.00	0.00	3 770.00	销售人员
16	月份	编号	姓名	部门	基本工资	岗位工资	津贴	考勤扣款	计件工资	应发工资	养老保险	医疗保险	个税	实发工资	人员类别
17	月份	编号	姓名	部门	基本工资	岗位工资	津贴	考勤扣款	计件工资	应发工资	养老保险	医疗保险	个税	实发工资	人员类别
18	月份	编号	姓名	部门	基本工资	岗位工资	津贴	考勤扣款	计件工资	应发工资	养老保险	医疗保险	个税	实发工资	人员类别
19	月份	编号	姓名	部门	基本工资	岗位工资	津贴	考勤扣款	计件工资	应发工资	养老保险	医疗保险	个税	实发工资	人员类别
20	月份	编号	姓名	部门	基本工资	岗位工资	津贴	考勤扣款	计件工资	应发工资	养老保险	医疗保险	个税	实发工资	人员类别
21	月份	编号	姓名	部门	基本工资	岗位工资	津贴	考勤扣款	计件工资	应发工资	养老保险	医疗保险	个税	实发工资	人员类别
22	月份	编号	姓名	部门	基本工资	岗位工资	津贴	考勤扣款	计件工资	应发工资	养老保险	医疗保险	个税	实发工资	人员类别
23	月份	编号	姓名	部门	基本工资	岗位工资	津贴	考勤扣款	计件工资	应发工资	养老保险	医疗保险	个税	实发工资	人员类别
24	月份	编号	姓名	部门	基本工资	岗位工资	津贴	考勤扣款	计件工资	应发工资	养老保险	医疗保险	个税	实发工资	人员类别
25	月份	编号	姓名	部门	基本工资	岗位工资	津贴	考勤扣款	计件工资	应发工资	养老保险	医疗保险	个税	实发工资	人员类别
26	月份	编号	姓名	部门	基本工资	岗位工资	津贴	考勤扣款	计件工资	应发工资	养老保险	医疗保险	个税	实发工资	人员类别
27	月份	编号	姓名	部门	基本工资	岗位工资	津贴	考勤扣款	计件工资	应发工资	养老保险	医疗保险	个税	实发工资	人员类别
28	月份	编号	姓名	部门	基本工资	岗位工资	津贴	考勤扣款	计件工资	应发工资	养老保险	医疗保险	个税	实发工资	人员类别
29	月份	编号	姓名	部门	基本工资	岗位工资	津贴	考勤扣款	计件工资	应发工资	养老保险	医疗保险	个税	实发工资	人员类别
30	月份	编号	姓名	部门	基本工资	岗位工资	津贴	考勤扣款	计件工资	应发工资	养老保险	医疗保险	个税	实发工资	人员类别

图 3–30　复制工资数据及工资项目表头

（3）输入数字，注意输入时，使用填充柄将表头每行输入奇数，例如“1、3、5、7、9…”将具体工资数据每行输入偶数，例如“2、4、6、8、10…”再使用“数据”选项卡的“排序”功能进行排序，经升序排序后，生成工资条。如图 3–31 所示。

这种方法优点是简单直观，缺点是缺乏美观。

方法三：采用宏代码法自动生成工资条。

操作步骤：

（1）调出开发工具：“文件”|“选项”|“自定义功能区”|“开发工具”

（2）建立宏代码“生成工资条”：“开发工具” | “VisualBasic”：VisualBasic 进入编辑器；新增一个模块 1，在模块 1 的通用段创建“生成工资条”宏。

	A	B	C	D	E	F	G	H	I	J	K	L	M	N	O	P
1	月份	编号	姓名	部门	基本工资	岗位工资	津贴	考勤扣款	计件工资	应发工资	养老保险	医疗保险	个税	实发工资	人员类别	1
2	1月	101	何能	办公室	3 000.00	3 500.00	3 000.00	1 000.00	0.00	8 500.00	760.00	190.00	76.50	7 473.50	管理人员	2
3	月份	编号	姓名	部门	基本工资	岗位工资	津贴	考勤扣款	计件工资	应发工资	养老保险	医疗保险	个税	实发工资	人员类别	3
4	1月	102	刘小云	办公室	2 000.00	2 000.00	1 500.00	0.00	500.00	6 000.00	440.00	110.00	13.50	5 436.50	管理人员	4
5	月份	编号	姓名	部门	基本工资	岗位工资	津贴	考勤扣款	计件工资	应发工资	养老保险	医疗保险	个税	实发工资	人员类别	5
6	1月	103	张文杰	办公室	1 500.00	1 500.00	1 000.00	50.00	0.00	3 950.00	320.00	80.00	0.00	3 550.00	管理人员	6
7	月份	编号	姓名	部门	基本工资	岗位工资	津贴	考勤扣款	计件工资	应发工资	养老保险	医疗保险	个税	实发工资	人员类别	7
8	1月	201	宋平	采购部	3 000.00	2 000.00	1 500.00	0.00	500.00	7 000.00	520.00	130.00	40.50	6 309.50	管理人员	8
9	月份	编号	姓名	部门	基本工资	岗位工资	津贴	考勤扣款	计件工资	应发工资	养老保险	医疗保险	个税	实发工资	人员类别	9
10	1月	202	王明	采购部	1 500.00	1 500.00	1 000.00	0.00	500.00	4 500.00	320.00	80.00	0.00	4 100.00	管理人员	10
11	月份	编号	姓名	部门	基本工资	岗位工资	津贴	考勤扣款	计件工资	应发工资	养老保险	医疗保险	个税	实发工资	人员类别	11
12	1月	203	刘君	采购部	800.00	1 500.00	1 000.00	150.00	0.00	3 150.00	264.00	66.00	0.00	2 820.00	管理人员	12
13	月份	编号	姓名	部门	基本工资	岗位工资	津贴	考勤扣款	计件工资	应发工资	养老保险	医疗保险	个税	实发工资	人员类别	13
14	1月	301	李佑	技术部	2 000.00	2 000.00	1 500.00	0.00	500.00	6 000.00	440.00	110.00	13.50	5 436.50	管理人员	14
15	月份	编号	姓名	部门	基本工资	岗位工资	津贴	考勤扣款	计件工资	应发工资	养老保险	医疗保险	个税	实发工资	人员类别	15
16	1月	302	张圣建	技术部	3 000.00	1 500.00	1 000.00	0.00	500.00	6 000.00	440.00	110.00	13.50	5 436.50	管理人员	16
17	月份	编号	姓名	部门	基本工资	岗位工资	津贴	考勤扣款	计件工资	应发工资	养老保险	医疗保险	个税	实发工资	人员类别	17
18	1月	303	刘程	技术部	2 000.00	1 500.00	1 000.00	0.00	500.00	5 000.00	360.00	90.00	0.00	4 550.00	管理人员	18
19	月份	编号	姓名	部门	基本工资	岗位工资	津贴	考勤扣款	计件工资	应发工资	养老保险	医疗保险	个税	实发工资	人员类别	19
20	1月	401	李晓军	生产部	2 000.00	2 000.00	1 500.00	0.00	1 300.00	6 800.00	440.00	110.00	37.50	6 212.50	管理人员	20
21	月份	编号	姓名	部门	基本工资	岗位工资	津贴	考勤扣款	计件工资	应发工资	养老保险	医疗保险	个税	实发工资	人员类别	21
22	1月	402	李明	生产部	2 000.00	1 500.00	1 000.00	150.00	750.00	5 100.00	360.00	90.00	0.00	4 650.00	生产人员	22
23	月份	编号	姓名	部门	基本工资	岗位工资	津贴	考勤扣款	计件工资	应发工资	养老保险	医疗保险	个税	实发工资	人员类别	23
24	1月	403	张红	生产部	1 500.00	1 500.00	1 000.00	0.00	1 200.00	5 200.00	320.00	80.00	0.00	4 800.00	生产人员	24
25	月份	编号	姓名	部门	基本工资	岗位工资	津贴	考勤扣款	计件工资	应发工资	养老保险	医疗保险	个税	实发工资	人员类别	25
26	1月	501	李鹏	销售部	3 000.00	2 000.00	1 500.00	0.00	1 500.00	8 000.00	520.00	130.00	70.50	7 279.50	管理人员	26
27	月份	编号	姓名	部门	基本工资	岗位工资	津贴	考勤扣款	计件工资	应发工资	养老保险	医疗保险	个税	实发工资	人员类别	27
28	1月	502	李红	销售部	1 500.00	1 500.00	1 000.00	0.00	1 350.00	5 350.00	320.00	80.00	0.00	4 950.00	销售人员	28
29	月份	编号	姓名	部门	基本工资	岗位工资	津贴	考勤扣款	计件工资	应发工资	养老保险	医疗保险	个税	实发工资	人员类别	29
30	1月	503	王小黎	销售部	800.00	1 500.00	1 000.00	100.00	900.00	4 100.00	264.00	66.00	0.00	3 770.00	销售人员	30

图 3-31　生成工资条

“生成工资条”宏内容如下：

```
Sub 生成工资条 ()
Application.ScreenUpdating=False
Application.DisplayAlerts=False
DimiAsInteger
DimnAsInteger
DimendrowAsInteger
' 新建一个工作表，命名为“工资条”
    kk=InputBox(" 请输入工资月份：如“3 月”")
    Sheets(" 工资计算表 ").Select
    Sheets.Add
    ActiveSheet.Name=kk
    Sheets(kk).MoveAfter：=Sheets(6)
' 测出工资计算表数据的最后一行
endrow=Sheets(" 工资计算表 ").Range("a65536").End(xlUp).Row–1
'MsgBox(endrow)
' 把标题贴过去
' 把每条数据抬头贴过去
Sheets(" 工资计算表 ").Select
```

```
Range("a1：iv1").Copy
n=0
For i=1 Toendrow
    Sheets(kk).Select
    Cells(2*i+2*n-1,1).Select
    n=n+1
    ActiveSheet.Paste
Next
'把数据贴过去
n=0
For i=1 Toendrow
    Sheets(" 工资计算表 ").Select
    Range(Cells(i+1,1),Cells(i+1,17)).Copy
    Sheets(kk).Select
    Cells(4*i-2,1).Select
    ActiveSheet.Paste
Next
'选定整个工作表，列宽自动调整
    Cells.Select
    Cells.EntireColumn.AutoFit
    Application.CutCopyMode=False
'清除工资计算表中复制
    Sheets(" 工资计算表 ").Select
    Application.CutCopyMode=False
    Sheets(kk).Select
'把基本工资表这几个字替换成职工工资条这几个字
    Cells.ReplaceWhat:=" 基本工资表 ",Replacement：=kk&" 职工工资条 ",LookAt:=xlPart，_
        SearchOrder:=xlByRows,MatchCase：=False,SearchFormat:=False,_
        ReplaceFormat:=False
    Application.DisplayAlerts=True
    Application.ScreenUpdating=True
EndSub
```

结果如图 3-32

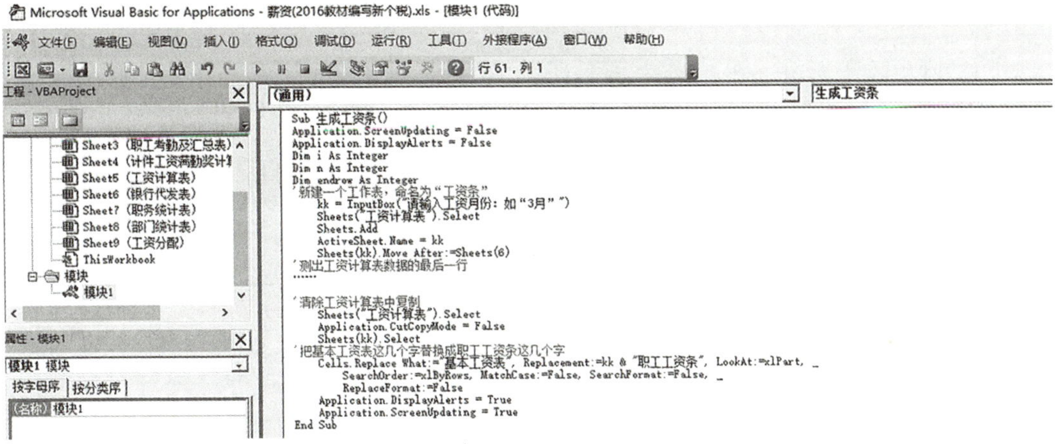

图 3-32　生成工资条宏代码

（3）插入窗体按钮："开发工具"|"插入"|按钮（窗体控件），在工资计算表最后一行数据以下创建一个窗体按钮，并设置按钮的标题为"自动生成工资条"，指定宏名为：生成工资条。结果如图 3-33 所示。

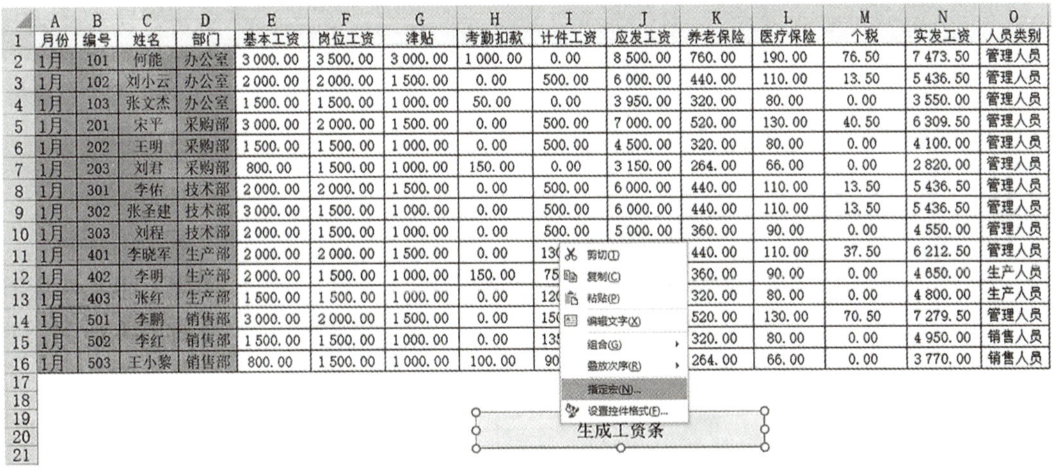

	A	B	C	D	E	F	G	H	I	J	K	L	M	N	O
1	月份	编号	姓名	部门	基本工资	岗位工资	津贴	考勤扣款	计件工资	应发工资	养老保险	医疗保险	个税	实发工资	人员类别
2	1月	101	何能	办公室	3 000.00	3 500.00	3 000.00	1 000.00	0.00	8 500.00	760.00	190.00	76.50	7 473.50	管理人员
3	1月	102	刘小云	办公室	2 000.00	2 000.00	1 500.00	0.00	500.00	6 000.00	440.00	110.00	13.50	5 436.50	管理人员
4	1月	103	张文杰	办公室	1 500.00	1 500.00	1 000.00	50.00	0.00	3 950.00	320.00	80.00	0.00	3 550.00	管理人员
5	1月	201	宋平	采购部	3 000.00	2 000.00	1 500.00	0.00	500.00	7 000.00	520.00	130.00	40.50	6 309.50	管理人员
6	1月	202	王明	采购部	1 500.00	1 500.00	1 000.00	0.00	500.00	4 500.00	320.00	80.00	0.00	4 100.00	管理人员
7	1月	203	刘君	采购部	800.00	1 500.00	1 000.00	150.00	0.00	3 150.00	264.00	66.00	0.00	2 820.00	管理人员
8	1月	301	李佑	技术部	2 000.00	2 000.00	1 500.00	0.00	500.00	6 000.00	440.00	110.00	13.50	5 436.50	管理人员
9	1月	302	张圣建	技术部	3 000.00	1 500.00	1 000.00	0.00	500.00	6 000.00	440.00	110.00	13.50	5 436.50	管理人员
10	1月	303	刘程	技术部	2 000.00	1 500.00	1 000.00	0.00	500.00	5 000.00	360.00	90.00	0.00	4 550.00	管理人员
11	1月	401	李晓军	生产部	2 000.00	2 000.00	1 500.00	0.00	13[illegible]	[illegible]	440.00	110.00	37.50	6 212.50	管理人员
12	1月	402	李明	生产部	2 000.00	1 500.00	1 000.00	150.00	75[illegible]	[illegible]	360.00	90.00	0.00	4 650.00	生产人员
13	1月	403	张红	生产部	1 500.00	1 500.00	1 000.00	0.00	12[illegible]	[illegible]	320.00	80.00	0.00	4 800.00	生产人员
14	1月	501	李鹏	销售部	3 000.00	2 000.00	1 500.00	0.00	15[illegible]	[illegible]	520.00	130.00	70.50	7 279.50	管理人员
15	1月	502	李红	销售部	1 500.00	1 500.00	1 000.00	0.00	135[illegible]	[illegible]	320.00	80.00	0.00	4 950.00	销售人员
16	1月	503	王小黎	销售部	800.00	1 500.00	1 000.00	100.00	90[illegible]	[illegible]	264.00	66.00	0.00	3 770.00	销售人员

图 3-33　生成工资条按钮的建立及编制文字、指定宏

宏代码法自动生成工资条法，只要以后需要生成工资条时，点击生成工资条按钮，在弹出的窗口中输入新工作表的名称，将自动在新工作表中生成职工工资条。其优点是操作操作简单，生成工资条速度快，生成的工资条美观，并可以方便地进行美观修饰；其不足之处是宏代码内容，大家不甚了解，自己并不会编写，但本教材提供源代码后，这点也不足为道了。

3.1.6 建立职工社会保险表

为了减轻个人与社会组织的劳动，国家规定企业员工的社会保险由企业代为缴纳。因此企业必须设计有关社会保险代扣代缴数据表。

【业务描述】 设计湖南峰泉公司代扣代缴社会保险表如表 3–11。

表 3–11 社会保险代扣代缴数据表

月份	编号	姓名	部门	养老保险		医疗保险		合计
				单位	个人	单位	个人	
1 月	101	何能	办公室	☐	☐	☐	☐	☐
1 月	102	刘小云	办公室	☐	☐	☐	☐	☐
1 月	103	张文杰	办公室	☐	☐	☐	☐	☐
1 月	201	宋平	采购部	☐	☐	☐	☐	☐
1 月	202	王明	采购部	☐	☐	☐	☐	☐
1 月	203	刘君	采购部	☐	☐	☐	☐	☐
1 月	301	李佑	技术部	☐	☐	☐	☐	☐
1 月	302	张圣建	技术部	☐	☐	☐	☐	☐
1 月	303	刘程	技术部	☐	☐	☐	☐	☐
1 月	401	李晓军	生产部	☐	☐	☐	☐	☐
1 月	402	李明	生产部	☐	☐	☐	☐	☐
1 月	403	张红	生产部	☐	☐	☐	☐	☐
1 月	501	李鹏	销售部	☐	☐	☐	☐	☐
1 月	502	李红	销售部	☐	☐	☐	☐	☐
1 月	503	王小黎	销售部	☐	☐	☐	☐	☐

操作步骤：

（1）插入一工作表，并命名为“社会保险表”。

（2）根据社会保险的项目，设计社会保险项目表格并输入已知数据，如图 3–33 所示。

（3）计算各项社会保险项目的数据。根据工资表的相关项目的已生成数据，直接查找个人各项社会保险项目数据，并根据“工资基本初始信息表”及个人社会各保险项目数据生成单位各项社会保险项目数据。

①养老保险项目计算。养老保险项目所在单元格区域为 D4:E18，其中个人应缴养老保险所在单元格 E4 的公式为：=VLOOKUP(A4, 工资计算区 ,10,FALSE), 其中，参数“工资计算区”为工资计算表单元格区域工 A1:N16 定义的名称；单位应缴养老保险所在单元格 D4 公式为：=E4/ 工资基本信息表 !$C$19* 工资基本信息表 !$C$18，其他单元格公式通过复制单元格 D4、D4 得到。结果如图 3–34 所示。

	A	B	C	D	E	F	G	H	I
1	社会保险代扣代缴数据表								
2	编号	姓名	部门	养老保险		医疗保险		合计	月份
3				单位	个人	单位	个人		
4	101	何能	办公室	1 900	760	760	190	3 610	1月
5	102	刘小云	办公室	1 100	440	440	110	2 090	1月
6	103	张文杰	办公室	800	320	320	80	1 520	1月
7	201	宋平	采购部	1 300	520	520	130	2 470	1月
8	202	王明	采购部	800	320	320	80	1 520	1月
9	203	刘君	采购部	660	264	264	66	1 254	1月
10	301	李佑	技术部	1 100	440	440	110	2 090	1月
11	302	张圣建	技术部	1 100	440	440	110	2 090	1月
12	303	刘程	技术部	900	360	360	90	1 710	1月
13	401	李晓军	生产部	1 100	440	440	110	2 090	1月
14	402	李明	生产部	900	360	360	90	1 710	1月
15	403	张红	生产部	800	320	320	80	1 520	1月
16	501	李鹏	销售部	1 300	520	520	130	2 470	1月
17	502	李红	销售部	800	320	320	80	1 520	1月
18	503	王小黎	销售部	660	264	264	66	1 254	1月

图 3-34　社会保险表基本项目表格设计

②医疗保险项目计算。参考养老保险项目计算，设置相应公式即可。

③合计项的计算。合计项在单元格 H4:H18 区域，其中单元格 H4 公式为“=SUM(D4:D4)"，其他单元格公式通过复制单元格 H4 得到。结果如图 3-34 所示。

注意：此表中不包含其他应交的社会保险金，请根据企业情况添加相应数据项并进行核算。

3.1.7　建立个人所得税代扣代缴表

【业务描述】 根据单湖南峰泉公司实际情况来设计单位代扣代缴个人所得税表。

操作步骤：

（1）插入一个工作表，并命名为“个人所得税表”。

（2）根据个人所得税的项目，设计代扣代缴个人所得税表格并输入已知数据，如图 3-35 所示。

（3）生成个人所得税代缴表各项数据。根据“基本工资表”的相关项目的已生成数据，直接查找个人所得税项目数据，并填入相关项目单元格。

此表的数据直接从工资计算表中取过来即可。其中：D2 的公式为：= 工资计算表 !I2，E2 的公式为：= 工资计算表 !L2。

	A	B	C	D	E
1	编号	姓名	部门	应发工资	个税
2	101	何能	办公室	8 500.00	76.50
3	102	刘小云	办公室	6 000.00	13.50
4	103	张文杰	办公室	3 950.00	0.00
5	201	宋平	采购部	7 000.00	40.50
6	202	王明	采购部	4 500.00	0.00
7	203	刘君	采购部	3 150.00	0.00
8	301	李佑	技术部	6 000.00	13.50
9	302	张圣建	技术部	6 000.00	13.50
10	303	刘程	技术部	5 000.00	0.00
11	401	李晓军	生产部	6 800.00	37.50
12	402	李明	生产部	5 100.00	0.00
13	403	张红	生产部	5 200.00	0.00
14	501	李鹏	销售部	8 000.00	70.50
15	502	李红	销售部	5 350.00	0.00
16	503	王小黎	销售部	4 100.00	0.00
17	个税合计				265.50

图 3-35　个人所得税代缴汇总表

3.1.8 建立银行代发表

银行代发工资是通过代付业务的中间账户（银行的内部户）进行的，委托单位必须按照银行指定的工资表格式制作工资盘，然后开具转账支票、批量业务数据提交表，填一份进账单将代发工资总额转入银行的代付账户中，银行人员通过系统返盘数据核对批量数据提交表金额、笔数是否相符，相符的话，表示代发成功；如遇个别客户账户已销户的话，大机不能处理，就会显示交易不成功的笔数、金额；在代发工资后，银行会打印一份代发工资入账明细清单，清单上显示入账金额、账号、成功笔数、总额等；你可以逐笔进行核对。

【业务描述】 为湖南峰泉公司制作银行代发表。

业务成果：

为发放本月职工工资，为单位设计一个银行代发表，如图 3-36 所示。

	A	B	C	D
1	编号	姓名	银行账号	实发工资
2	101	何能	2013230565891201	7 473.50
3	102	刘小云	2013230565891202	5 436.50
4	103	张文杰	2013230565891203	3 550.00
5	201	宋平	2013230565891204	6 309.50
6	202	王明	2013230565891205	4 100.00
7	203	刘君	2013230565891206	2 820.00
8	301	李佑	2013230565891207	5 436.50
9	302	张圣建	2013230565891208	5 436.50
10	303	刘程	2013230565891209	4 550.00
11	401	李晓军	2013230565891210	6 212.50
12	402	李明	2013230565891211	4 650.00
13	403	张红	2013230565891212	4 800.00
14	501	李鹏	2013230565891213	7 279.50
15	502	李红	2013230565891214	4 950.00
16	503	王小黎	2013230565891215	3 770.00

图 3-36　银行代发放表

此表的各数据项直接从工资计算表中取数据过来即可。方法同前，操作步骤略。

任务 3.2 工资分配与统计分析

课程思政

范冰冰涉税案件——诚实守信依法获得个人所得，不偷逃漏税

1. 事件起因：

2018 年 6 月，崔永元爆范冰冰 4 天 6000 万天价片酬，并起底疑似大小合同、阴阳合同等偷漏税等潜规则，日前有了最新进展。国家税务总局高度重视，责成江苏等地税务机关依法开展调查核实。如发现违反税收法律法规的行为，将严格依法处理。国家税务总局将在已经部署开展对部分高收入、高风险影视从业人员依法纳税情况进行评估调查的基础上，进一步强化风险防控分析，加大征管力度，依法查处违法违规行为。

2. 事件处理情况：

新华社北京 10 月 3 日电记者从国家税务总局以及江苏省税务局获悉，今年 6 月初，群众举报范冰冰“阴阳合同”涉税问题后，国家税务总局高度重视，即责成江苏等地税务机关依法开展调查核实，目前案件事实已经查清。

（1）偷逃漏税情况

从调查核实情况看，范冰冰在电影《大轰炸》剧组拍摄过程中实际取得片酬 3000 万元，其中 1000 万元已经申报纳税，其余 2000 万元以拆分合同方式偷逃个人所得税 618 万元，少缴营业税及附加 112 万元，合计 730 万元。此外，还查出范冰冰及其担任法定代表人的企业少缴税款 2.48 亿元，其中偷逃税款 1.34 亿元。

（2）处理情况

对于上述违法行为，根据国家税务总局指定管辖，江苏省税务局依据《中华人民共和国税收征管法》第三十二、五十二条的规定，对范冰冰及其担任法定代表人的企业追缴税款 2.55 亿元，加收滞纳金 0.33 亿元；依据《中华人民共和国税收征管法》第六十三条的规定，对范冰冰采取拆分合同手段隐瞒真实收入偷逃税款处 4 倍罚款计 2.4 亿元，对其利用工作室账户隐匿个人报酬的真实性质偷逃税款处 3 倍罚款计 2.39 亿元；对其担任法定代表人的企业少计收入偷逃税款处 1 倍罚款计 94.6 万元；依据《中华人民共和国税收征管法》第六十九条和《中华人民共和国税收征管法实施细则》第九十三条的规定，对其担任法定代表人的两户企业未代扣代缴个人所得税和非法提供便利协助少缴税款各处 0.5 倍罚款，分别计 0.51 亿元、0.65 亿元。

（3）处理过程

依据《中华人民共和国行政处罚法》第四十二条以及《江苏省行政处罚听证程序规则》相关规定，9 月 26 日，江苏省税务局依法先向范冰冰下达《税务行政处罚事项告知书》，对此范冰冰未提出听证申请。9 月 30 日，江苏省税务局依法已向范冰冰正式下达《税务处理决定书》和《税务行政处罚决定书》，要求其将追缴的税款、滞纳金、罚款在收到上述处理处罚决定后在规定期限内缴清。依据《中华人民共和国刑法》第二百零一条的规定，由于范冰冰属于首次被税务机关按偷税予以行政处罚且此前未因逃避缴纳税款受过刑事处罚，上述定性为偷税的税款、滞纳金、罚款在税务机关下达追缴通知后在规定期限内缴纳的，依法不予追究刑事责任。超过规定期限不缴纳税款和滞纳金、不接受行政处罚的，税务机关将依法移送公安机关处理。国家税务总局已责成江苏省税务局对原无锡市地方税务局、原无锡市地方税务局第六分局等主管税务机关的有关负责人和相关责任人员依法依规进行问责。同时，国家税务总局已部署开展规范影视行业税收秩序工作。对在 2018 年 12 月 31 日前自查自纠并到主管税务机关补缴税款的影视企业及相关从业人员，免予行政处罚，不予罚款；对个别拒不纠正的依法严肃处理；对出现严重偷逃税行为且未依法履职的地区税务机关负责人及相关人员，将根据不同情形依法依规严肃问责或追究法律责任。

3. 事件后续发展

虽然税务机关已对范冰冰涉税案件做出了税务行政处理和行政处罚决定，但此案并未最终了结。由于范冰冰属于首次被税务机关按偷税予以行政处罚，且此前未因逃避缴纳税款受过刑事处罚，如果其能在规定期限内补缴偷逃的税款、缴纳滞纳金和罚款，则依照《刑法》第 201 条的规定，依法不予追究刑事责任。但是，如果超过规定期限仍不缴纳税款和滞纳金、不接受行政处罚的，税务机关仍将依法移送公安机关处理。

引例与分析

对湖南峰泉公司本月的工资数据进行分配及汇总分析和透视分析。

分析：工资分配是指按部门、类别进行工资汇总，并按工资的用途对工资进行分配。其目的主要是为编制工资费用分配凭证打基础。

工资统计分析是指依据各种统计依据，分别统计出各种依据下工资的汇总数据或工资平均水平，并以这些数据评价工资分配制度和单位分配方案，为今后工资分配制度和工资分配方案的修改积累数据资料。

3.2.1 工资分配及记账凭证生成

【业务描述】 制作如图 3-37 所示的按照部门和人员类别进行工资统计的统计表，以便以部门和人员类别作为工资分配的标准，编制工资分配会计凭证。

	A	B	C	D	E	F	G	H	I
1	工资分配表								
2	部门	人员类别	应付工资	核算科目				会计分录自动生成	
3	办公室	管理人员	18 450.00	管理费用			借：	管理费用	50 100.00
4	采购部	管理人员	14 650.00	管理费用				制造费用	6 800.00
5	技术部	管理人员	17 000.00	管理费用				生产成本	10 300.00
6	生产部	管理人员	6 800.00	制造费用				销售费用	17 450.00
7		生产人员	10 300.00	生产成本			贷：	应付职工薪酬	84 650.00
8	销售部	管理人员	8 000.00	销售费用					
9		销售人员	9 450.00	销售费用					
10			84 650.00						

图 3–37　工资分配表及会计分录自动生成

操作步骤：

（1）创建如图 3–36 所示的工资分配表，其中应付工资列数据，由公式自动从工资计算表中取数，其余各内容制作时直接填制。

（2）在工资计算表中定义区域名称：办公室人员类别区（N2：N4），在工资计算表中定义区域名称：办公室应发工资区（I2：I4）；采购部人员类别区（N5：N7），在工资计算表中定义区域名称：采购部应发工资区（I5：I7）；技术部人员类别区（N8：N10），在工资计算表中定义区域名称：技术部应发工资区（I8：I10）；生产部人员类别区（N11：N13），在工资计算表中定义区域名称：生产部应发工资区（I11：I3）；销售部人员类别区（N14：N16），在工资计算表中定义区域名称：销售部应发工资区（I14：I6）；

（3）设置公式：C3：=SUMIF(办公室人员类别区，B3，办公室应发工资区)，复制此公式到本列第 9 行。其中 C10 的公式为：=SUM(C3:C9)

（4）设置会计分录自动生成。先直接在相应单元格中输入各个固定字符，再定义两个区域名，第一个区域“核算科目区”：D3:D9；第二个区域“部门人员类别应付工资区”：C3:C9，定义 I3 公式：=SUMIF(核算科目区,H3,部门人员类别应付工资区)，本其他单元格公式复制生成。整个操作完成后的结果如图 3–36 所示。

3.2.2　工资汇总分析

【业务描述】 工资汇总分析是多方面的，本业务要求依据部门对工资进行统计分析，为湖南峰泉公司制作如图 3–38 所示的按照部门统计工资的统计表，以便比较各个部门人员的工资水平。

操作步骤：

（1）在“新资管理”工作簿中添加一工作表，重命名为“部门统计表”。

（2）复制工资计算表数据到本表。

（3）按部门对全表数据进行升序排序。

（4）按部门对工资项目数据进行分类汇总。

	A	B	C	D	E	F	G	H	I	J	K	L	M
1	编号	姓名	部门	基本工资	岗位工资	津贴	考勤扣款	计件工资	应发工资	养老保险	医疗保险	个税	实发工资
2	101	何能	办公室	3 000.00	3 500.00	3 000.00	1 000.00	0.00	8 500.00	760.00	190.00	76.50	7 473.50
3	102	刘小云	办公室	2 000.00	2 000.00	1 500.00	0.00	500.00	6 000.00	440.00	110.00	13.50	5 436.50
4	103	张文杰	办公室	1 500.00	1 500.00	1 000.00	50.00	0.00	3 950.00	320.00	80.00	0.00	3 550.00
5			办公室 汇总	6 500.00	7 000.00	5 500.00	1 050.00	500.00	18 450.00	1 520.00	380.00	90.00	16 460.00
6	201	宋平	采购部	3 000.00	2 000.00	1 500.00	0.00	500.00	7 000.00	520.00	130.00	40.50	6 309.50
7	202	王明	采购部	1 500.00	1 500.00	1 000.00	0.00	500.00	4 500.00	320.00	80.00	0.00	4 100.00
8	203	刘君	采购部	800.00	1 500.00	1 000.00	150.00	0.00	3 150.00	264.00	66.00	0.00	2 820.00
9			采购部 汇总	5 300.00	5 000.00	3 500.00	150.00	1 000.00	14 650.00	1 104.00	276.00	40.50	13 229.50
10	301	李佑	技术部	2 000.00	2 000.00	1 500.00	0.00	500.00	6 000.00	440.00	110.00	13.50	5 436.50
11	302	张圣建	技术部	3 000.00	1 500.00	1 000.00	0.00	500.00	6 000.00	440.00	110.00	13.50	5 436.50
12	303	刘程	技术部	2 000.00	1 500.00	1 000.00	0.00	500.00	5 000.00	360.00	90.00	0.00	4 550.00
13			技术部 汇总	7 000.00	5 000.00	3 500.00	0.00	1 500.00	17 000.00	1 240.00	310.00	27.00	15 423.00
14	401	李晓军	生产部	2 000.00	2 000.00	1 500.00	0.00	1 300.00	6 800.00	440.00	110.00	37.50	6 212.50
15	402	李明	生产部	2 000.00	1 500.00	1 000.00	150.00	750.00	5 100.00	360.00	90.00	0.00	4 650.00
16	403	张红	生产部	1 500.00	1 500.00	1 000.00	0.00	1 200.00	5 200.00	320.00	80.00	0.00	4 800.00
17			生产部 汇总	5 500.00	5 000.00	3 500.00	150.00	3 250.00	17 100.00	1 120.00	280.00	37.50	15 662.50
18	501	李鹏	销售部	3 000.00	2 000.00	1 500.00	0.00	1 500.00	8 000.00	520.00	130.00	70.50	7 279.50
19	502	李红	销售部	1 500.00	1 500.00	1 000.00	0.00	1 350.00	5 350.00	320.00	80.00	0.00	4 950.00
20	503	王小黎	销售部	800.00	1 500.00	1 000.00	100.00	900.00	4 100.00	264.00	66.00	0.00	3 770.00
21			销售部 汇总	5 300.00	5 000.00	3 500.00	100.00	3 750.00	17 450.00	1 104.00	276.00	70.50	15 999.50
22			总计	29 600.00	27 000.00	19 500.00	1 450.00	10 000.00	84 650.00	6 088.00	1 522.00	265.50	76 774.50

图 3-38　部门统计表

任务 3.3　工资数据透视表分析

课程思政

王经理的薪资困境——从社会主义核心价值观与工资薪金的关系出发，
探讨企业工资薪金管理制度中的公平公正与员工敬业度的问题

引言：

党的十八大报告强调指出："倡导富强、民主、文明、和谐，倡导自由、平等、公正、法治，倡导爱国、敬业、诚信、友善，积极培育和践行社会主义核心价值观。"这一论述明确了社会主义核心价值观的基本理念和具体内容，指出了社会主义核心价值体系建设的现实着力点，是对社会主义核心价值体系建设的新部署、新要求。

引导案例分析：

1. 事情的起因

今年春节刚过，和每年一样又有一批员工没有回到企业来，企业又出现了岗位空缺，尤其是一些基础岗位上，空缺情况可以用严重来形容了。起初王经理并没有觉得困难，每年都会有这样的情况出现，于是按照惯例开始在各类招聘渠道上进行人员招聘。但今年却与往年不同，以前是劳动力供大于求，但今年不知何故劳动力供应明显不足，出现了企业间"抢人"的局面。根据市场规律的作用，各企业开出的薪资也明显上浮。好在王经理及时提高了底薪，招聘到了一批新员工上岗，没有使得企业由于人员短缺出现停产情况。

可刚刚按下了葫芦，又起了瓢。由于工资调整只是针对新员工，而老员工的工资没有进行相应的调整，于是形成了差额。老员工得知这一情况后，都觉得不公平，要求参照新员工的工资方案进行薪资调整，否则就要辞职。王经理马上制订了新的薪资方案，并向企业领导进行了汇报，可并没有获得认可。

就在王经理还在为这个“更好的办法”而伤透脑筋的时候，因薪资差额而产生的不良影响已经开始显现出来了。老员工的工作热情明显不高，例如生产环节上次品率和报废率明显有所增长。除此之外，过去老员工对新员工传、帮、带的优良传统也没有了，有的老员工甚至故意为难新员工，新员工也由于受到老员工的排挤而与老员工产生了对立。没过多久，已经有老员工陆续递交了辞职报告。

2. 事情处理

“如果全面提高员工的薪资，将大幅度增加企业的人力成本，这也将导致固定成本的增加，产品价格竞争优势也就丧失了。另外虽然这次调整只是权宜之计，但这工资调上去容易，调下来可就没这么轻松了。所以你还是想其他的办法吧。我只要两个结果，一不能大幅度增加企业的运营成本；二不能造成大面积的岗位空缺。我相信你这个人力资源经理一定会有更好的办法的。”回想起老总的这番话，王经理觉得这是个非常棘手的事情。

党的十六届六中全会通过的《中共中央关于构建社会主义和谐社会若干重大问题的决定》指出：“社会公平正义是社会和谐的基本条件。”党的十八大更是把公平正义提高到社会主义核心价值体系的高度进行建设。社会主义核心价值观体现在三个层面，国家（富强、民主、文明、和谐），社会（自由、平等、公正、法制），公民（爱国、敬业、诚信、友善）。其中，公正是社会进步的标志。公正包含两个层面，一个是起点和程序上的公正，一个是社会正义即结果上的公正。公正是社会稳定的保障。不同的社会形态有不同的公正内涵，而任何社会形态的社会公正都是由该社会的生产方式所决定，各种社会形态的更替实质上是生产方式的改变，所以说依赖于生产方式的社会公正对社会稳定有着“载舟覆舟”的根基作用。在企业经营过程中，对于企业的发展和企业文化的建立，公正同样起着不可替代的作用，其中，除了招聘时的公平、晋升机会的公平、辞退时的公平，以及离职时的公平外，绩效考评时的公平、报酬系统的公平，对于企业经营同样重要。

企业薪酬的公正公平对于整个企业的发展具有非常大的影响，企业薪酬管理公平性通过对员工的薪酬满意感和归属感，间接影响他们的工作积极性和工作绩效。薪酬公平的实现对企业发展起着重要作用，企业的发展同样影响着社会的就业解决能力及和谐稳定情况，两者相辅相成，没有和谐社会就没有和谐企业，没有公正平等的企业关系，社会和谐也将受到影响。

除企业层面的薪酬公正外，员工自身的敬业精神也是值得探讨的。党的十八大报告所倡导的社会主义核心价值观中，敬业是针对公民职业道德方面的核心要求。我们之所以要敬业，是因为国家的发展与社会的进步、团队事业的成功与组织目标的实现、个人作为与价值的实现，都有赖于此。就我国而言，我们的社会主义事业是需要全国各族人民共同为之奋斗的历史伟业，这个伟业是由各个不同的具体行业和职业组成的有机统一整体，每个人都在自己特定的岗位上通过特定的职业活动来为这个事业服务。在当代，中华民族要实现伟大复兴的梦想，同样需要艰苦奋斗，需要勤奋敬业，需要拼搏奉献。

在企业为员工建立一个公平、公正的工作环境后，作为企业内部的成员们，就需要敬重自己的职业，培育强烈的责任心与使命感，爱岗、尽责、专注、钻研和奉献。简单来说，就是眼光要长远，工作要勤奋，勤奋要持续。

【业务描述】

操作步骤：

（1）在“新资管理”工作簿中添加一工作表，重命名为“数据透视表”。

（2）复制工资计算表数据到本表。

（3）发命令“插入”|“数据透视表”，如图 3-39 所示，选择表 / 区域“为：$A$1：$O$16,”“选择数据透视表的位置”为：现有工作表 $A$18。

（4）在数据透视表字段列表中选择分类的字段，如部门和人员类别；选择数据字段，如基本工资、岗位工资、津贴等等数据项，如图 3-40 所示，透视的结果如图 3-41 所示。

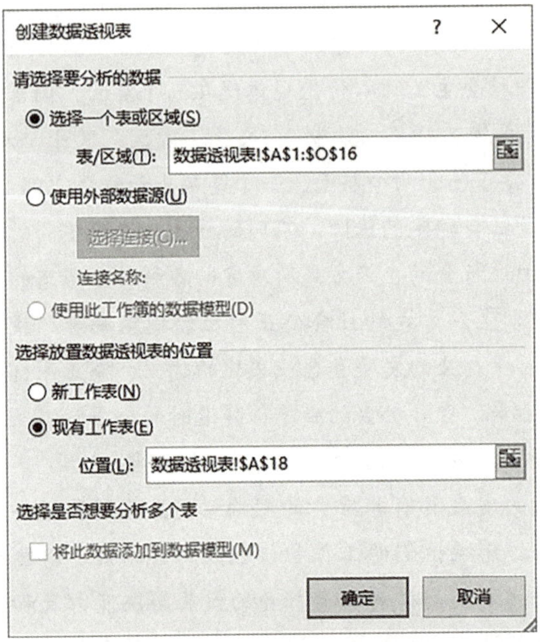

图 3-39　创建数据透视表窗口

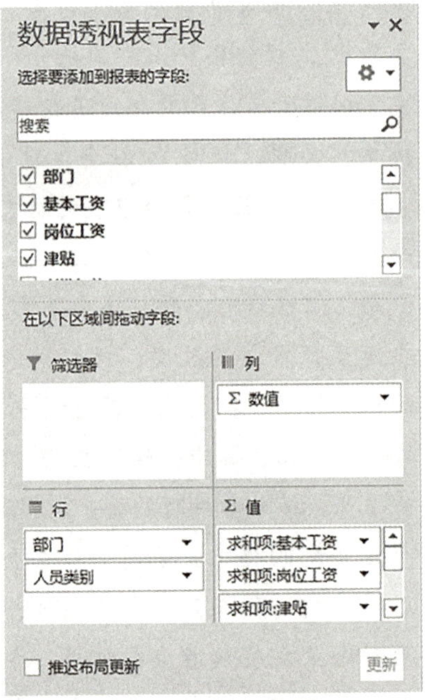

图 3-40　选择分类字段和求各数据项

18			数据					
19	部门	人员类别	求和项:基本工资	求和项:岗位工资	求和项:津贴	求和项:考勤扣款	求和项:计件工资	求和项:应发工资
20	⊟办公室	管理人员	6 500	7 000	5 500	1 050	500	18 450
21	办公室 汇总		6 500	7 000	5 500	1 050	500	18 450
22	⊟采购部	管理人员	5 300	5 000	3 500	150	1 000	14 650
23	采购部 汇总		5 300	5 000	3 500	150	1 000	14 650
24	⊟技术部	管理人员	7 000	5 000	3 500	0	1 500	17 000
25	技术部 汇总		7 000	5 000	3 500	0	1 500	17 000
26	⊟生产部	管理人员	2 000	2 000	1 500	0	1 300	6 800
27		生产人员	3 500	3 000	2 000	150	1 950	10 300
28	生产部 汇总		5 500	5 000	3 500	150	3 250	17 100
29	⊟销售部	管理人员	3 000	2 000	1 500	0	1 500	8 000
30		销售人员	2 300	3 000	2 000	100	2 250	9 450
31	销售部 汇总		5 300	5 000	3 500	100	3 750	17 450
32	总计		29 600	27 000	19 500	1 450	10 000	84 650

图 3-41 数据透视的结果

知识链接

Excel 是一个功能强大的数据分析处理工具，能满足我们大多数的数据分析。数据透视表是数据魔方工具，能快速对数据进行各种分析。

项目小结

Excel 在企业工资管理中的应用，包括基本信息的设置、员工考勤表的输入、工资计算、工资数据汇总与分析、工资费用数据查询等功能。本情境从工资核算的实际出发，逐步完成各工资核算表格的设计和数据生成，并以一个实际单位为例，直观明了地介绍单位工资计算、分配、查询的全过程。

【职业能力训练】

1. 简述工资管理系统的业务处理流程。

2. 运用 SUMIF()，VLOOKUP() 及数据查询工具实现有关工资数据的汇总及查询。

【技能强化训练】

实训目标：根据提供的有关资料运用 Excel 设计一个简单的教师工资系统。

实训资料：

1. 主要功能如下：

（1）超课时费生成功能；

（2）工龄工资数据生成功能；

（3）工资数据生成；

（4）工资数据汇总功能；

（5）工资查询。

2. 基本资料如下：

（1）员工代码、姓名、职称与部门对照表（见图 3-42）。

	A	B	C	D
1	代码	姓名	职称	部门
2	A001	李晓芳	讲师	工商系
3	A002	张文静	副教授	工商系
4	A003	杨国凤	教授	工商系
5	B001	杨楠	助教	纺织系
6	B002	冯明	教授	纺织系
7	C001	许燕	讲师	电子系
8	C002	张圣建	教授	电子系
9	C003	王新锋	副教授	电子系

图 3–42　员工基本信息表

（2）职称与基本工资、津贴、基本课时数、超课时费（每学时）对照表，如图 3–43 所示。

	A	B	C	D	E	F
1	职称	基本工资	津贴	工龄工资	标准课时	超课时费
2	教授	1 500	2 000	20	6	50
3	副教授	1 300	1 500	18	8	45
4	讲师	1 200	1 300	15	10	40
5	助教	1 000	800	10	12	30

图 3–43　职称对应工资项目数据

要求：

（1）根据已知初始化数据表（图 3–42 和图 3–43）生成课时费用表的数据，发图 3–44 所示。

	A	B	C	D	E
1	代码	姓名	实际课时	超课时数	超课时费
2	A001				
3	A002				
4	A003				
5	B001				
6	B002				
7	C001				
8	C002				
9	C003				

图 3–44　课时费用数据表

（2）根据已知初始化数据表（图 3–42 和图 3–43）生成工龄表的有关数据，如图 3–45 所示。

	A	B	C	D	E
1	代码	姓名	上班时间	现在时间	工龄工资
2	A001				
3	A002				
4	A003				
5	B001				
6	B002				
7	C001				
8	C002				
9	C003				

图 3-45　员工工龄费计算表

（3）根据初始化数据表，超课时费表和工资有关数据生成工资表数据，如图 3-46 所示。

	A	B	C	D	E	F	G	H	I	J
1	代码	姓名	部门	基本工资	津贴	工龄工资	超课时费	工资总额	所得税	应发工资
2	A001	李晓芳	工商系							
3	A002	张文静	工商系							
4	A003	杨国凤	工商系							
5	B001	杨楠	纺织系							
6	B002	冯明	纺织系							
7	C001	许燕	电子系							
8	C002	张圣建	电子系							
9	C003	王新锋	电子系							

图 3-46　基本工资表

（4）对基本工资、超课时费、所得税统计汇总，生成统计汇总表，如图 3-47 所示。

	A	B	C	D
1	部门	基本工资	超课时费	所得税
2	工商系			
3	纺织系			
4	电子系			

图 3-47　按部门汇总表

职业核心能力测评表

（在□中打√，A 通过，B 基本通过，C 未通过）

职业核心能力	评估标准	自测结果
自我学习	1. 能进行时间管理	□A　□B　□C
	2. 能选择适合自己的学习和工作方式	□A　□B　□C
	3. 能随时修订计划并进行意外处理	□A　□B　□C
	4. 能将已经学到的东西用于新的工作任务	□A　□B　□C

续表

职业核心能力	评估标准	自测结果
信息处理	1. 能根据不同需要去搜寻、获取并选择信息	□A □B □C
	2. 能筛选信息，并进行信息分类	□A □B □C
	3. 能使用多媒体等手段来展示信息	□A □B □C
数字应用	1. 能从不同信息源获取相关信息	□A □B □C
	2. 能依据所给的数据信息，作简单计算	□A □B □C
	3. 能用适当方法展示数据信息和计算结果	□A □B □C
与人交流	1. 能把握交流的主题、时机和方式	□A □B □C
	2. 能理解对方谈话的内容，准确表达自己的观点	□A □B □C
	3. 能获取信息并反馈信息	□A □B □C
与人合作	1. 能挖掘合作资源，明确自己在合作中能够起到的作用	□A □B □C
	2. 能同合作者进行有效沟通，理解个性差异及文化差异	□A □B □C
解决问题	1. 能说明何时出现问题并指出其主要特征	□A □B □C
	2. 能做出解决问题的计划并组织实施计划	□A □B □C
	3. 能对解决问题的方法适时做出总结和修改	□A □B □C
革新创新	1. 能发现事物的不足并提出新的需要	□A □B □C
	2. 能创新性地提出改进事物的意见和具体方法	□A □B □C
	3. 能从多种方案中选择最佳方案，在现有条件下实施	□A □B □C
学生签字：	教师签字：	20　年　月　日

专业能力测评表

评价内容	权重	考核点	考核得分		
			小组评价	教师评价	综合得分
职业素养（20分）	20	分析工资计算、汇总、分配核心之处			
案例分析（80分）	20	工资基本信息表的建立			
	20	工资计算表的制作及数据生成			
	20	工资条的制作			
	20	工资分配、查询			
组长签字：		教师签字：	20　年　月　日		

项目 4

资产管理岗位

【职业能力及成果目标】

1. 专业能力

掌握各种固定资产折旧方法及不同的计算公式。能够利用 Excel 对固定资产进行管理，包括固定资产基本信息初始化设置、固定资产的增减变动、固定资产折旧计提与分配、数据筛选、数据透视图表的生成、固定资产的查询等。

2. 职业素养能力

提升固定资产管理能力，以及自我学习能力、交流沟通能力、团结协作能力。

【主要概念】

固定资产、固定资产原值、固定资产折旧、固定资产残值率及净残值、固定资产折旧方法

【岗课证赛融合】

本章为业财税融合 1+ X 证书《Excel 财务应用》项目二 Excel 在企业固定资产管理中的应用技能点。

任务 4.1　固定资产卡片的建立

课程思政

固定资产管理的重要性

1. 提高认识，转变观念。

长期以来，固定资产管理都是企业管理中较为薄弱、容易忽视的地方。管理上往往是重钱轻物，降低了资产的使用效率，造成了资产闲置。充分认识加强固定资产管理的必要性、重要性，对规范管理制度、提高企业管理质量起着积极作用。

2. 建章立制，明确职责。

通过建章立制来规范固定资产管理工作，明确财务部门、资产管理部门、资产使用部门在固定资产管理过程中各自的职责，规定各部门必须配备专人负责固定资产管理工作，把责任落实到个人。实现“以制度管事”，有章可循。

3. 清产核资，摸清家底。

由于固定资产清查的范围很广，使用的部门分散，种类繁多，大到一幢办公楼，小到一张椅子都是清点的范围，因此，把清产核资工作要完全做到位不是一件轻而易举的事情。因此，有必要成立核资领导小组，由领导亲自挂帅，对企业固定资产进行全面清查。在进行全面清产核资后，采取责任到每个使用人的方式，制定卡片张贴到每个办公室。

4. 优化配置，降低成本。

对固定资产全面清产核资的基础上，财务部门在编制年度预算的过程中，根据资金情况对固定资产购置预算做全盘考虑。首先，由资产需求部门提出书面申请，企业领导同意后，由资产管理部门到市场进行询价采购。通过这种方式，既可以降低采购成本，又可以提高工作效率。

引例与分析

峰泉公司为一家中小型企业，企业规模不大，固定资产也不太多，但因其价值较高，现欲构建一个该企业的固定资产管理系统，便于对其固定资产加强管理。本项目主要介绍利用 Excel 编制固定资产卡片。固定资产卡片（明细账）如图 4-1 所示。

固定资产卡片

折旧计提基准日：			2020/1/31					单位：		峰泉公司					制表：
卡片编号	固定资产编号	固定资产名称	规格型号	使用部门	使用状态	增加方式	减少方式	开始使用日期	预计使用年限	原值	净残值率	净残值	已计提月份	本月折旧额	折旧方法
01	0101101	办公楼	20万平方米	管理部门	在用	自建	出售	2017/12/1	50	500 000	25%	125 000	24	625.00	平均年限法
02	0301101	厂房	60万平方米	生产部门	在用	自建	出售	2016/10/1	50	1 600 000	25%	400 000	38	2 000.00	平均年限法
03	0201101	仓库	40万平方米	销售部门	在用	自建	出售	2016/12/1	50	300 000	25%	75 000	36	375.00	平均年限法
04	0203102	货车	20吨	销售部门	在用	购入	出售	2017/2/5	8	350 000	5%	17 500	34	3 463.54	平均年限法
05	0102103	电脑	Dell	管理部门	在用	购入	报废	2017/3/5	4	12 000	1%	120	33	125.00	双倍余额递减法
06	0102104	电脑	Dell	管理部门	在用	购入	报废	2018/3/5	4	15 000	1%	150	21	312.50	双倍余额递减法
07	0102105	传真机	惠普	管理部门	在用	购入	报废	2018/10/1	5	6 000	1%	60	14	99.00	平均年限法
08	0102106	复印机	佳能	管理部门	在用	购入	报废	2019/6/4	5	30 000	2%	600	6	490.00	平均年限法
09	0202103	打印机	惠普	销售部门	在用	调拨	报废	2018/10/1	5	4 000	2%	80	14	65.33	平均年限法
10	0303102	挖土机	KL-01	生产部门	在用	购入	出售	2016/10/1	10	200 000	5%	10 000	38	2 015.15	年数总和法
11	0303103	推土机	TI-02	生产部门	在用	购入	出售	2018/6/1	10	250 000	5%	12 500	18	3 238.64	年数总和法
12	0402101	打印机	惠普	财务部门	在用	购入	报废	2019/11/1	5	3 000	1%	30	1	49.50	平均年限法
13	0302104	包装机	XS-02	生产部门	在用	购入	出售	2020/1/10	8	63 000	1%	630	0	0.00	双倍余额递减法

固定资产卡片

图 4-1　固定资产卡片

分析：通过本项目的学习，要求学生从整体上掌握企业固定资产管理系统的建立思路和方法，通过操作，熟练掌握固定资产卡片的建立方法、固定资产变动的管理方法、固定资产折旧计算表编制方法、固定资产折旧费用分配表的建立方法。本项目工作思路如图 4-2 所示。

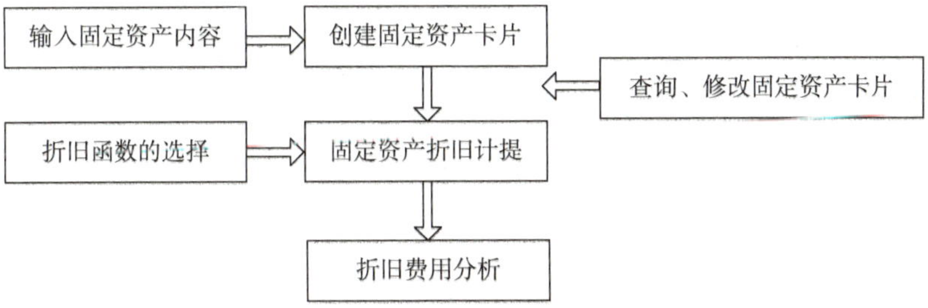

图 4-2　固定资产处理流程

【业务描述】峰泉公司是生产型企业，企业规模不大，现构建该公司的固定资产管理系统，峰泉公司的固定资产卡片（明细账）如图 4-3 所示。

操作步骤：

（1）设置固定资产卡片表格

①新建一个工作簿并将其命名为“项目 4 资产管理岗位”。

②双击 Sheet1 工作表，将其命名为“固定资产卡片”，如图 4-2 所示。

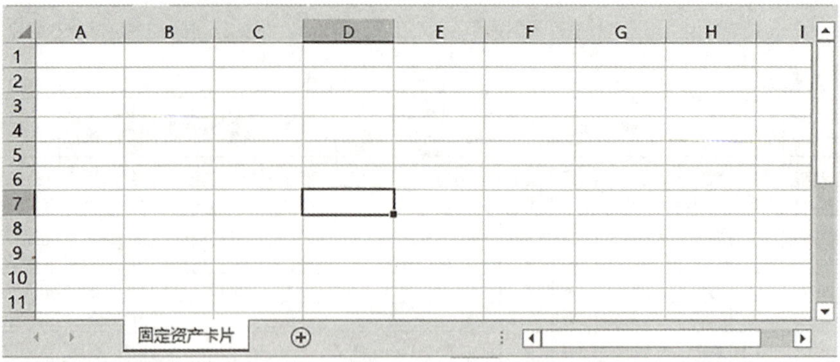

图 4–3　输入“固定资产卡片”工作表名称

③设置固定资产卡片项目。固定资产卡片尽可能保持手工账目与计算机信息卡的信息和内容相一致，并通过编号将其一一对应起来，保证企业会计记录的连续性，用以建立固定资产初始数据库。在第 1 行中输入“固定资产卡片”，在第 2 行中输入“固定资产卡片”各个项目，并调整工作表格式，如图 4–4 所示。

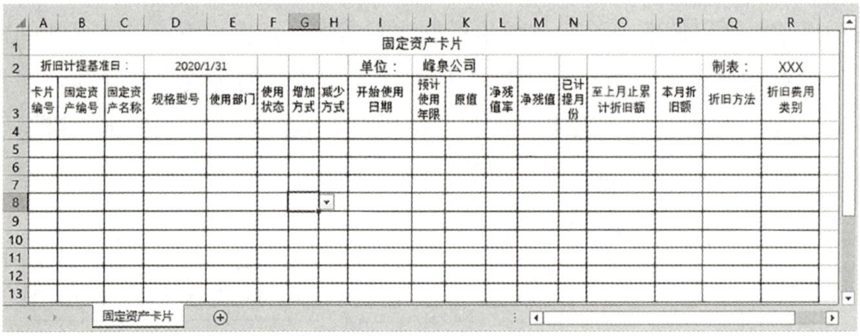

图 4–4　固定资产卡片项目录入

（2）对各项目的格式进行设置。为了便于信息的输入，并确保信息资料的准确性，我们可以对部分内容较为确定的项目进行数据验证设置。对“使用部门”“增加方式”“减少方式”“使用状况”“折旧方法”等项目设定数据验证控制。以“使用部门”项目为例：

①选择 E 列，选择菜单栏“数据”，单击“数据验证”，如图 4–5 所示。

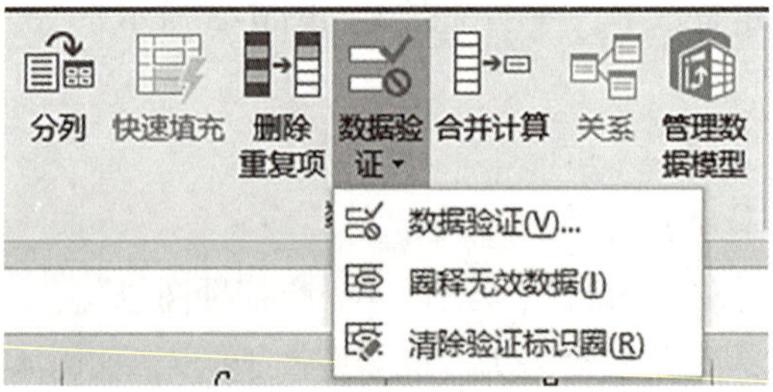

图 4–5 【数据验证】命令

②在“数据验证”对话框中，单击“设置”选项卡，在“允许”框中，选择“序列”，并在“来源”文本框中输入“财务部门，销售部门，生产部门，管理部门”等内容，单击“确定”按钮，如图 4–6 所示。

注意：输入时各内容之间的逗号必须是英文半角状态下输入。

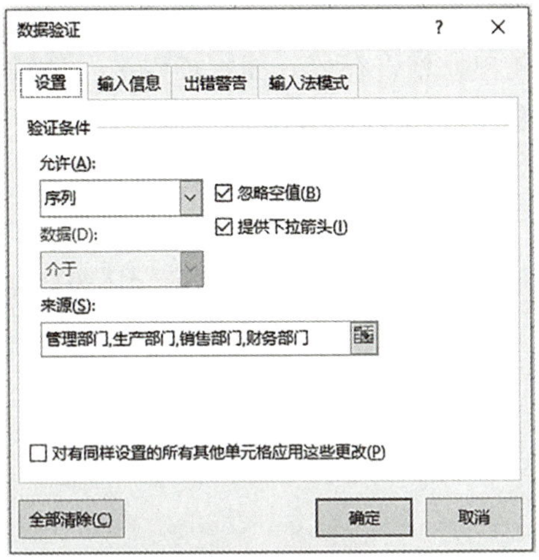

图 4–6　数据验证

（3）其他项目，如使用状态、增加方式、减少方式、折旧方法、折旧费用类别的设置方法相同。

（4）根据资料 1 中的内容，在已经设置了数据验证的项目中选择相应的内容，并输入图 4–1 中包含的其他信息，效果如图 4–7 所示。

	A	B	C	D	E	F	G	H	I	J	K	L	M	N	O	P	Q	R
1	固定资产卡片																	
2	折旧计提基准日：			2020/1/31					单位：	峰泉公司							制表：	XXX
3	卡片编号	固定资产编号	固定资产名称	规格型号	使用部门	使用状态	增加方式	减少方式	开始使用日期	预计使用年限	原值	净残值率	净残值	已计提月份	至上月止累计折旧额	本月折旧额	折旧方法	折旧费用类别
4	01	0101101	办公楼	20万平方米	管理部门	在用	自建	出售	2017/12/1	50	500 000	25%					平均年限法	管理费用
5	02	0301101	厂房	60万平方米	生产部门	在用	自建	出售	2016/10/1	50	1 600 000	25%					平均年限法	制造费用
6	03	0201101	仓库	40万平方米	销售部门	在用	自建	出售	2016/12/1	50	300 000	25%					平均年限法	销售费用
7	04	0203102	货车	20吨	销售部门	在用	购入	出售	2017/2/5	8	350 000	5%					平均年限法	销售费用
8	05	0102103	电脑	Dell	管理部门	在用	购入	报废	2017/3/5	4	12 000	1%					双倍余额递减法	管理费用
9	06	0102104	电脑	Dell	管理部门	在用	购入	报废	2018/3/5	4	15 000	1%					双倍余额递减法	管理费用
10	07	0102105	传真机	惠普	管理部门	在用	购入	报废	2018/10/1	5	6 000	1%					平均年限法	管理费用
11	08	0102106	复印机	佳能	管理部门	在用	购入	报废	2019/6/4	5	30 000	2%					平均年限法	管理费用
12	09	0202103	打印机	惠普	销售部门	在用	调拨	报废	2018/10/1	5	4 000	2%					平均年限法	销售费用
13	10	0303102	挖土机	KL-01	生产部门	在用	购入	出售	2016/10/1	10	200 000	5%					年数总和法	制造费用
14	11	0303103	推土机	TI-02	生产部门	在用	购入	出售	2018/6/1	10	250 000	5%					年数总和法	制造费用
15	12	0402101	打印机	惠普	财务部门	在用	购入	报废	2019/11/1	5	3 000	1%					平均年限法	管理费用

固定资产卡片

图 4–7　固定资产卡片内容录入

（5）产生当前日期。在日期所在单元格 D2（D2: E2 单元合并）中输入公式为“=TODAY( )”，自动动态产生当前日期。

（6）计算已计提折旧的月份数。已计提月份是通过开始使用日期与现在的日期进行比较得到的，同时，如果已计提月份已等于总计提折旧的月数，则已计提月份为总计提月份数，故已计提月份单元格 N4 公式为的公式为“=(YEAR（TODAY( ))–YEAR(I4))*12+MONTH(TODAY( ))–MONTH(I4)–1”或是设置为“=INT(DAYS360(I4，$D$2,1)/30)–1”，这两个公式都可计算出已计提折旧月份数，做好第一个公式后，其他单元格公式通过复制得到。

（7）直接输入原值、净残值率的相关数值。

（8）净残值。单击 M4 单元格，在公式编辑栏内输入公式“=K4*L4”（净残值 = 原值 × 净残值率），按回车键，计算出净残值。

任务 4.2　固定资产变动情况管理

课程思政

抚顺特钢虚增折旧费财务造假

抚顺特钢 2013 年和 2015 年年度报告中披露的期末固定资产余额存在虚假记载。2013 年和 2015 年，抚顺特钢通过伪造、变造记账凭证及原始凭证等方式将虚增的在建工程转入固定资产，虚增 2013 年和 2015 年度报告期末固定资产，2013 年和 2015 年累计虚增固定资产 841 589 283.99 元，其中 2013 年虚增固定资产 490 692 688.00 元，2015 年虚增固定资产 350 896 595.99 元。

“各类企业都要把守法诚信作为安身立命之本，依法经营、依法治企、依法维权。法律底线不能破，偷税漏税、走私贩私、制假贩假等违法的事情坚决不做，偷工减料、缺斤短两、质次价高的亏心事坚决不做。”——2016 年 3 月 4 日，习总书记在看望出席全国政协十二届四次会议民建、工商联界委员并参加联组讨论时的讲话。

中国证监会《行政处罚及市场禁入事先告知书》处罚字【2019】87 号（以下简称《告知书》）显示，抚顺特钢自 2010 年至 2017 年持续 8 年财务造假，证监会拟对公司罚款 60 万元，对其他 45 名责任人拟处以 5 万元—30 万元不等的罚款，合计罚款 575 万元，7 名责任人被市场禁入。

引例与分析

峰泉公司的固定资产的有关初始化工作已经做好。本项目介绍固定资产管理系统中固定资产变动情况（如固定资产增加、固定资产减少、部门间固定资产的调拨等）的有关操作。

分析：利用 Excel 来对峰泉公司固定资产增加、固定资产减少、部门间的调拨、固定资产变动情况进行管理。

4.2.1　固定资产增加

固定资产新增是指通过企业自建或投资者以资产形式新增投资、接受捐赠、直接购买等途径增加企业的固定资产存量。这其中就涉及固定资产项下的资产增加，也还会因固定资产新增的途径不同而相应地引起现金、应付账款、权益等科目发生变化，以及现金的流动。

【业务描述】 2020 年 1 月 10 日，公司财务处获得批准，以 60 000 元 / 台的价格购入一台 XS 型包装机器，其附加费用为 3 000 元。该资产的预计残值率为 1%，预计机器的使用寿命为 8 年，采用“双倍余额递减折旧法”计提折旧。

操作步骤：

（1）确定原值：确定新增固定资产原值 =（60 000+3 000）=63 000 元

注意：在原值的确定中，我们不仅要考虑固定资产的购买支付，同时还要考虑将固定资产正式投入使用之前的融资成本，以及运输费、安装费、调试费等附带费用资本化计入原值等。

（2）增加固定资产方法有两种，方法一是直接在固定资产信息清单中输入信息。方法二通过添加记录单录入固定资产的信息。

方法一具体步骤：

将新增固定资产信息直接录入固定资产清单中。也就是直接将“增加方式”“减少方式”“使用状态”等项目进行选择输入；固定资产编号、固定资产名称、规格型号、原值等信息则直接输入。

方法二具体步骤：

①右击左上角“文件”，选择“自定义功能区”，如图 4-8 所示：

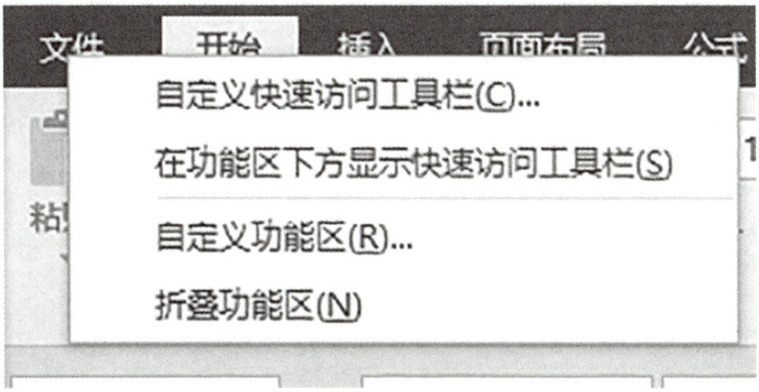

图 4-8　自定义功能区

②在自定义功能区界面，“从下列位置选择命令”处选择“不在功能区中的命令”，找到“记录单”，在自定义功能区界面右边单击“新建组”，点击“添加”按钮，单击“确定”按钮退出。如图 4–9 所示。

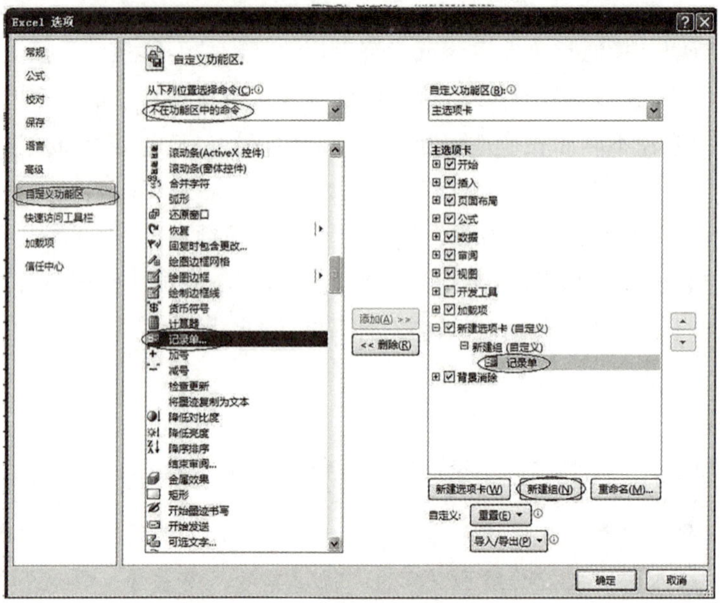

图 4–9　添加【记录单】

③单击工具栏“新建选项卡”中“记录单”命令弹出“固定资产卡片”对话框，如图 4–10 所示。

④单击“新建”按钮，显示空白的记录单，录入新增固定资产信息，如图 4–11 所示。

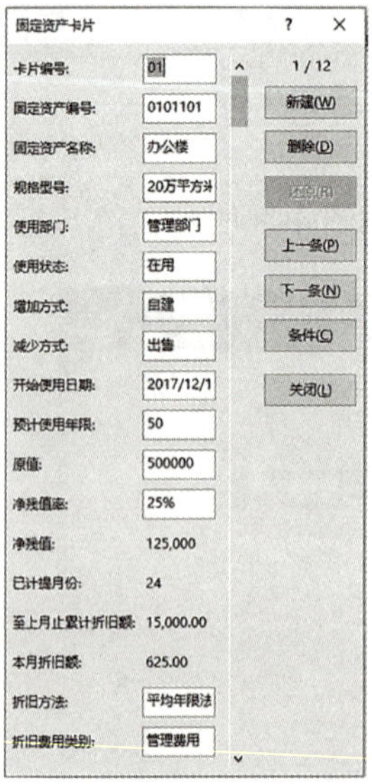

图 4–10　固定资产卡片

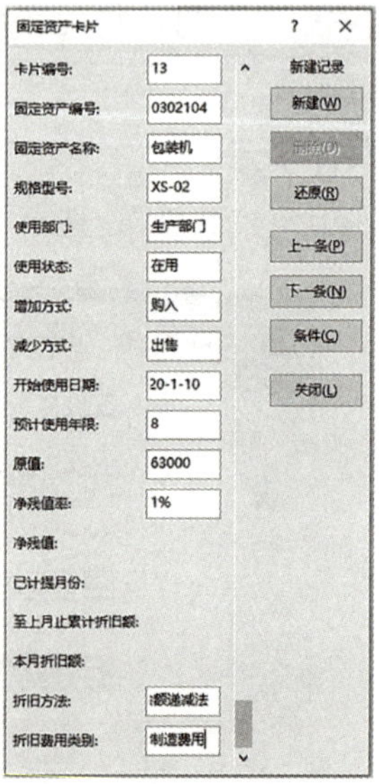

图 4–11　录入新增固定资产信息

⑤录入新增固定资产的信息，单击“关闭”按钮，新增的固定资产便加入到固定资产卡片中。如图 4–12 所示。

	A	B	C	D	E	F	G	H	I	J	K	L	M	N	P	Q
1	固定资产卡片															
2	折旧计提基准日：			2020/1/31					单位：	峰泉公司						制表：
3	卡片编号	固定资产编号	固定资产名称	规格型号	使用部门	使用状态	增加方式	减少方式	开始使用日期	预计使用年限	原值	净残值率	净残值	已计提月份	本月折旧额	折旧方法
4	01	0101101	办公楼	20万平方米	管理部门	在用	自建	出售	2017/12/1	50	500 000	25%	125 000	24	625.00	平均年限法
5	02	0301101	厂房	60万平方米	生产部门	在用	自建	出售	2016/10/1	50	1 600 000	25%	400 000	38	2 000.00	平均年限法
6	03	0201101	仓库	40万平方米	销售部门	在用	自建	出售	2016/12/1	50	300 000	25%	75.000	36	375.00	平均年限法
7	04	0203102	货车	20吨	销售部门	在用	购入	出售	2017/2/5	8	350 000	5%	17 500	34	3 463.54	平均年限法
8	05	0102103	电脑	Dell	管理部门	在用	购入	报废	2017/3/5	4	12 000	1%	120	33	125.00	双倍余额递减法
9	06	0102104	电脑	Dell	管理部门	在用	购入	报废	2018/3/5	4	15 000	1%	150	21	312.50	双倍余额递减法
10	07	0102105	传真机	惠普	管理部门	在用	购入	报废	2018/10/1	5	6 000	1%	60	14	99.00	平均年限法
11	08	0102106	复印机	佳能	管理部门	在用	购入	报废	2019/6/4	5	30 000	2%	600	6	490.00	平均年限法
12	09	0202103	打印机	惠普	销售部门	在用	调拨	报废	2018/10/1	5	4 000	2%	80	14	65.33	平均年限法
13	10	0303102	挖土机	KL-01	生产部门	在用	购入	出售	2016/10/1	10	200 000	5%	10 000	38	2 015.15	年数总和法
14	11	0303103	推土机	TI-02	生产部门	在用	购入	出售	2018/6/1	10	250 000	5%	12 500	18	3 238.64	年数总和法
15	2	0402101	打印机	惠普	财务部门	在用	购入	报废	2019/11/1	5	3 000	1%	30	1	49.50	平均年限法
16	13	0302104	包装机	XS-02	生产部门	在用	购入	出售	2020/1/10	8	63 000	1%	630	0	0.00	双倍余额递减法

固定资产卡片

图 4–12　增加固定资产卡片

4.2.2　固定资产减少

与固定资产新增相对，固定资产在使用过程中，由于各种原因，如投资转出、出售、报废、毁损等也会导致固定资产减少。

【业务描述】 2020 年 1 月 10 日，将固定资产编号为“0102105”的传真机报废。使用 Excel 进行该项固定资产减少的业务操作。

操作步骤：

（1）筛选数据，选定数据区域，在菜单栏中点击“数据”，单击“筛选”命令，进入自动筛选状态。

（2）单击“资产编号”列旁的倒三角形按钮，然后选择按“文本筛选”中的“等于”项，弹出“自定义自动筛选方式”对话框；在资产编号下的下拉框中选择“等于”并输入“0102105”，单击“确定”按钮，如图 4–13 所示。

（3）筛选得到待处理的资产后，将该项资产的“减少方式”设为“报废”，将“使用状态”改为“停用”。

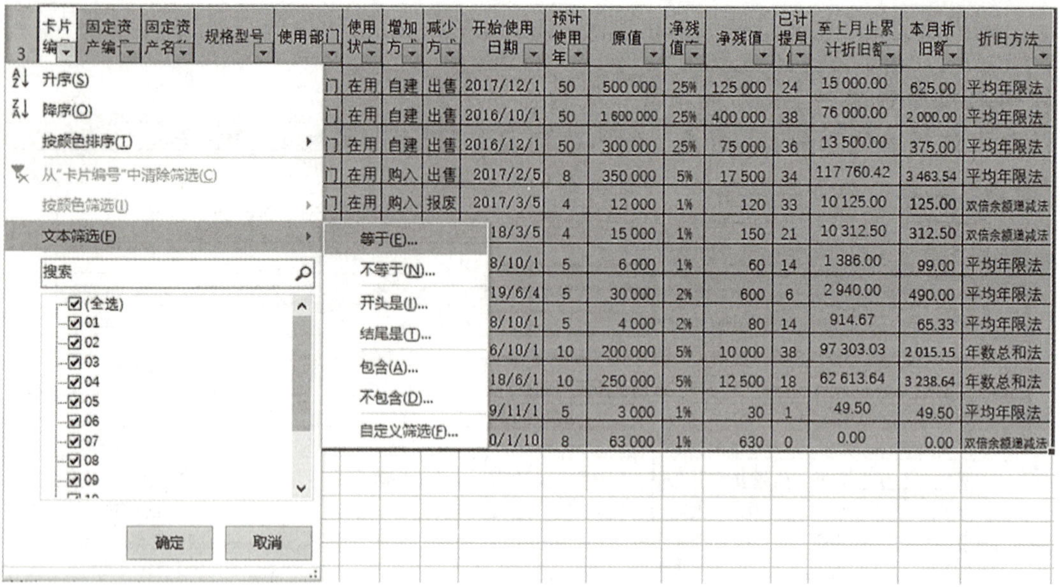

图 4-13　减少固定资产卡片

4.2.3　固定资产变动

固定资产在部门间的调拨是资源在企业内部的优化配置，通过资产调拨可以提高资产的使用效率，最大程度发挥其使用价值。因此，这也是固定资产管理中很重要的一个方面。同时该过程涉及两个以上的部门，财务记录上有一定的复杂性，下面我们将具体介绍如何通过 Excel 表格来实现这一过程的处理。

【业务描述】 公司决定将固定资产编号为“0102103”的电脑由“管理部门”调拨给“销售部门”使用。

操作步骤：

（1）筛选数据。选定数据区域，在菜单栏中单击“数据”功能，单击“筛选”命令，进入自动筛选状态。如图 4-14 所示。

（2）单击“固定资产编号”列旁的倒三角形按钮，然后选择按“按文本筛选”中的“等于”选项，弹出“自定义自动筛选方式”对话框，在资产编号下的下拉列表框中分别选择“等于”和“0102103”。

（3）单击“确定”按钮，则工作表仅显示编号为“0102103”的电脑。

（4）在本月的固定资产记录中，将此项固定资产的“减少方式”修改为“调拨”如图 4-15 所示。

（5）在下一个月的固定资产记录中，将此项固定资产的“增加方式”设置为“调拨”，“使用部门”修改为“销售部门”。

固定资产卡片

折旧计提基准日：2020/1/31　　单位：峰泉公司　　制表：XXX

卡片编号	固定资产编号	固定资产名称	规格型号	使用部门	使用状态	增加方式	减少方式	开始使用日期	预计使用年限	原值	净残值率	净残值	折旧方法	折旧费用类别
01	0101101	办公楼	20万平方米	管理部门	在用	自建	出售	2017/12/1	50	500 000	25%	125 000	平均年限法	管理费用
02	0301101	厂房	60万平方米	生产部门	在用	自建	出售	2016/10/1	50	1 600 000	25%	400 000	平均年限法	制造费用
03	0201101	仓库	40万平方米	销售部门	在用	自建	出售	2016/12/1	50	300 000	25%	75 000	平均年限法	销售费用
04	0203102	货车	20吨	销售部门	在用	购入	出售	2017/2/5	8	350 000	5%	17 500	平均年限法	销售费用
05	0102103	电脑	Dell	管理部门	在用	购入	报废	2017/3/5	4	12 000	1%	120	双倍余额递减法	管理费用
06	0102104	电脑	Dell	管理部门	在用	购入	报废	2018/3/5	4	15 000	1%	150	双倍余额递减法	管理费用
07	0102105	传真机	惠普	管理部门	在用	购入	报废	2018/10/1	5	6 000	1%	60	平均年限法	管理费用
08	0102106	复印机	佳能	管理部门	在用	购入	报废	2019/6/4	5	30 000	2%	600	平均年限法	管理费用
09	0202103	打印机	惠普	销售部门	在用	调拨	报废	2018/10/1	5	4 000	2%	80	平均年限法	销售费用
10	0303102	挖土机	KL-01	生产部门	在用	购入	出售	2016/10/1	10	200 000	5%	10 000	年数总和法	制造费用
11	0303103	推土机	TI-02	生产部门	在用	购入	出售	2018/6/1	10	250 000	5%	12 500	年数总和法	制造费用
12	0402101	打印机	惠普	财务部门	在用	购入	报废	2019/11/1	5	3 000	1%	30	平均年限法	管理费用
13	0302104	包装机	XS-02	生产部门	在用	购入	出售	2020/1/10	8	63 000	1%	630	双倍余额递减法	制造费用

图 4-14　工作表筛选状态

固定资产卡片

折旧计提基准日：2020/1/31　　单位：峰泉公司　　制表：XXX

卡片编号	固定资产编号	固定资产名称	规格型号	使用部门	使用状态	增加方式	减少方式	开始使用日期	预计使用年限	原值	净残值率	净残值	折旧方法	折旧费用类别
05	0102103	电脑	Dell	管理部门	在用	购入	报废	019/3/5	4	12,000.00	1%	120.00	双倍余额递减法	管理费用

转出
出售
报废
调拨

图 4-15　固定资产部门调拨

任务 4.3　固定资产折旧的处理

课程思政

学习马克思的固定资产折旧原理

机器设备的更新，一方面是出于自然磨损必须补偿的需要；另一方面却是出于提高劳动生产率的需要，这是因为机器设备是劳动手段，是社会生产力的一种物质标志。因而它的更新绝不是原来机器设备的复制，它的每一次更新都意味着科学技术的不断进步和劳动生产率的不断提高。

机器设备的更新方式，有两种：一种是等原有的机器设备折旧全部折尽后再行更新；另一种是逐年折旧，逐年更新。1867 年 8 月 24 日马克思致恩格斯的信中就提到了固定资本的折旧和更新问题。8 月 27 日恩格斯很快给马克思写了回信，举了两个例子：其一，如果按百分之十的折旧率提取折旧基金，并不立即予以实物补偿，把货币资金存入银行，收 5 % 的利息；原来 1 000 英镑的原值，十年后可变成货币资金 1 252.11 英镑。其二，如果逐年折旧，逐年更新，十年后则可使机器的名义价值变为 1 593 英镑。恩格斯的两个例子就表明了机器设备更新的两种方式；而后者要比前者更有利于发展生产力。

引例与分析

固定资产折旧是指企业固定资产在使用过程中，通过损耗逐渐转移到产品成本或商品费用中去的那部分价值。也就是在固定资产提供服务的期间将其成本分期分配到相关费用中。简而言之，折旧最基本的目的就是遵守配比原则，即用产生收入所消耗的销售成本和服务来抵消某一会计期间的收入。折旧费用会对年终净利润造成很大的影响，从而间接产生抵税效果。若折旧费用被低估，则净利润将被高估，当期税收费用增加；反之，若折旧费用被高估，则净利润将被低估，当期税收费用减少。因此，在不同的税制环境下，对不同类型的固定资产选择适当的折旧方法是极为重要的。为了保证峰泉公司将来有能力重置固定资产，把固定资产的成本分配到各个收益期，实现期间收入与费用的正确配比，必须在固定资产的有效使用年限内，计提一定数额的折旧额。

分析：在计提固定资产折旧时，首先应考虑折旧计提方法，不同的折旧方法对应的折旧函数也各不相同。本项目主要学习如何使用不同函数对峰泉公司固定资产进行折旧。

4.3.1 平均年限法

【业务描述】 已知峰泉公司资产编号为 0101101、0301101 等 8 项固定资产折旧方法采用的是平均年限法计提折旧，计算这 8 项固定资产的本月折旧额，如图 4-16 所示。

固定资产卡片

折旧计提基准日：2020/1/31　单位：峰泉公司　制表：XXX

卡片编号	固定资产编号	固定资产名称	规格型号	使用部门	使用状态	增加方式	减少方式	开始使用日期	预计使用年限	原值	净残值率	净残值	本月折旧额	折旧方法	折旧费用类别
01	0101101	办公楼	20万平方米	管理部门	在用	自建	出售	2017/12/1	50	500 000	25%	125 000		平均年限法	管理费用
02	0301101	厂房	60万平方米	生产部门	在用	自建	出售	2016/10/1	50	1 600 000	25%	400 000		平均年限法	制造费用
03	0201101	仓库	40万平方米	销售部门	在用	自建	出售	2016/12/1	50	300 000	25%	75 000		平均年限法	销售费用
04	0203102	货车	20吨	销售部门	在用	购入	出售	2017/2/5	8	350 000	5%	17 500		平均年限法	销售费用
05	0102103	电脑	Dell	管理部门	在用	购入	报废	2017/3/5	4	12 000	1%	120		双倍余额递减法	管理费用
06	0102104	电脑	Dell	管理部门	在用	购入	报废	2018/3/5	4	15 000	1%	150		双倍余额递减法	管理费用
07	0102105	传真机	惠普	管理部门	在用	购入	报废	2018/10/1	5	6 000	1%	60		平均年限法	管理费用
08	0102106	复印机	佳能	管理部门	在用	购入	报废	2019/6/4	5	30 000	2%	600		平均年限法	管理费用
09	0202103	打印机	惠普	销售部门	在用	调拨	报废	2018/10/1	5	4 000	2%	80		平均年限法	销售费用
10	0303102	挖土机	KL-01	生产部门	在用	购入	出售	2016/10/1	10	200 000	5%	10 000		年数总和法	制造费用
11	0303103	推土机	TI-02	生产部门	在用	购入	出售	2018/6/1	10	250 000	5%	12 500		年数总和法	制造费用
12	0402101	打印机	惠普	财务部门	在用	购入	报废	2019/11/1	5	3 000	1%	30		平均年限法	管理费用
13	0302104	包装机	XS-02	生产部门	在用	购入	出售	2020/1/10	8	63 000	1%	630		双倍余额递减法	制造费用

固定资产卡片

图 4-16　采用平均年法折旧的旧固定资产

操作步骤：

使用函数 SLN( ) 计算平均年限法下的折旧额。

（1）计算已计提月份：选择 N4 单元格，输入公式“=(YEAR(TODAY( ))-YEAR(I4))*12+(MONTH(TODAY( ))-MONTH(I4))-1”后按回车键计算出第一项固定资产的已计提月份。

（2）使用同样方法计算出其他固定资产的已计提月份，如图 4-17 所示。

（3）选择 P4 单元格在公式编辑栏中输入公式“=IF(F4=" 报废 ",0,SLN(K4,M4,J4)/12)”，按回车键计算出第一项固定资产本月折旧额。

（4）使用同样的方法可计算出采用平均年限法计提折旧的其他固定资产的本月折旧额。如图 4-18 所示。

N4　=(YEAR(TODAY())-YEAR(I4))*12+(MONTH(TODAY())-MONTH(I4))-1

	A	B	C	D	E	F	G	H	I	J	K	M	N	P	Q
1	固定资产卡片														
2	折旧计提基准日：			2020/1/31					单位：	峰泉公司					制表：
3	卡片编号	固定资产编号	固定资产名称	规格型号	使用部门	使用状态	增加方式	减少方式	开始使用日期	预计使用年限	原值	净残值	已计提月份	本月折旧额	折旧方法
4	01	0101101	办公楼	20万平方米	管理部门	在用	自建	出售	2017/12/1	50	500 000	125 000	24		平均年限法
5	02	0301101	厂房	60万平方米	生产部门	在用	自建	出售	2016/10/1	50	1 600 000	400 000	38		平均年限法
6	03	0201101	仓库	40万平方米	销售部门	在用	自建	出售	2016/12/1	50	300 000	75 000	36		平均年限法
7	04	0203102	货车	20吨	销售部门	在用	购入	出售	2017/2/5	8	350 000	17 500	34		平均年限法
8	05	0102103	电脑	Dell	管理部门	在用	购入	报废	2017/3/5	4	12 000	120	33		双倍余额递减法
9	06	0102104	电脑	Dell	管理部门	在用	购入	报废	2018/3/5	4	15 000	150	21		双倍余额递减法
10	07	0102105	传真机	惠普	管理部门	在用	购入	报废	2018/10/1	5	6 000	60	14		平均年限法
11	08	0102106	复印机	佳能	管理部门	在用	购入	报废	2019/6/4	5	30 000	600	6		平均年限法
12	09	0202103	打印机	惠普	销售部门	在用	调拨	报废	2018/10/1	5	4 000	80	14		平均年限法
13	10	0303102	挖土机	KL-01	生产部门	在用	购入	出售	2016/10/1	10	200 000	10 000	38		年数总和法
14	11	0303103	推土机	TI-02	生产部门	在用	购入	出售	2018/6/1	10	250 000	12 500	18		年数总和法
15	12	0402101	打印机	惠普	财务部门	在用	购入	报废	2019/11/1	5	3 000	30	1		平均年限法
16	13	0302104	包装机	XS-02	生产部门	在用	购入	出售	2020/1/10	8	63 000	630	0		双倍余额递减法

固定资产卡片

图 4-17　计算已计提月份

P4　=IF(F4="报废",0,SLN(K4,M4,J4)/12)

	A	B	C	D	E	F	G	H	I	J	K	M	N	P	Q
1	固定资产卡片														
2	折旧计提基准日：			2020/1/31					单位：	峰泉公司					制表：
3	卡片编号	固定资产编号	固定资产名称	规格型号	使用部门	使用状态	增加方式	减少方式	开始使用日期	预计使用年限	原值	净残值	已计提月份	本月折旧额	折旧方法
4	01	0101101	办公楼	20万平方米	管理部门	在用	自建	出售	2017/12/1	50	500 000	125 000	24	625.00	平均年限法
5	02	0301101	厂房	60万平方米	生产部门	在用	自建	出售	2016/10/1	50	1 600 000	400 000	38	2 000.00	平均年限法
6	03	0201101	仓库	40万平方米	销售部门	在用	自建	出售	2016/12/1	50	300 000	75 000	36	375.00	平均年限法
7	04	0203102	货车	20吨	销售部门	在用	购入	出售	2017/2/5	8	350 000	17 500	34	3 463.54	平均年限法
8	05	0102103	电脑	Dell	管理部门	在用	购入	报废	2017/3/5	4	12 000	120	33		双倍余额递减法
9	06	0102104	电脑	Dell	管理部门	在用	购入	报废	2018/3/5	4	15 000	150	21		双倍余额递减法
10	07	0102105	传真机	惠普	管理部门	在用	购入	报废	2018/10/1	5	6 000	60	14	99.00	平均年限法
11	08	0102106	复印机	佳能	管理部门	在用	购入	报废	2019/6/4	5	30 000	600	6	490.00	平均年限法
12	09	0202103	打印机	惠普	销售部门	在用	调拨	报废	2018/10/1	5	4 000	80	14	65.33	平均年限法
13	10	0303102	挖土机	KL-01	生产部门	在用	购入	出售	2016/10/1	10	200 000	10 000	38		年数总和法
14	11	0303103	推土机	TI-02	生产部门	在用	购入	出售	2018/6/1	10	250 000	12 500	18		年数总和法
15	12	0402101	打印机	惠普	财务部门	在用	购入	报废	2019/11/1	5	3 000	30	1	49.50	平均年限法
16	13	0302104	包装机	XS-02	生产部门	在用	购入	出售	2020/1/10	8	63 000	630	0		双倍余额递减法

固定资产卡片

图 4-18　平均年限法计提折旧

注意：在 SLN( ) 中可直接输入具体数值，也可输入数值所在单元格，都可计算出结果，在使用填充柄来复制其他单元格公式。

知识链接

平均年限法又称直线法，它是根据固定资产的原值，预计净残值，按照预计使用年限平均计算折旧的一种方法。计算公式如下：

年折旧额＝（固定资产 − 预计净残值）/ 预计使用年限

年折旧率＝（1− 预计净残值率）/ 预计使用年限 ×100%

月折旧率＝年折旧率 /12

月折旧额＝固定资产原值 × 月折旧率

按平均年限法计算折旧额可以使用 SLN 函数来计算。SLN 函数返回固定资产在一个期间线形折旧值。使用 SLN 函数计算出每个月份或年份的折旧额是相等的。

语法形式：SLN(cost,salvage,life)

Cost：表示资产原值。

Salvage：表示资产在折旧期末价值，即资产残值。

Life：表示折旧期限，即资产的预计使用寿命。

4.3.2 双倍余额递减法

【业务描述】 已知峰泉公司资产编号为 0102103、0102104 固定资产折旧方法采用的是双倍余额递减法计提折旧，计算这两项固定资产的本月折旧额，如图 4–19 所示。

P8

	A	B	C	D	E	F	G	H	I	J	K	M	N	P	Q
1	固定资产卡片														
2	折旧计提基准日：			2020/1/31					单位：	峰泉公司					制表：
3	卡片编号	固定资产编号	固定资产名称	规格型号	使用部门	使用状态	增加方式	减少方式	开始使用日期	预计使用年限	原值	净残值	已计提月份	本月折旧额	折旧方法
4	01	0101101	办公楼	20万平方米	管理部门	在用	自建	出售	2017/12/1	50	500 000	125 000	24	625 00	平均年限法
5	02	0301101	厂房	60万平方米	生产部门	在用	自建	出售	2016/10/1	50	1 600 000	400 000	38	2 000.00	平均年限法
6	03	0201101	仓库	40万平方米	销售部门	在用	自建	出售	2016/12/1	50	300 000	75 000	36	375 00	平均年限法
7	04	0203102	货车	20吨	销售部门	在用	购入	出售	2017/2/5	8	350 000	17 500	34	3 463 54	平均年限法
8	05	0102103	电脑	Dell	管理部门	在用	购入	报废	2017/3/5	4	12 000	120	33		双倍余额递减法
9	06	0102104	电脑	Dell	管理部门	在用	购入	报废	2018/3/5	4	15 000	150	21		双倍余额递减法
10	07	0102105	传真机	惠普	管理部门	在用	购入	报废	2018/10/1	5	6 000	60	14	99.00	平均年限法
11	08	0102106	复印机	佳能	管理部门	在用	购入	报废	2019/6/4	5	30 000	600	6	490.00	平均年限法
12	09	0202103	打印机	惠普	销售部门	在用	调拨	报废	2018/10/1	5	4 000	80	14	65.33	平均年限法
13	10	0303102	挖土机	KL-01	生产部门	在用	购入	出售	2016/10/1	10	200 000	10 000	38		年数总和法
14	11	0303103	推土机	TI-02	生产部门	在用	购入	出售	2018/6/1	10	250 000	12 500	18		年数总和法
15	12	0402101	打印机	惠普	财务部门	在用	购入	报废	2019/11/1	5	3 000	30	1	49.50	平均年限法
16	13	0302104	包装机	XS-02	生产部门	在用	购入	出售	2020/1/10	8	63 000	630	0		双倍余额递减法

固定资产卡片

图 4–19　双倍余额递减法计提的固定资产

操作步骤：

使用函数 DDB( ) 计算折旧额。

（1）单击 P8 单元格，在公式编辑栏内输入公式：“=DDB(K8,M8,J8,INT(N8/12)+1)/12”。因为用 DBB 函数计算得出的每年折旧额各不相同，所以要计算出本月折旧额，则需要先计算出当年的折旧额，然后除以 12 得到每月的折旧额。

（2）按回车键，即可计算出该项固定资产本月折旧额。

（3）折旧方法为双倍余额递减法的固定资产，使用同样的方法计算固定资产的折旧额。如图 4–20 所示。

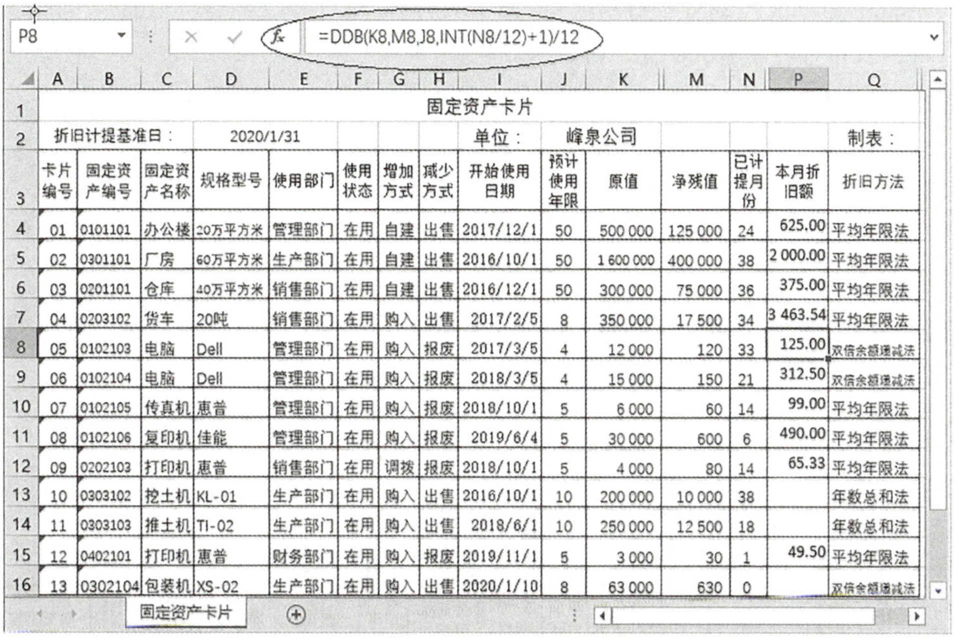

P8　=DDB(K8,M8,J8,INT(N8/12)+1)/12

固定资产卡片

折旧计提基准日：		2020/1/31						单位：	峰泉公司					制表：
卡片编号	固定资产编号	固定资产名称	规格型号	使用部门	使用状态	增加方式	减少方式	开始使用日期	预计使用年限	原值	净残值	已计提月份	本月折旧额	折旧方法
01	0101101	办公楼	20万平方米	管理部门	在用	自建	出售	2017/12/1	50	500 000	125 000	24	625.00	平均年限法
02	0301101	厂房	60万平方米	生产部门	在用	自建	出售	2016/10/1	50	1 600 000	400 000	38	2 000.00	平均年限法
03	0201101	仓库	40万平方米	销售部门	在用	自建	出售	2016/12/1	50	300 000	75 000	36	375.00	平均年限法
04	0203102	货车	20吨	销售部门	在用	购入	出售	2017/2/5	8	350 000	17 500	34	3 463.54	平均年限法
05	0102103	电脑	Dell	管理部门	在用	购入	报废	2017/3/5	4	12 000	120	33	125.00	双倍余额递减法
06	0102104	电脑	Dell	管理部门	在用	购入	报废	2018/3/5	4	15 000	150	21	312.50	双倍余额递减法
07	0102105	传真机	惠普	管理部门	在用	购入	报废	2018/10/1	5	6 000	60	14	99.00	平均年限法
08	0102106	复印机	佳能	管理部门	在用	购入	报废	2019/6/4	5	30 000	600	6	490.00	平均年限法
09	0202103	打印机	惠普	销售部门	在用	调拨	报废	2018/10/1	5	4 000	80	14	65.33	平均年限法
10	0303102	挖土机	KL-01	生产部门	在用	购入	出售	2016/10/1	10	200 000	10 000	38		年数总和法
11	0303103	推土机	TI-02	生产部门	在用	购入	出售	2018/6/1	10	250 000	12 500	18		年数总和法
12	0402101	打印机	惠普	财务部门	在用	购入	报废	2019/11/1	5	3 000	30	1	49.50	平均年限法
13	0302104	包装机	XS-02	生产部门	在用	购入	出售	2020/1/10	8	63 000	630	0		双倍余额递减法

固定资产卡片

图 4–20　双倍余额递减法计提折旧

注意：

1. 双倍余额递减法以加速的比率计算折旧。折旧在第一阶段是最高的，在后继阶段中会减少，可以更改折旧速率。

2. 最后两年采用直线法（平均年限法）。

知识链接

双倍余额递减法是在不考虑固定资产净残值的情况下，根据每期期初固定资产账面余额和双倍的直线折旧率计算固定资产折旧的一种方法。实行双倍余额递减法计提折旧的固定资产，应当在其固定资产折旧年限到期以前两年内，按直线法将固定资产净值（扣除净残值）平均摊销。其计算公式如下：

月折旧率＝年折旧率 /12

月折旧额＝固定资产账面净值 · 月折旧率

年折旧率＝ 2/ 预计使用年限 · 100%

年折旧额＝固定资产净值 · 年折旧率

按双余额递减法计算折旧额可能使用 DDB 函数来计算。DDB 函数以加速比率计算折旧，第一阶段的折旧额最高，在后继阶段中会逐渐减少。

语法形式：DDB(cost,salvage,life,period,factor)

Cost：表示资产原值。

Salvage：表示资产在折旧期末价值，即预计净残值。

Life：表示折旧期限，即资产的使用寿命。

Period：表示为需要计算折旧值的期间。Period 必须使用与 Life 相同的单位。

Factor：表示为余额递减速率。若省略，则默认为 2。

4.3.3 年数总和法

【业务描述】 已知峰泉公司资产编号为 0303102、0303103 固定资产折旧方法采用的是年数总和法计提折旧，计算这两项固定资产的本月折旧额。如图 4–21 所示。

固定资产卡片

折旧计提基准日： 2020/1/31　　单位： 峰泉公司　　制表：

卡片编号	固定资产编号	固定资产名称	规格型号	使用部门	使用状态	增加方式	减少方式	开始使用日期	预计使用年限	原值	净残值	已计提月份	本月折旧额	折旧方法
01	0101101	办公楼	20万平方米	管理部门	在用	自建	出售	2017/12/1	50	500 000	125 000	24	625.00	平均年限法
02	0301101	厂房	60万平方米	生产部门	在用	自建	出售	2016/10/1	50	1 600 000	400 000	38	2 000.00	平均年限法
03	0201101	仓库	40万平方米	销售部门	在用	自建	出售	2016/12/1	50	300 000	75 000	36	375.00	平均年限法
04	0203102	货车	20吨	销售部门	在用	购入	出售	2017/2/5	8	350 000	17 500	34	3 463.54	平均年限法
05	0102103	电脑	Dell	管理部门	在用	购入	报废	2017/3/5	4	12 000	120	33	125.00	双倍余额递减法
06	0102104	电脑	Dell	管理部门	在用	购入	报废	2018/3/5	4	15 000	150	21	312.50	双倍余额递减法
07	0102105	传真机	惠普	管理部门	在用	购入	报废	2018/10/1	5	6 000	60	14	99.00	平均年限法
08	0102106	复印机	佳能	管理部门	在用	购入	报废	2019/6/4	5	30 000	600	6	490.00	平均年限法
09	0202103	打印机	惠普	销售部门	在用	调拨	报废	2018/10/1	5	4 000	80	14	65.33	平均年限法
10	0303102	挖土机	KL-01	生产部门	在用	购入	出售	2016/10/1	10	200 000	10 000	38		年数总和法
11	0303103	推土机	TI-02	生产部门	在用	购入	出售	2018/6/1	10	250 000	12 500	18		年数总和法
12	0402101	打印机	惠普	财务部门	在用	购入	报废	2019/11/1	5	3 000	30	1	49.50	平均年限法
13	0302104	包装机	XS-02	生产部门	在用	购入	出售	2020/1/10	8	63 000	630	0		双倍余额递减法

图 4–21　年数总和法计提的固定资产

操作步骤：

使用函数 SYD 计算折旧额。

（1）选取 P13 单元格，在公式编辑栏内输入公式“=SYD(K13,M13,J13,INT(N13/12)+1)/12”，如图 4–22 所示，按回车键，即可计算出该项固定资产本月折旧额。因为用 SYD 函数计算得出的每年折旧额是各不相同的，所以要计算本月折旧额，则需要先计算出当年的折旧额，然后除以 12 得到每月折旧额。公式 INT(N13/12)+1 是计算该项固定资产正在使用的年数（第 4 年），函数 SYD(K13,M13,J13,INT(N13/12)+1) 计算出第 4 年的折旧额，然后除以 12 则得出第 4 年每月的折旧额。

（2）将 P13 单元格复制到 P14，则可计算出该项固定资产本月折旧额。

P13　=SYD(K13,M13,J13,INT(N13/12)+1)/12

	A	B	C	D	E	F	G	H	I	J	K	M	N	P	Q
1	固定资产卡片														
2	折旧计提基准日：			2020/1/31					单位：		峰泉公司				制表：
3	卡片编号	固定资产编号	固定资产名称	规格型号	使用部门	使用状态	增加方式	减少方式	开始使用日期	预计使用年限	原值	净残值	已计提月份	本月折旧额	折旧方法
4	01	0101101	办公楼	20万平方米	管理部门	在用	自建	出售	2017/12/1	50	500 000	125 000	24	625.00	平均年限法
5	02	0301101	厂房	60万平方米	生产部门	在用	自建	出售	2016/10/1	50	1 600 000	400 000	38	2 000.00	平均年限法
6	03	0201101	仓库	40万平方米	销售部门	在用	自建	出售	2016/12/1	50	300 000	75 000	36	375.00	平均年限法
7	04	0203102	货车	20吨	销售部门	在用	购入	出售	2017/2/5	8	350 000	17 500	34	3 463.54	平均年限法
8	05	0102103	电脑	Dell	管理部门	在用	购入	报废	2017/3/5	4	12 000	120	33	125.00	双倍余额递减法
9	06	0102104	电脑	Dell	管理部门	在用	购入	报废	2018/3/5	4	15 000	150	21	312.50	双倍余额递减法
10	07	0102105	传真机	惠普	管理部门	在用	购入	报废	2018/10/1	5	6 000	60	14	99.00	平均年限法
11	08	0102106	复印机	佳能	管理部门	在用	购入	报废	2019/6/4	5	30 000	600	6	490.00	平均年限法
12	09	0202103	打印机	惠普	销售部门	在用	调拨	报废	2018/10/1	5	4 000	80	14	65.33	平均年限法
13	10	0303102	挖土机	KL-01	生产部门	在用	购入	出售	2016/10/1	10	200 000	10 000	38	2 015.15	年数总和法
14	11	0303103	推土机	TI-02	生产部门	在用	购入	出售	2018/6/1	10	250 000	12 500	18	3 238.64	年数总和法
15	12	0402101	打印机	惠普	财务部门	在用	购入	报废	2019/11/1	5	3 000	30	1	49.50	均年限法
16	13	0302104	包装机	XS-02	生产部门	在用	购入	出售	2020/1/10	8	63 000	630	0		双倍余额递减法

固定资产卡片

图 4–22　年数总和法计提折旧

SYD 函数语法形式：SYD(cost,salvage,life,per)

SYD 函数的参数和 DDB 函数的前四个参数差不多，而它们两个函数的前三个参数和 SLN 函数的三个参数是一样的，都是原值、残值和预计使用寿命，基本上是给定的，不需要计算；而 DDB 函数和 SYD 函数的第四个参数（需要计算折旧值的期间）是需要计算，而且各个期间的值是不一样的。

4.3.4　计算“至上月止累计折旧额”

【业务描述】 分别计算不同折旧方法下的“至上月止累计折旧额”。

不同的折旧方法下，计算“至上月止累计折旧额”的计算方法和使用的函数是不同的。

操作步骤：

（1）选取 O4 单元格，在公式编辑栏内输入公式“=(K4−M4)/J4/12*N4”或“=P4*N4”，然后再将 O4 单元格内的公式复制至所有平均年限法下的相应单元格内，如图 4–23 所示。年数总和法下每个月的折旧额是一样的，所以“至上月止累计折旧额”=“本月折旧额”×“已计提月份”。

O4　=(K4-M4)/J4/12*N4

	A	B	C	D	E	F	I	J	K	M	N	O	P	Q
1	固定资产卡片													
2	折旧计提基准日：			2020/1/31			单位：		峰泉公司					制表：
3	卡片编号	固定资产编号	固定资产名称	规格型号	使用部门	使用状态	开始使用日期	预计使用年限	原值	净残值	已计提月份	至上月止累计折旧额	本月折旧额	折旧方法
4	01	0101101	办公楼	20万平方米	管理部门	在用	2017/12/1	50	500 000	125 000	24	15 000.00	625.00	平均年限法
5	02	0301101	厂房	60万平方米	生产部门	在用	2016/10/1	50	1 600 000	400 000	38	76 000.00	2 000.00	平均年限法
6	03	0201101	仓库	40万平方米	销售部门	在用	2016/12/1	50	300 000	75 000	36	13 500.00	375.00	平均年限法
7	04	0203102	货车	20吨	销售部门	在用	2017/2/5	8	350 000	17 500	34	117 760.42	3 463.54	平均年限法
8	05	0102103	电脑	Dell	管理部门	在用	2017/3/5	4	12 000	120	33		125.00	双倍余额递减法
9	06	0102104	电脑	Dell	管理部门	在用	2018/3/5	4	15 000	150	21		312.50	双倍余额递减法
10	07	0102105	传真机	惠普	管理部门	在用	2018/10/1	5	6 000	60	14	1 386.00	99.00	平均年限法
11	08	0102106	复印机	佳能	管理部门	在用	2019/6/4	5	30 000	600	6	2 940.00	490.00	平均年限法
12	09	0202103	打印机	惠普	销售部门	在用	2018/10/1	5	4 000	80	14	914.67	65.33	平均年限法
13	10	0303102	挖土机	KL-01	生产部门	在用	2016/10/1	10	200 000	10 000	38		2 015.15	年数总和法
14	11	0303103	推土机	TI-02	生产部门	在用	2018/6/1	10	250 000	12 500	18		3 238.64	年数总和法
15	12	0402101	打印机	惠普	财务部门	在用	2019/11/1	5	3 000	30	1	49.50	49.50	平均年限法
16	13	0302104	包装机	XS-02	生产部门	在用	2020/1/10	8	63 000	630	0			双倍余额递减法

固定资产卡片

图 4–23　平均年限法下计算“至上月止累计折旧额”

（2）选取 O8 单元格，在公式编辑栏内输入函数“=VDB(K8,M8,J8,0,INT(N8/12))+DDB(K8,M8,J8,INT(N8/12)+1)/12*MOD(N8,12)”，按回车键，即可计算出该项固定资产的“至上月止累计折旧额”。然后再将 O8 单元格内的公式复制至所有双倍余额递减法下的相应单元格内，如图 4–24 所示。

VDB(K8,M8,J8,0,INT(N8/12)) 函数是计算该项固定资产至上年止的累计折旧额，如果该项固定资产已使用不足 1 年，计算出来的值是 0，如果该项固定资产已使用 1 年不足 2 年，则该函数是计算第 1 年的折旧额，如果该项固定资产已使用 2 年不足 3 年，则该函数是计算 1–2 年的累计折旧额，如果该项固定资产已使用 3 年不足 4 年，则该函数是计算 1–3 年的累计折旧额，以此类推。

函数 DDB(K8,M8,J8,INT(N8/12)+1)/12*MOD(N8,12) 是计算该项固定资产本折旧年内至上月止的累计折旧额（按月计算）。

（3）选取 O13 单元格，在公式编辑栏内输入函数“=(K13−M13)/J13/(J13+1)*INT(N13/12)*(2*J13−INT(N13/12)+1)+SYD(K13,M13,J13,IF(N13=J13*12,J13,INT(N13/12)+1))/12*

MOD(N13,12)”，按回车键，即可计算出该项固定资产的“至上月止累计折旧额”。然后再将 O13 单元格内的公式复制至所有年数总和法下的相应单元格内，如图 4–25 所示。

O8　=VDB(K8,M8,J8,0,INT(N8/12))+DDB(K8,M8,J8,INT(N8/12)+1)/12*MOD(N8,12)

	A	B	C	D	E	I	J	K	L	M	N	O	P	Q	R
1	固定资产卡片														
2	折旧计提基准日：			2020/1/31		单位：	峰泉公司							制表：	XXX
3	卡片编号	固定资产编号	固定资产名称	规格型号	使用部门	开始使用日期	预计使用年限	原值	净残值率	净残值	已计提月份	至上月止累计折旧额	本月折旧额	折旧方法	折旧费用类别
4	01	0101101	办公楼	20万平方米	管理部门	2017/12/1	50	500 000	25%	125 000	24	15 000.00	625.00	平均年限法	管理费用
5	02	0301101	厂房	60万平方米	生产部门	2016/10/1	50	1 600 000	25%	400 000	38	76 000.00	2 000.00	平均年限法	制造费用
6	03	0201101	仓库	40万平方米	销售部门	2016/12/1	50	300 000	25%	75 000	36	13 500.00	375.00	平均年限法	销售费用
7	04	0203102	货车	20吨	销售部门	2017/2/5	8	350 000	5%	17 500	34	117 760.42	3 463.54	平均年限法	销售费用
8	05	0102103	电脑	Dell	管理部门	2017/3/5	4	12 000	1%	120	33	10 125.00	125.00	双倍余额递减法	管理费用
9	06	0102104	电脑	Dell	管理部门	2018/3/5	4	15 000	1%	150	21	10 312.50	312.50	双倍余额递减法	管理费用
10	07	0102105	传真机	惠普	管理部门	2018/10/1	5	6 000	1%	60	14	1 386.00	99.00	平均年限法	管理费用
11	08	0102106	复印机	佳能	管理部门	2018/6/4	5	30 000	2%	600	18	8 820.00	490.00	平均年限法	管理费用
12	09	0202103	打印机	惠普	销售部门	2018/10/1	5	4 000	2%	80	14	914.67	65.33	平均年限法	销售费用
13	10	0303102	挖土机	KL-01	生产部门	2016/10/1	10	200 000	5%	10 000	38		2 015.15	年数总和法	制造费用
14	11	0303103	推土机	TI-02	生产部门	2018/6/1	10	250 000	5%	12 500	18		3 238.64	年数总和法	制造费用
15	12	0402101	打印机	惠普	财务部门	2019/11/1	5	3 000	1%	30	1	49.50	49.50	平均年限法	管理费用
16	13	0302104	包装机	XS-02	生产部门	2020/1/10	8	63 000	1%	630	0	0.00	0.00	双倍余额递减法	制造费用

固定资产卡片

图 4–24　双倍余额递减法下计算“至上月止累计折旧额”

O13　=(K13-M13)/J13/(J13+1)*INT(N13/12)*(2*J13-INT(N13/12)+1)+SYD(K13,M13,J13,IF(N13=J13*12,J13,INT(N13/12)+1))/12*MOD(N13,12)

	A	B	C	D	E	I	J	K	L	M	N	O	P	Q	R
1	固定资产卡片														
2	折旧计提基准日：			2020/1/31		单位：	峰泉公司							制表：	XXX
3	卡片编号	固定资产编号	固定资产名称	规格型号	使用部门	开始使用日期	预计使用年限	原值	净残值率	净残值	已计提月份	至上月止累计折旧额	本月折旧额	折旧方法	折旧费用类别
4	01	0101101	办公楼	20万平方米	管理部门	2017/12/1	50	500 000	25%	125 000	24	15 000.00	625.00	平均年限法	管理费用
5	02	0301101	厂房	60万平方米	生产部门	2016/10/1	50	1 600 000	25%	400 000	38	76 000.00	2 000.00	平均年限法	制造费用
6	03	0201101	仓库	40万平方米	销售部门	2016/12/1	50	300 000	25%	75 000	36	13 500.00	375.00	平均年限法	销售费用
7	04	0203102	货车	20吨	销售部门	2017/2/5	8	350 000	5%	17 500	34	117 760.42	3 463.54	平均年限法	销售费用
8	05	0102103	电脑	Dell	管理部门	2017/3/5	4	12 000	1%	120	33	10 125.00	125.00	双倍余额递减法	管理费用
9	06	0102104	电脑	Dell	管理部门	2018/3/5	4	15 000	1%	150	21	10 312.50	312.50	双倍余额递减法	管理费用
10	07	0102105	传真机	惠普	管理部门	2018/10/1	5	6 000	1%	60	14	1 386.00	99.00	平均年限法	管理费用
11	08	0102106	复印机	佳能	管理部门	2018/6/4	5	30 000	2%	600	18	8 820.00	490.00	平均年限法	管理费用
12	09	0202103	打印机	惠普	销售部门	2018/10/1	5	4 000	2%	80	14	914.67	65.33	平均年限法	销售费用
13	10	0303102	挖土机	KL-01	生产部门	2016/10/1	10	200 000	5%	10 000	38	97 303.03	2 015.15	年数总和法	制造费用
14	11	0303103	推土机	TI-02	生产部门	2018/6/1	10	250 000	5%	12 500	18	62 613.64	3 238.64	年数总和法	制造费用
15	12	0402101	打印机	惠普	财务部门	2019/11/1	5	3 000	1%	30	1	49.50	49.50	平均年限法	管理费用

固定资产卡片

图 4–25　年数总和法下计算“至上月止累计折旧额”

（4）通过 IF 函数把三种折旧方法组合起来。

选取 O4 单元格，在公式编辑栏内输入函数

=IF(A4="","",IF(Q4="平均年限法",(K4-M4)/J4/12*N4,IF(Q4="双倍余额递减法",VDB(K4，M4，J4，0，INT(N4/12))+DDB(K4,M4,J4,INT(N4/12)+1)/12*MOD(N4,12),IF(Q4="年数总和法",(K4-M4)/J4/(J4+1)*INT(N4/12)*(2*J4-INT(N4/12)+1)+SYD(K4,M4,J4,IF(N4=J4*12,J4,INT(N4/12)+1))/12*MOD(N4,12),))))。然后把 O4 单元格内公式复制到 O5：O16。

任务 4.4　固定资产汇总与查询

课程思政

我国的减税降费

减税降费”具体包括“税收减免”和“取消或停征行政事业性收费”两部分。

2018 年 9 月 20 日，国家税务总局印发《关于进一步落实好简政减税降费措施更好服务经济社会发展有关工作的通知》。2020 年 5 月 22 日，国务院总理李克强在发布的 2020 年国务院政府工作报告中提出，加大减税降费力度。2020 年 11 月 1 日，国家税务总局发布最新数据显示，前三季度，全国新增减税降费累计超过 2 万亿元，达 20 924 亿元。2020 年全年我国新增减税降费超过 2.5 万亿元，全年组织税收收入（已扣除出口退税）13.68 万亿元，同比下降 2.6%。

1. 彰显减税降费红利“乘法”效应。近年来，推出的减税降费政策具有短期和中长期双重目标与作用：短期内作为积极财政政策的重要举措，多维度发力担当逆周期调节功能和稳定市场预期作用；中长期看增强税制中性，更好地发挥市场在资源配置中决定性作用。

2. 聚焦减税降费普惠性效能。2019 年上半年开始持续出台一系列更大规模的减税降费举措，较此前政策覆盖范围更为拓宽，共涉及增值税、个人所得税、社会保险费等多个税费种类，以及制造业、交通运输业、建筑业等多个行业，进一步彰显出减税降费普惠性，旨在约束政府“攫取之手”，真正实现“放水养鱼”。

3. 助推产业结构优化调整。供给端减税降费持续对标体现结构调整方面政策导向，彰显财政政策精准发力优势，扬优势、补短板、强弱项，大大提高了全要素生产率和市场资源优化配置，兜住民生保障底线，在激励企业创新发展、削减过剩产能等方面作用明显，实现“稳增长、调结构、惠民生”的政策目标。如继续加大对先进制造业、外贸出口等行业结构性减税力度，促进产业结构优化升级；环保和去产能政策出台倒逼企业

加快新旧动能转换及自主创新，为实体经济注入新动力，支持供给侧结构性改革。

4. 推进财税治理体系现代化。实施更大规模减税降费政策作为现代财政制度建设系统工程的重要内涵，聚焦“六稳”“六保”精准发力，为构建财税治理体系现代化打下坚实基础，彰显出除法效应，即一定程度上破除体制机制障碍，构建与高质量发展相适应的税费体系，税制朝简化方向迈进，为全面深化财税体制改革调整提供充裕空间，促进我国财税制度优势更好地转化为国家治理效能。

引例与分析

建立峰泉公司固定资产折旧费用分配表，生成记账凭证，查看本期折旧额中各项费用类别所占份额。

分析：峰泉公司要求财务部门在现有固定资产卡片的基础上按照部门、类别分别进行有关固定资产折旧数据汇总、分析报告，并生成固定资产折旧分配表，生成记账凭证。

4.4.1　固定资产折旧费用表的建立

【业务描述一】 按固定资产折旧费用类别进行分类汇总。根据本项目资料，对峰泉公司的固定资产月折旧额进行汇总分析。

操作步骤：

（1）在“插入”选项卡上单击“数据透视表”，如图 4–26 所示，弹出“创建数据透视表”对话框，如图 4–27 所示。

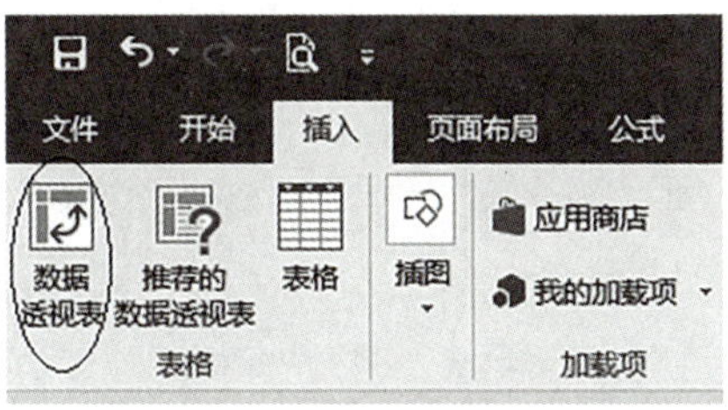

图 4–26　数据透视表选项

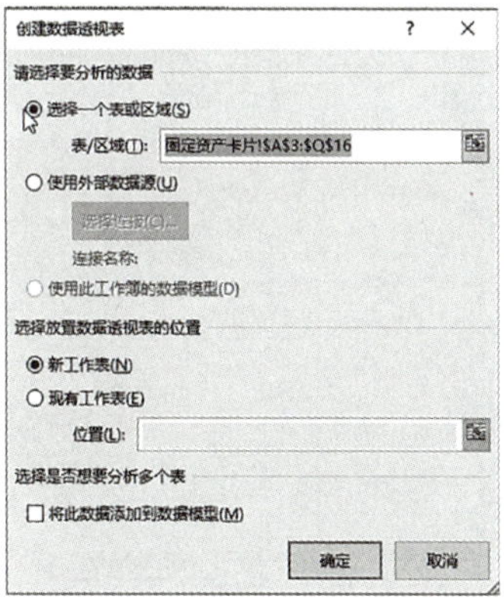

图 4–27　创建数据透视表

（2）单击选定区域右侧的 ，选择要建立数据透视表的数据区域。

（3）在“固定资产卡片”工作表中，选择区域 A3:R16 区域，放置数据透视的位置选择为“新工作表”。

（4）单击“确定”按钮，将新建的空白数据透视表重命名为“折旧费用分配表”如图 4–28 所示。

（5）在“数据透视表字段列表”中将“折旧费用类别”“使用部门”依次添加到行标签，如图 4–29 所示。

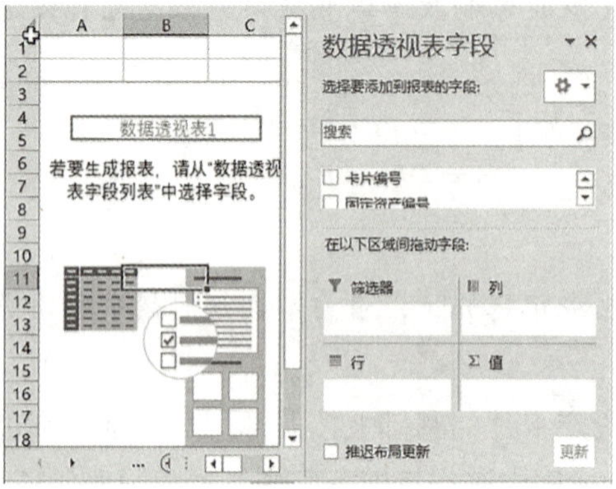

图 4–28　空白透视表

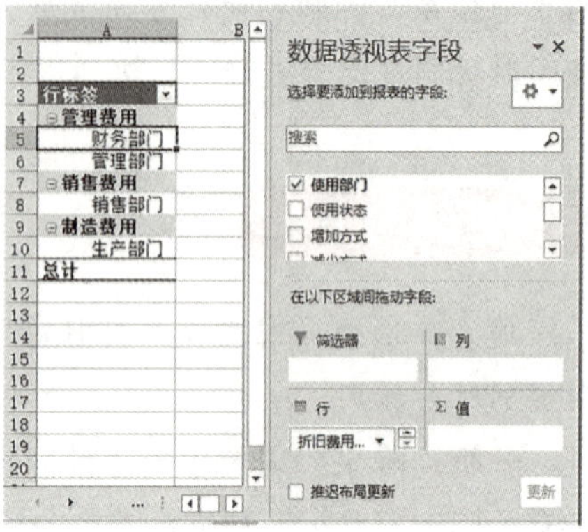

图 4–29　添加行标签

（6）在“数据透视表字段列表”中将“原值”“至上月止累计折旧额”“本月折旧额”依次添加到“值”区域，如图 4–30 所示。

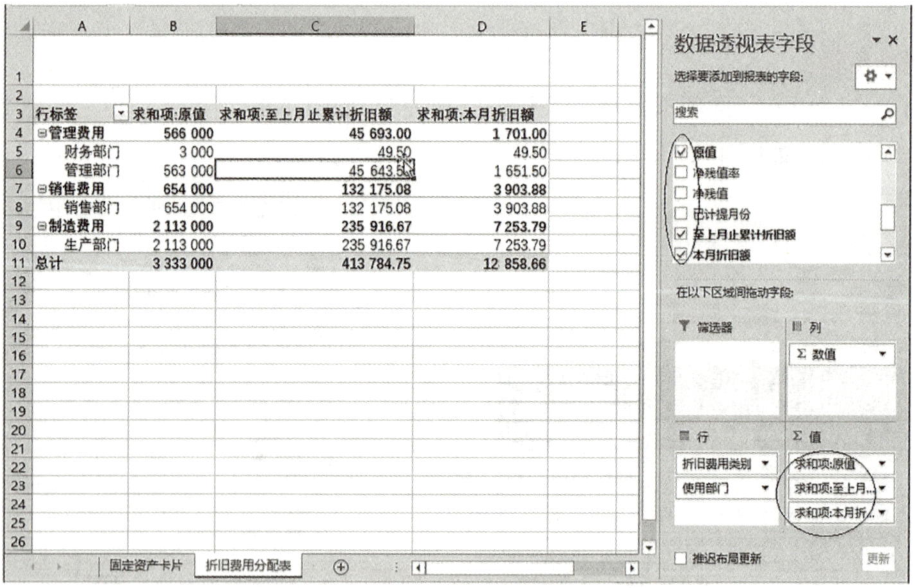

图 4–30　添加“值”

（7）在第一行输入表格标题“折旧费用分配表”，并设置单元格格式，设置好的折旧费用分配表如图 4–31 所示。

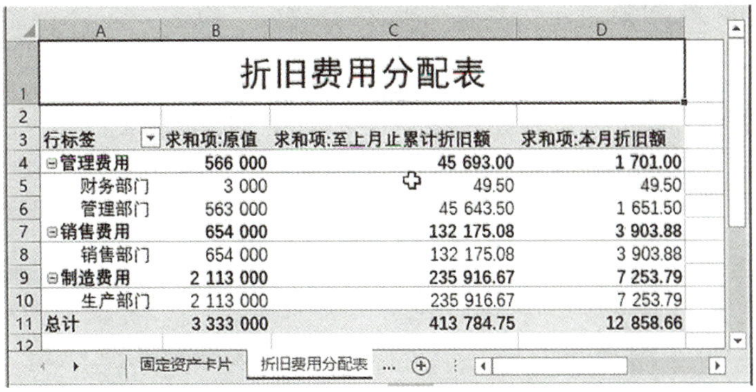

折旧费用分配表			
行标签	求和项:原值	求和项:至上月止累计折旧额	求和项:本月折旧额
⊟管理费用	566 000	45 693.00	1 701.00
财务部门	3 000	49.50	49.50
管理部门	563 000	45 643.50	1 651.50
⊟销售费用	654 000	132 175.08	3 903.88
销售部门	654 000	132 175.08	3 903.88
⊟制造费用	2 113 000	235 916.67	7 253.79
生产部门	2 113 000	235 916.67	7 253.79
总计	3 333 000	413 784.75	12 858.66

图 4-31　折旧费用分配表

【业务描述二】 按固定资产折旧费用类别进行分类汇总。根据本项目资料建立峰泉公司按固定资产折旧费用类别汇总所占百分比透视表。

操作步骤：

（1）前四个步骤的按折旧费用类别分析相同，即在添加行到标签时添加为“折旧费用类别”即可，单击“确定”按钮，将新建的空白数据透视表重命名为“折旧费用汇总所占百分比”。

（2）在“数据透视表字段列表”中将“至上月止累计折旧额”“本月折旧额”，依次添加到“值”。

（3）修改“求和项：本月折旧额”值字段设置，单击“值”下“求和项：本月折旧额”，在弹出的下拉菜单中单击“值字段设置（N）”，在值字段设置对话框中，选择“值显示方式”，在下拉框选择“列汇总的百分比”，如下图 4-32、图 4-33 所示。

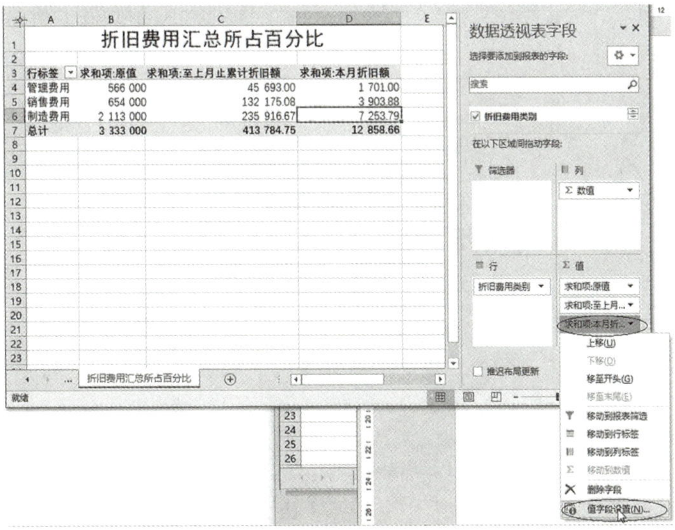

图 4-32　修改值字段

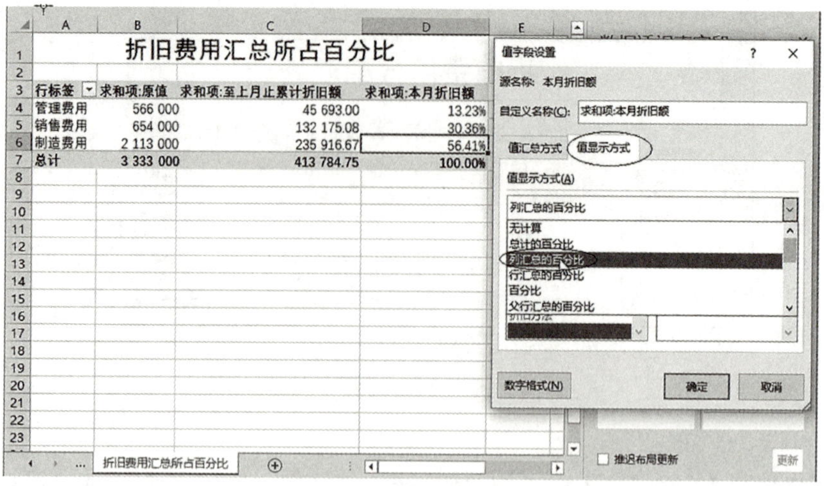

图 4–33　值字段设置

【业务描述三】按固定资产折旧费用类别进行分类汇总。根据本项目资料，对峰泉公司的固定资产折旧费用生成数据透视图。

操作步骤：

（1）在“插入”选项卡上单击“数据透视图”，如图 4–34 所示，弹出“创建数据透视图”对话框，如图 4–35 所示。

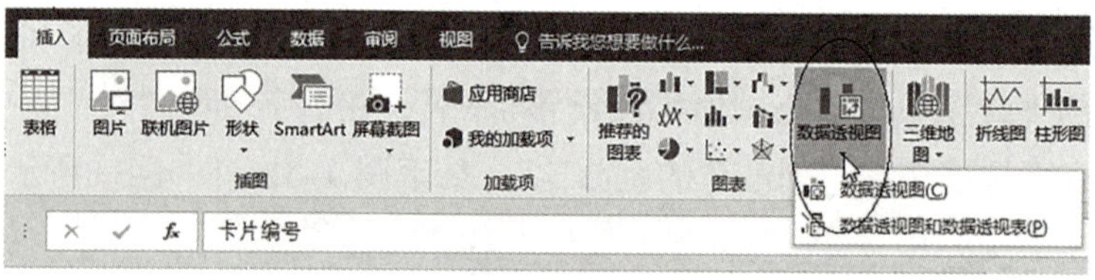

图 4–34　数据透视图

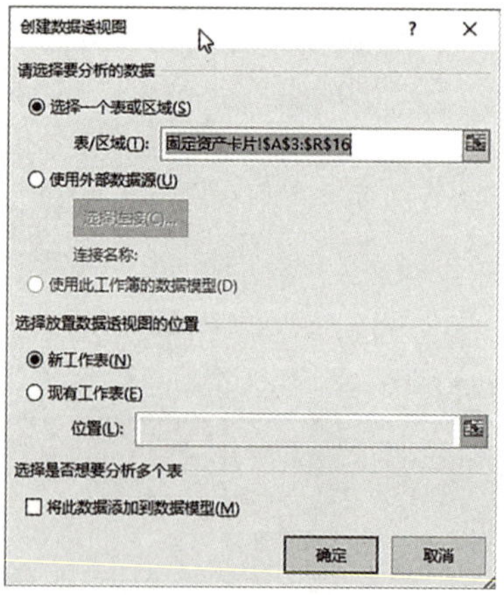

图 4–35　创建数据透视图

（2）单击选定区域右侧的，选择要建立数据透视表的数据区域。

（3）在“固定资产卡片”工作表中，选择区域 A3:R16 区域，放置数据透视的位置选择为“新工作表”。

（4）将新建的工作表重命名为“折旧费用透视图”。

（5）在“数据透视图字段列表”中将“折旧费用类别”添加到“轴（类别）”。

（6）在“数据透视图字段列表”中将“本月折旧额”添加到“值”。

（7）右击刚生成的透视图的图表部分，选择“更改图表类型（Y）”，在更改图表类型界面选择“饼图”如图 4-36、图 4-37 所示。

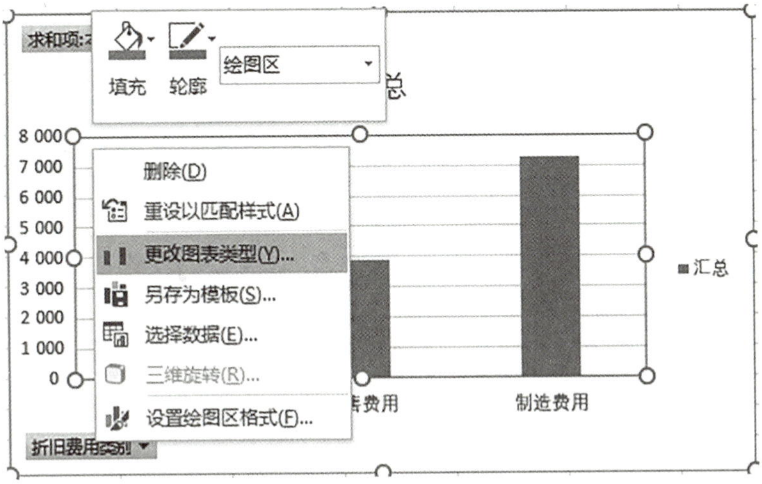

图 4-36　更改方图表类型

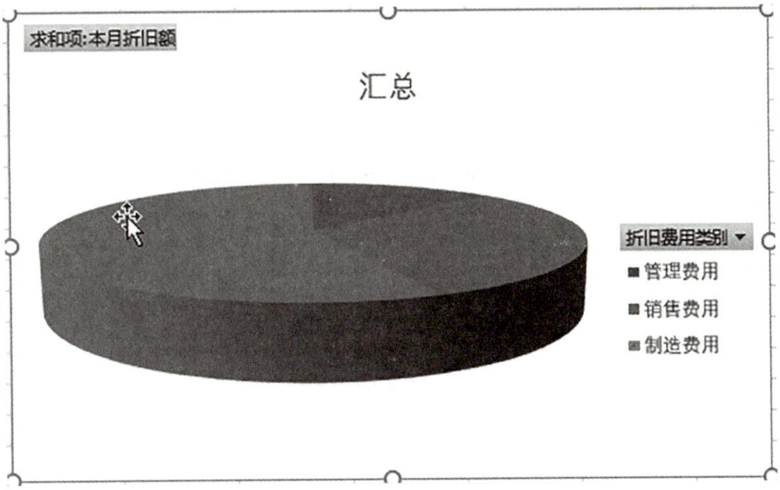

图 4-37　数据透视图

【业务描述四】 按部门进行固定资产汇总。根据本项目资料可知，本公司的固定资产使用有几个部门。现对峰泉公司的固定资产月折旧额按部门来进行汇总分析。

操作步骤：

（1）前两步骤和按折旧费用类别分析相同，即在添加到行标签时添加“使用部门”即可，在此不作赘述。生成空白的数据透视表，修改工作表为“按部门分类的折旧费用分配表”如图 4–38 所示。

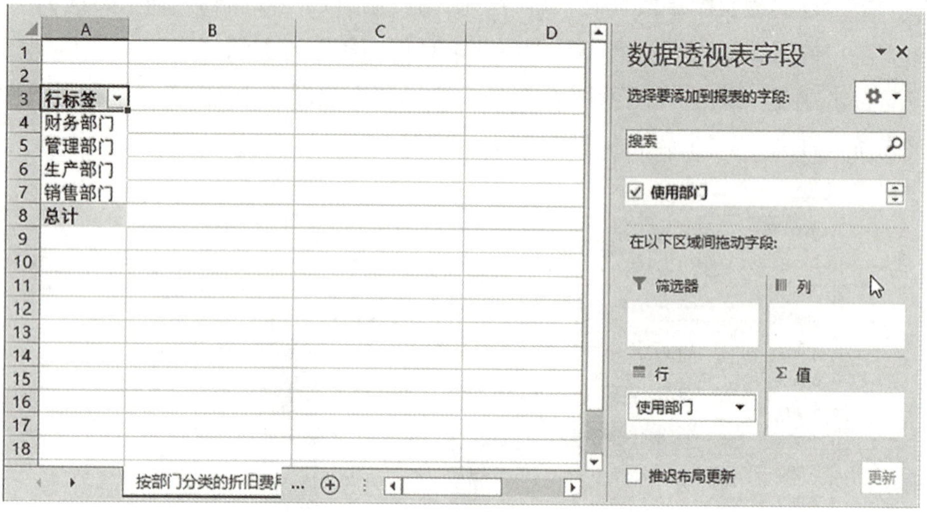

图 4–38　空白折旧费用分配表

（2）在“数据透视表字段列表”中将“原值”“至上月止累计折旧额”“本月折旧额”依次添加到“值”区域。

（3）在第一行输入表格标题“按使用部门分类的折旧费用分配表”，并设置文字格式，结果如图 4–39 所示。

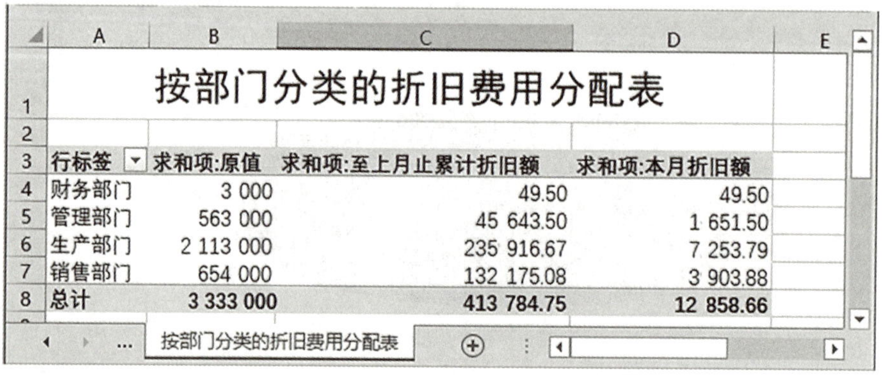

按部门分类的折旧费用分配表

行标签	求和项:原值	求和项:至上月止累计折旧额	求和项:本月折旧额
财务部门	3 000	49.50	49.50
管理部门	563 000	45 643.50	1 651.50
生产部门	2 113 000	235 916.67	7 253.79
销售部门	654 000	132 175.08	3 903.88
总计	3 333 000	413 784.75	12 858.66

图 4–39　按使用部门分类的折旧费用分配表

（4）按部门分类折旧费用汇总所占百分比透视表的方法与按折旧费用类别分类生成折旧费用汇总所占百分比透视表的方法相同。

（5）按部门生成数据透视图的方法与按折旧费用类别生成数据透视图的方法相同。

4.4.2　固定资产计提折旧费用生成记账凭证

【业务描述】 按照固定资产日常处理，固定资产每月折旧额应按不同的部门分别转入相应的费用科目，其中管理部门、财务部门的折旧费记入本期“管理费用”；生产部门的折旧费用记入本期“制造费用”；销售部门的折旧费用记入本期“销售费用”。因此我们必须进行固定资产折旧的分配处理，并生成相应的记账凭证。

操作步骤：

（1）选定“固定资产卡片”工作表，然后点击“插入”选项卡，单击“数据透视表”，弹出“创建数据透视表”对话框，并将放置位置选择为“新工作表”。

（2）选定 A3:R16 单元格区域，并将新建的数据透视表重命名为“折旧费用汇总表”。

（3）在“数据透视表字段列表”中将“折旧费用类别”，添加到“行”，在“数据透视表字段列表”中将“本月折旧额”添加到“值”。生成的折旧折旧费用汇总表见图 4–40 所示。

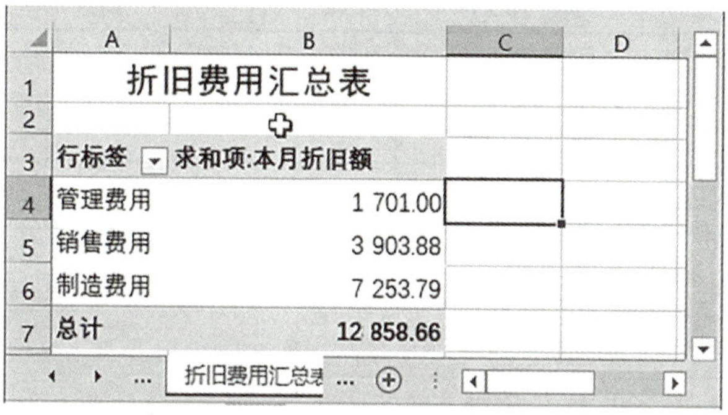

折旧费用汇总表	
行标签	求和项:本月折旧额
管理费用	1 701.00
销售费用	3 903.88
制造费用	7 253.79
总计	12 858.66

图 4–40　折旧费用汇总表

（4）每期计提的折旧费用应该记入相关费用科目中，生成记账凭证，其操作方法如下：

①新建工作表，命名为“记账凭证”，并设计记账凭证格式，如图 4–41 所示。

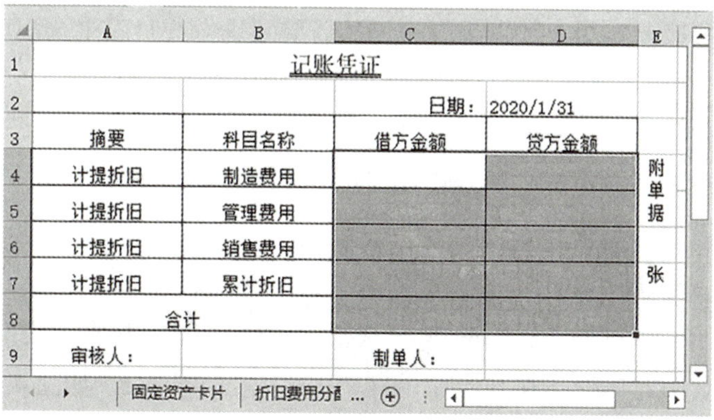

记账凭证

日期：2020/1/31

摘要	科目名称	借方金额	贷方金额
计提折旧	制造费用		
计提折旧	管理费用		
计提折旧	销售费用		
计提折旧	累计折旧		
合计			
审核人：		制单人：	

附单据　张

图 4–41　记账凭证格式的设置

②设计记账凭证各金额栏公式。选中 D2 单元格，输入函数“=today( )”；选中 C4 单元格，输入函数“=VLOOKUP(B4, 折旧费用汇总表 !$A$3:$B$7,2,0)”，然后把公式复制到 C5、C6 单元格；累计折旧贷方金额所在单元格为 D7，其公式为“=SUM(C4:C6)”；合计栏单元格 C8 和 D8 公式为“=SUM(C4:C7)”和“=SUM(D4:D7)”。设计好公式后，对本记账凭证各单元格进行保护。同时制单人、审核人也是通过程序自动产生的。

③设计好公式，折旧费用分配记账凭证结果如图 4–42 所示。

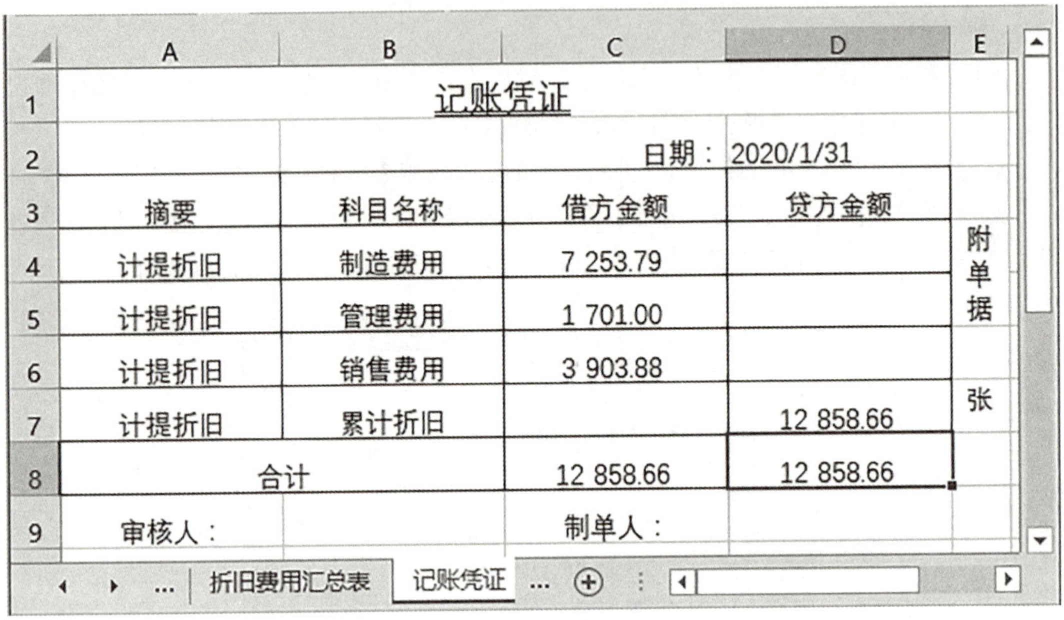

	A	B	C	D	E
1	记账凭证				
2			日期：	2020/1/31	
3	摘要	科目名称	借方金额	贷方金额	
4	计提折旧	制造费用	7 253.79		附单据
5	计提折旧	管理费用	1 701.00		
6	计提折旧	销售费用	3 903.88		
7	计提折旧	累计折旧		12 858.66	张
8	合计		12 858.66	12 858.66	
9	审核人：		制单人：		

图 4–42　生成记账凭证

4.4.3　固定资产的查询

【业务描述】 新增固定资产的查询是指给定某一个时间段，通过查询操作能够便捷、准确地找出在该时间段内企业新增固定资产的信息。例如，现在要查询 2017 年 1 月 1 日以前企业新增的固定资产。因为现在用于记录的工作表只记录了当前企业正在使用的固定资产的信息，所以要对历史数据进行查询，需要到备份资料库中查询。

操作步骤：

通过自动筛选和高级筛选两种方式查询新增的固定资产。

（1）通过“筛选”查询

①选择区域 A3:R16，单击菜单栏“数据”选项卡，选择“筛选”功能命令。

②单击“开始使用日期”后面的▼，选择“日期筛选”，选择“之前”，弹出在“自定义自动筛选方式”对话框，在开始作用日期中输入 2017–1–1，如图 4–43 所示。

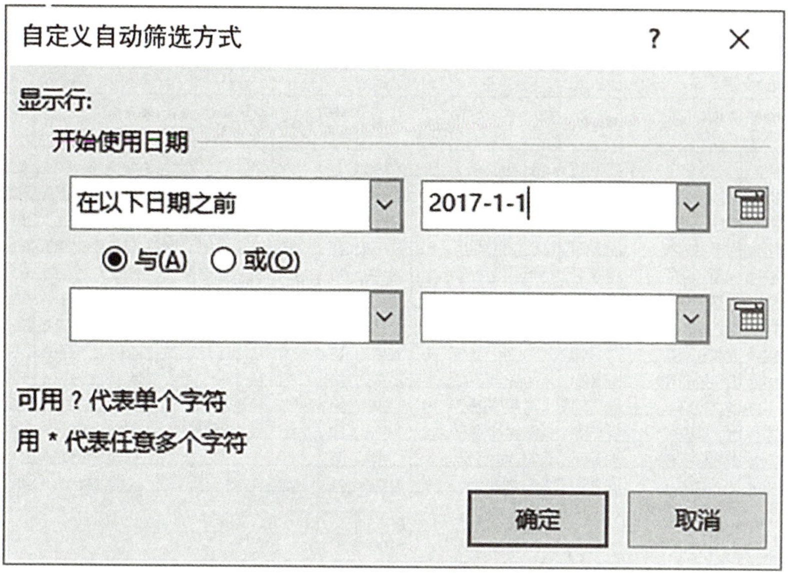

图 4–43　定义自动筛选方式

③单击“确定”按钮，显示开始使用日期为 2017 年 1 月 1 日以前的所有固定资产，如图 4–44 所示。

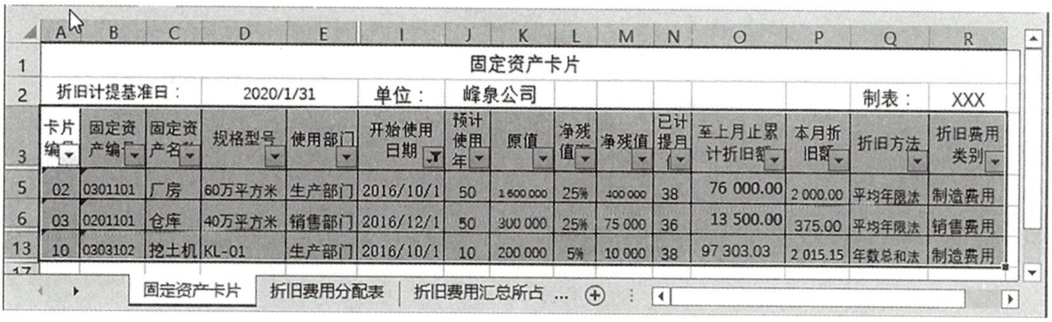

	A	B	C	D	E	I	J	K	L	M	N	O	P	Q	R
1	固定资产卡片														
2	折旧计提基准日：			2020/1/31		单位：	峰泉公司							制表：	XXX
3	卡片编	固定资产编	固定资产名	规格型号	使用部门	开始使用日期	预计使用年	原值	净残值	净残值	已计提月	至上月止累计折旧额	本月折旧额	折旧方法	折旧费用类别
5	02	0301101	厂房	60万平方米	生产部门	2016/10/1	50	1 600 000	25%	400 000	38	76 000.00	2 000.00	平均年限法	制造费用
6	03	0201101	仓库	40万平方米	销售部门	2016/12/1	50	300 000	25%	75 000	36	13 500.00	375.00	平均年限法	销售费用
13	10	0303102	挖土机	KL-01	生产部门	2016/10/1	10	200 000	5%	10 000	38	97 303.03	2 015.15	年数总和法	制造费用

图 4–44　显示自动筛选结果

④查询结束后，再单击“筛选”按钮，还原数据库。

（2）通过“高级筛选”查询

①在新工作表“条件设置”，建立“条件区域”，为“减少方式”为“报废”且“原值”>10000 元的固定资产。如图 4–45 所示。

②在“固定资产卡片”工作表中，点击“数据”选项卡，“高级”命令，弹出“高级筛选”对话框，分别在对话框的“列表区域”和“条件区域”文本框中输入相应的区域，如图 4–46、图 4–47 所示。

③单击“确定”按钮，得到筛选结果。图 4–48 所示。

④查询完毕后，查询结束后，再单击“筛选”按钮，就可以还原数据库。

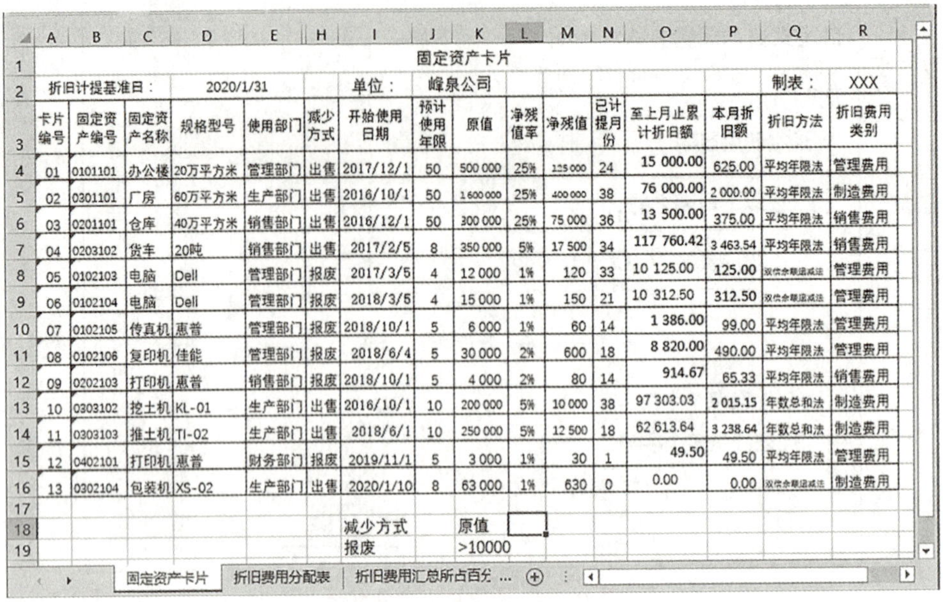

卡片编号	固定资产编号	固定资产名称	规格型号	使用部门	减少方式	开始使用日期	预计使用年限	原值	净残值率	净残值	已计提月份	至上月止累计折旧额	本月折旧额	折旧方法	折旧费用类别
01	0101101	办公楼	20万平方米	管理部门	出售	2017/12/1	50	500 000	25%	125 000	24	15 000.00	625.00	平均年限法	管理费用
02	0301101	厂房	60万平方米	生产部门	出售	2016/10/1	50	1 600 000	25%	400 000	38	76 000.00	2 000.00	平均年限法	制造费用
03	0201101	仓库	40万平方米	销售部门	出售	2016/12/1	50	300 000	25%	75 000	36	13 500.00	375.00	平均年限法	销售费用
04	0203102	货车	20吨	销售部门	出售	2017/2/5	8	350 000	5%	17 500	34	117 760.42	3 463.54	平均年限法	销售费用
05	0102103	电脑	Dell	管理部门	报废	2017/3/5	4	12 000	1%	120	33	10 125.00	125.00	双倍余额递减法	管理费用
06	0102104	电脑	Dell	管理部门	报废	2018/3/5	4	15 000	1%	150	21	10 312.50	312.50	双倍余额递减法	管理费用
07	0102105	传真机	惠普	管理部门	报废	2018/10/1	5	6 000	1%	60	14	1 386.00	99.00	平均年限法	管理费用
08	0102106	复印机	佳能	管理部门	报废	2018/6/4	5	30 000	2%	600	18	8 820.00	490.00	平均年限法	管理费用
09	0202103	打印机	惠普	销售部门	报废	2018/10/1	5	4 000	2%	80	14	914.67	65.33	平均年限法	销售费用
10	0303102	挖土机	KL-01	生产部门	出售	2016/10/1	10	200 000	5%	10 000	38	97 303.03	2 015.15	年数总和法	制造费用
11	0303103	推土机	TI-02	生产部门	出售	2018/6/1	10	250 000	5%	12 500	18	62 613.64	3 238.64	年数总和法	制造费用
12	0402101	打印机	惠普	财务部门	报废	2019/11/1	5	3 000	1%	30	1	49.50	49.50	平均年限法	管理费用
13	0302104	包装机	XS-02	生产部门	出售	2020/1/10	8	63 000	1%	630	0	0.00	0.00	双倍余额递减法	制造费用

图 4-45　设置条件区域

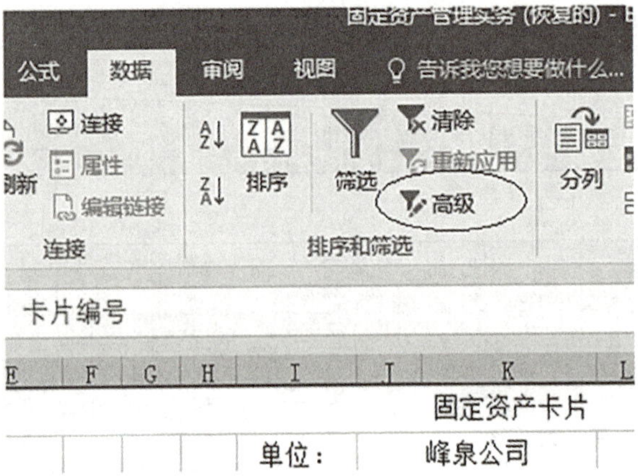

图 4-46　高级筛选

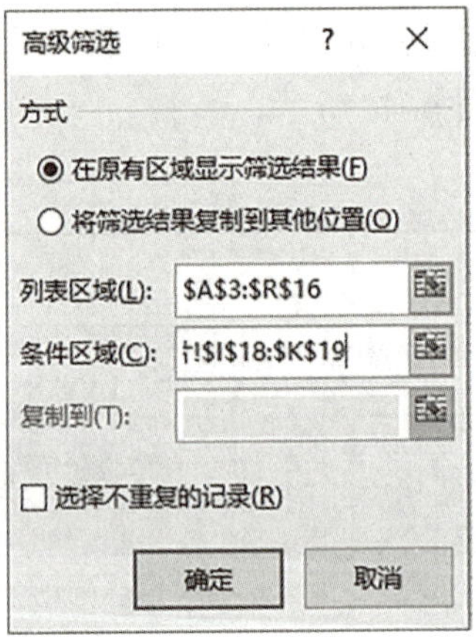

图 4-47　高级筛选设置

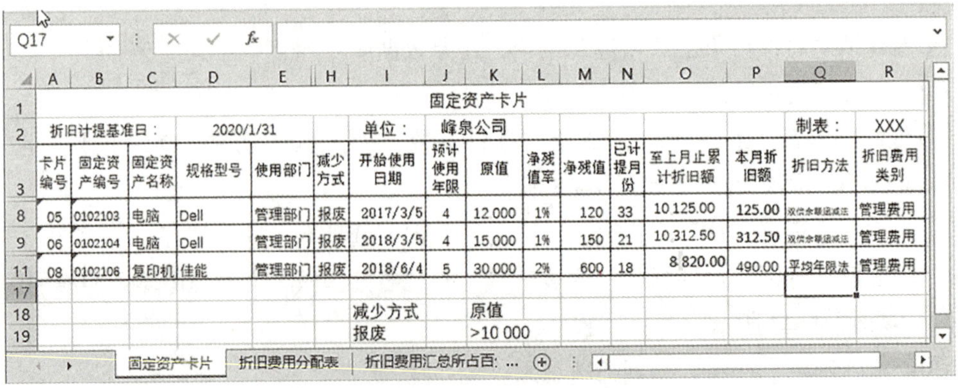

卡片编号	固定资产编号	固定资产名称	规格型号	使用部门	减少方式	开始使用日期	预计使用年限	原值	净残值率	净残值	已计提月份	至上月止累计折旧额	本月折旧额	折旧方法	折旧费用类别
05	0102103	电脑	Dell	管理部门	报废	2017/3/5	4	12 000	1%	120	33	10 125.00	125.00	双倍余额递减法	管理费用
06	0102104	电脑	Dell	管理部门	报废	2018/3/5	4	15 000	1%	150	21	10 312.50	312.50	双倍余额递减法	管理费用
08	0102106	复印机	佳能	管理部门	报废	2018/6/4	5	30 000	2%	600	18	8 820.00	490.00	平均年限法	管理费用

图 4-48　筛选结果

项目小结

本项目讲述了利用 Excel 进行固定资产的核算和管理，如利用 Excel 制作固定资产卡片，固定资产增减变动，固定资产折旧的计提与分配，固定资产查询等内容。通过学习，能掌握 Excel 数据验证的使用、有关函数的应用、筛选功能，以及制作数据透视表及数据透视图的基本操作方法，并在学习过程中提高独立解决问题的能力和创新意识。

【职业能力训练】

1. 简述固定资产折旧方法及相对应的函数公式。
2. 简述利用 Excel 建立固定资产折旧分配表步骤。

【技能强化训练】

实训目标：根据衡阳仁科公司的固定资产信息建立固定资产卡片清单，完成本月固定资产日常经济业务，生成按部门汇总的本月固定资产折旧，再根据按部门汇总的本月固定资产折旧表生成记账凭证，进行各项费用的汇总。

实训资料：衡阳仁科公司从 2020 年 1 月 1 日起实行会计电算化。账套号 001，账套主管：陈明，操作员：王晶。按平均年限法（一）计提折旧，折旧分配周期为 1 个月，固定资产类别编码方式为 2112，采用自动编码方式："类别编码 + 部门编码 + 序号"，卡片序号长度为：与账务系统进行对账：固定资产对账科目为（1601）固定资产，累计折旧对账科目为（1602）累计折旧，在对账不平的情况下允许固定资产月末结账。业务发生后立即制单，月末结账前一定要完成制单登账业务，固定资产缺省入账科目：(1601) 固定资产，累计折旧缺省入账科目：(1602) 累计折旧。

要求：

（1）建立衡阳仁科公司固定资产信息表（见表 4-1~ 表 4-4）

表 4-1　资产类别一览表

编码	类别名称	单位	净残值率	折旧方法	卡片样式	计提属性
01	交通运输设备		4%	平均年限法（一）	常用样式	正常计提
011	经营用设备	台	4%	平均年限法（一）	常用样式	正常计提
012	非经营用设备	台	4%	平均年限法（一）	常用样式	正常计提
02	电子设备		4%	平均年限法（一）	常用样式	正常计提
021	经营用设备	台	4%	平均年限法（一）	常用样式	正常计提
022	非经营用设备	台	4%	平均年限法（一）	常用样式	正常计提

表 4-2　部门对应折旧科目设置

部门名称	折旧对应科目
综合部	管理费用
销售部	销售费用
开发部	制造费用

表 4-3　增减方式设置

增加方式	对应入账科目	减少方式	对应入账科目
直接购入	银行存款	出售	固定资产清理
投资者投入	实收资本	盘亏	待处理财产损溢
捐赠	资本公积	投资转出	长期股权投资
盘盈	待处理财产损溢	捐赠转出	固定资产清理
在建工程转入	在建工程	报废	固定资产清理
融资租入	长期应付款	毁损	固定资产清理
		丢失	营业外支出

表 4-4　原始卡片一览表

名称	类别	所在部门	增加方式	可用年限	开始使用时间	原值	已计提累计折旧	本月折旧额	对应科目
轿车	11	总经理办公室	直接购入	6	2018/11/1	215 470	40 220.07		管理费用
笔记本电脑	21	总经理办公室	直接购入	5	2018/10/2	28 900	6 935.00		管理费用
传真机	21	总经理办公室	直接购入	5	2019/11/1	3 510	111.32		管理费用
微机 1	21	开发部	直接购入	5	2019/11/1	6 490	206.68		制造费用
微机 2	21	开发部	直接购入	5	2019/9/1	6 490	414.36		制造费用

（2）固定资产管理日常业务处理

任务描述：2020 年 1 月衡阳仁科公司发生以下经济业务：

①2020 年 1 月 10 日销售部购入经营用汽车一辆投入使用，价值 100 000 元，以银行存款支付，净残值率 4%，采用年数总和法计提折旧，预计使用 5 年。

②1 月 29 日，总经理办公室的传真机被毁损。

③1 月 30 日，计提本月折旧并生成本月的记账凭证。

④利用数据透视表生成按部门汇总的本月累计折旧表。

⑤根据按部门汇总的本月累计折旧表生成记账凭证，进行各项费用的汇总。

【学习评价】

职业核心能力测评表

（在□中打√，A 通过，B 基本通过，C 未通过）

职业核心能力	评估标准	自测结果
自我学习	1. 能进行时间管理	□A □B □C
	2. 能选择适合自己的学习和工作方式	□A □B □C
	3. 能随时修订计划并进行意外处理	□A □B □C
	4. 能将已经学到的东西用于新的工作任务	□A □B □C
信息处理	1. 能根据不同需要去搜寻、获取并选择信息	□A □B □C
	2. 能筛选信息，并进行信息分类	□A □B □C
	3. 能使用多媒体等手段来展示信息	□A □B □C
数字应用	1. 能从不同信息源获取相关信息	□A □B □C
	2. 能依据所给的数据信息，做简单计算	□A □B □C
	3. 能用适当方法展示数据信息和计算结果	□A □B □C
与人交流	1. 能把握交流的主题、时机和方式	□A □B □C
	2. 能理解对方谈话的内容，准确表达自己的观点	□A □B □C
	3. 能获取信息并反馈信息	□A □B □C
与人合作	1. 能挖掘合作资源，明确自己在合作中能够起到的作用	□A □B □C
	2. 能同合作者进行有效沟通，理解个性差异及文化差异	□A □B □C
解决问题	1. 能说明何时出现问题并指出其主要特征	□A □B □C
	2. 能做出解决问题的计划并组织实施计划	□A □B □C
	3. 能对解决问题的方法适时做出总结和修改	□A □B □C
革新创新	1. 能发现事物的不足并提出新的需要	□A □B □C
	2. 能创新性地提出改进事物的意见和具体方法	□A □B □C
	3. 能从多种方案中选择最佳方案，在现有条件下实施	□A □B □C
学生签字：	教师签字：	20 年 月 日

专业能力测评表

评价内容	权重	考核点	考核得分		
			小组评价	教师评价	综合得分
职业素养（20分）	10	财务工作方案卷面保持整洁，摆放整齐。			
	10	任务完成后，整齐摆放操作工具及凳子，保持工作台面整洁。			
作品（80分）	80	完成规定的财务工作方案和电算化环境设置方案。数据完整、正确，每处错误扣2分。资料未整理扣5分。			
组长签字：		教师签字：	20 年 月 日		

项目 5

往来管理岗位

【职业能力及成果目标】

1. 专业能力

企业的性质不同相同，往来账款的处理方法也各具特色。本项目主要是掌握建立往来账款系统的工作簿，创建完成各种基本表页；编制完成应收账款项和应付款项表；对应收、应付账款进行账龄分析；建立有关图表、图形进行分析。

2. 职业素养能力

通过完成本项目学习，使学生在往来会计岗位能够利用 Excel 进行往来账款的管理，并在真实的【引例与分析】下掌握有关函数的应用、不同一类型图表的制用和编辑。

3. 成果目标

（1）具备建立应收款项账表的能力

（2）具备计提坏账准备的能力

（3）具备建立应付款项账表的能力

（4）具备对应付账款进行账龄分析的能力

【主要概念】

应收款项、应付款项、账龄分析、坏账计提

【岗课证赛融合】

本章为业财税融合 1+ X 证书《Excel 财务应用》之 Excel 在财务中的应用日常业务处理技能点。

任务 5.1　应收款项的核算

课程思政

广州浪奇应收坏账准备计提的背后原因

2020 年广州浪奇同时披露的三季报显示，前三季度，公司实现营收 53.42 亿元，同比下滑 47.81%；净利润亏损 11.70 亿元，较上年同期由盈转亏。其中，第三季度亏损 10.55 亿元。半个月前，广州浪奇预计，公司前三季度亏损额在 8 亿元至 10 亿元。其中，三季度亏损 6.85 亿元至 8.85 亿元。短短半个月时间，广州浪奇的实际亏损额从预期最高 10 亿元，直接飙升至 11.70 亿元。亏损大举超出预期源自坏账计提。广州浪奇披露，今年三季度计提各项资产减值准备高达 12.09 亿元，并计入当期损益。据广州浪奇最新披露，截至 2020 年 9 月 30 日，公司贸易业务应收账款账面余额为 30.66 亿元，逾期金额为 26.35 亿元，贸易业务预付账款账面余额为 16.42 亿元，账龄超过 90 天的金额为 9.61 亿元。

通过案例介绍，让同学们思考广州浪奇丢失的存货和大额计提坏账准备的背后原因，进而引导学生发现广州浪奇财务造假的目的。讲授课程内容应收账款的后续计量，企业随意大额计提坏账准备和跌价准备不仅违反法律准则而且误导报表使用者，引导学生要正确运用审慎性原则，合理合法计提坏账准备和减值损失。企业通过多计提减值损失进而影响所得税的减少，达到偷税漏税目的，教导学生做诚信守法依法纳税的合格公民。教导学生坏账准备的计提应依法依规并根据实际情况合理计提，培养遵纪守法、诚信、谨慎得当的职业品质。

引例与分析

湖南峰泉饮品有限公司为生产型企业，设有生产、包装两个车间。生产车间的主要工艺流程是将松子进行胶磨后制成松子汁，将调配好的乳化剂溶液和稳定剂溶液加到松子汁中进行乳化处理，经胶磨、加热至沸，加糖调配、均质、保温、装罐、封口、杀菌等一系列步骤，最后制得成品。包装车间将听装的松子汁，装箱打包后送成品仓库。该公司只生产峰泉牌松子汁一种产品。

分析：应收账款是企业因销售销售商品、产品或提供劳务等原因，应向购货客户或接受劳务的客户收取的款项或代垫的运杂费等。在市场经济下对企业应收账款的管理是至关重要的，它关系到企业能否及时收回资金，能否有效地使用资金，加强对应收账款的管理已成为企业财务管理的一个重要的课题，应收账款也是企业一项重要的资产项目。

首先建立一个“应收账款管理”的工作簿，在此工作簿中建立“客户信息表”“应收款项表”“应收票据表”“应收款账龄分析表”“坏账准备计提表”等工作表。从而完成应收款管理的全部工作。本子情境完成应收款项、客户往来、坏账计提等。

5.1.1 客户信息表的建立

2019 年 12 月 31 日发生业务往来的客户信息如表 5–1 所示。

表 5–1 客户信息表

客户编码	客户名称	税号	开户银行	银行账号	借或贷	期初余额
001	湖南江一食品有限公司	430413873405678	中国银行	50813507316275	借	100 000
002	湖南天湘食品有限公司	430413873405789	工商银行	50813507343456	借	120 000
003	湖南新太食品有限公司	430413873405456	农业银行	50813507333478	借	80 000
004	湖南科源食品有限公司	430413873405345	中国银行	50813507327890	借	50 000
005	湖南金源食品有限公司	430413873405123	中国银行	50813507349807	贷	20 000

【业务描述】 建立客户信息表。

操作步骤：

（1）启动 Excel 新建一个“项目 5 往来管理岗位”的工作簿，并将 sheet1 表重命名为“客户信息表”，根据表 5–1 中内容输入相应的内容，如图 5–1 所示。

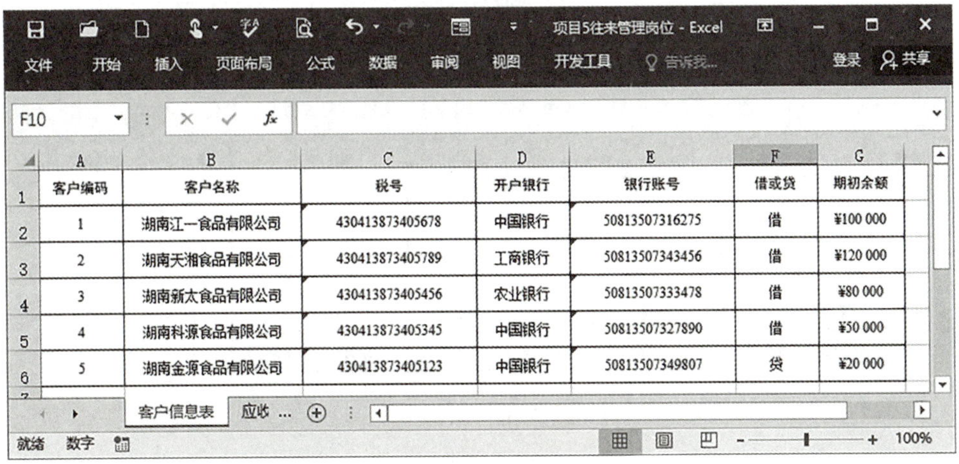

图 5–1 创建客户信息表

（2）选择 G 列，单击“开始”|“单元格”|“格式”或者右击快捷菜单，选择“设置单元格格式”命令，将余额设置成货币格式。

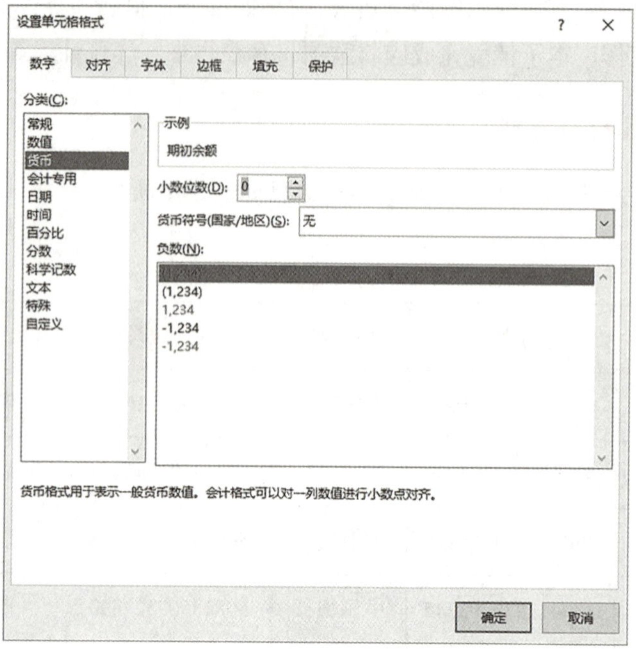

图 5-2　设置单元格格式

（3）单击“公式”|“定义的名称”|“定义名称”，弹出“新建名称”对话框，在“新建名称”中输入“客户信息表”，在引用位置中输入客户信息表全范围，单击“确定”按钮，如图 5-4 所示。

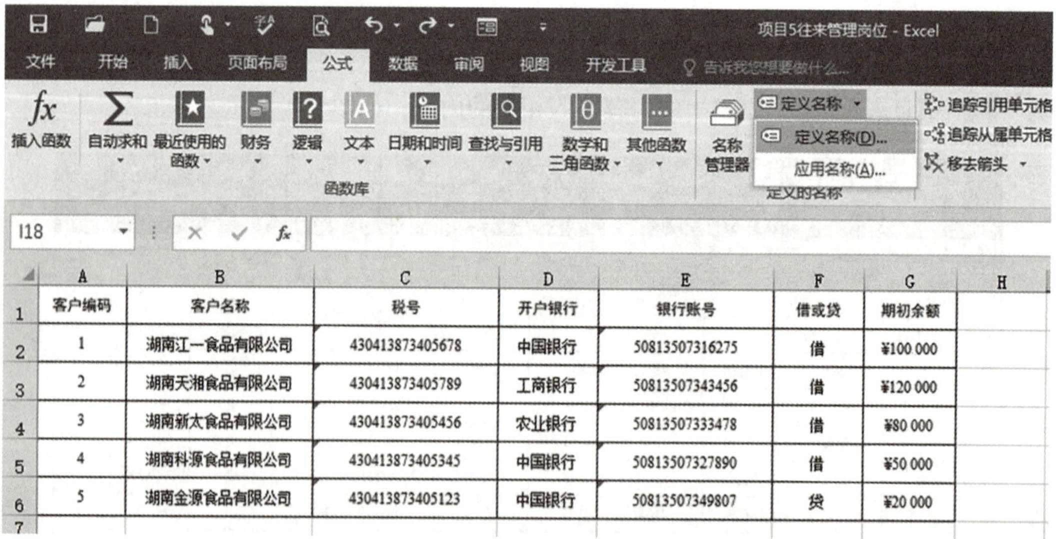

图 5-3　定义名称

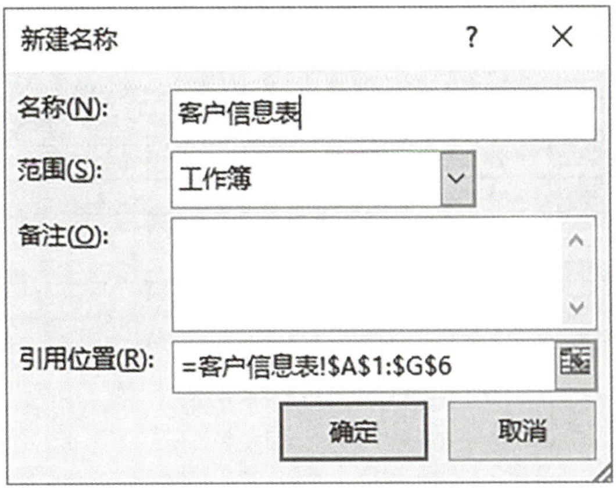

图 5-4 定义客户信息表名称

注意:（1）应避免在一个工作表中建立多个数据模型，这是因为数据的某些处理功能一次只能在同一个工作表中的一个数据模型中使用。

（2）应避免在数据模型中有空白行（列），有利于 Excel 检测和选定数据。

（3）在单元格不要插入多余的空格，以免影响排序和查找。

5.1.2 建立应收款项表

客户应收账款信息如表 5-2 所示。

表 5-2 客户应收账款信息表

客户编码	客户名称	借或贷	期初余额	发票号码	开票日期	收款期限
001	湖南江一食品有限公司	借	100 000	A3012	2019-11-3	120
002	湖南天湘食品有限公司	借	120 000	D3476	2019-12-3	90
003	湖南新太食品有限公司	借	80 000	C7689	2019-10-20	120
004	湖南科源食品有限公司	借	50 000	L8909	2019-12-20	60
005	湖南金源食品有限公司	贷	20 000	H4567	2019-8-10	120

【**业务描述**】建立应收款项表。

操作步骤:

（1）在“项目 5 往来管理岗位”工作簿中，双击 Sheet 2 表，将其重命名“应收款项表”，输入表 5-2 的内容。并增加今日日期、是否到期、未到期、0~60 天、61~120 天、

121~365 天、366~730 天栏目，如图 5-5 所示。

客户编码	客户名称	借或贷	期初余额	发票号码	开票日期	收款期限	到期日	今日日期	是否到期	末到期	0~60天	61~120天	121~365天	366~730天
1	湖南江一食品有限公司	借	100 000	A3012	2019/11/3	120								
2	湖南天湘食品有限公司	借	120 000	D3476	2019/12/3	90								
3	湖南新太食品有限公司	借	80 000	C7689	2019/10/20	120								
4	湖南科源食品有限公司	借	50 000	L8909	2019/12/20	60								
5	湖南金源食品有限公司	贷	20 000	H4567	2019/8/10	120								
6	湖南天湘食品有限公司	借	211 988	B5689	2020/1/29	120								

图 5-5　应收款项表

（2）单击 H2 单元格，输入“=F2+G2”（到期日 = 开票日期 + 收款期限），键入回车键，系统自动显示到期日期。拖动填充柄，输入所有客户应收款项的到期日期，如图 5-6 所示。

H2　=F2+G2

借或贷	期初余额	发票号码	开票日期	收款期限	到期日
借	100 000	A3012	2019/11/3	120	2020/3/2
借	120 000	D3476	2019/12/3	90	2020/3/2
借	80 000	C7689	2019/10/20	120	2020/2/17
借	50 000	L8909	2019/12/20	60	2020/2/18
贷	20 000	H4567	2019/8/10	120	2019/12/8

图 5-6　应收款到期日输入

（3）在 I2 单元格输入函数 TODAY 自动显示当天日期。

I2　=TODAY()

借或贷	期初余额	发票号码	开票日期	收款期限	到期日	今日日期
借	100 000	A3012	2019/11/3	120	2020/3/2	2020/1/31
借	120 000	D3476	2019/12/3	90	2020/3/2	2020/1/31
借	80 000	C7689	2019/10/20	120	2020/2/17	2020/1/31
借	50 000	L8909	2019/12/20	60	2020/2/18	2020/1/31
贷	20 000	H4567	2019/8/10	120	2019/12/8	2020/1/31

图 5-7　设置当天日期

（4）当前日期是 2020 年 1 月 31 日，判断应收账款是否到期。

①将光标置于 J2 单元格，输入公式“=IF(H2<I2,“是”，“否”)”，按回车键后显示应收款项是否到期。

②使用自动填充功能填充 J 列，判断各个客户的应收款项是否到期。如图 5-8 所示。

J2　=IF(H2<I2,"是","否")

	C	D	E	F	G	H	I	J
1	借或贷	期初余额	发票号码	开票日期	收款期限	到期日	今日日期	是否到期
2	借	100 000	A3012	2019/11/3	120	2020/3/2	2020/1/31	否
3	借	120 000	D3476	2019/12/3	90	2020/3/2	2020/1/31	否

图 5-8　判断应收款项是否到期

（5）2020 年 1 月 29 日销售给湖南天湘食品公司产品一批，增值税专用发票列明峰泉松子汁 2 800 件，单价 67 元 / 件，售价 187 600 元，增值税税额 24 388 元，价税合计 211 988 元，发票号码为 B5689，款项尚未收到，收到期限 120 天。

①选择“新建选项卡”|“记录单”，单击“新建”按钮弹出一个新的空白记录单，如图 5-9 所示。

②在空白记录单中输入新增加的销售业务信息，输入完毕后，单击“关闭”系统自动添加新的销售业务。

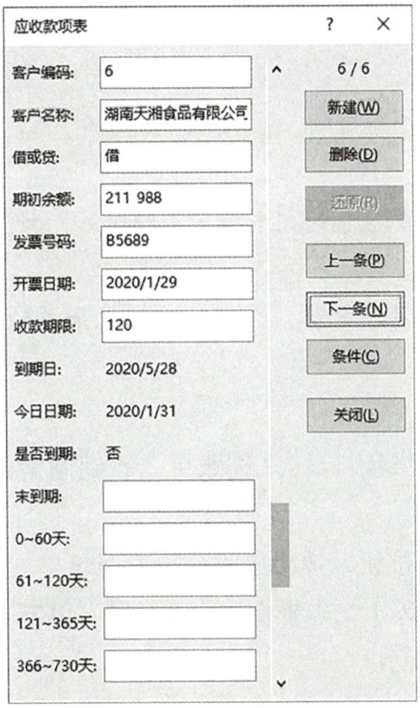

图 5-9　输入新增加信息

知识连接

Excel 2016 没有把记录单放在常用功能里，需通过 Excel 选项中自定义功能区添加该功能。单击“文件 / 选项”（见图 5-10），在 Excel 选项对话框里，选择“自定义功能区”|“不在功能区中的命令”|“记录单”，新建选项卡后，单击“添加”并“确定”。

图 5-10　选项

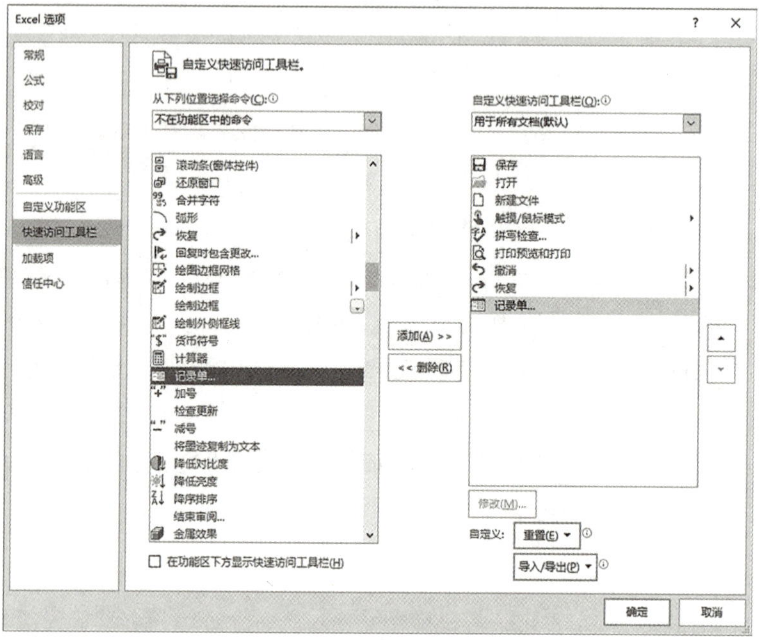

图 5-11　添加“记录单”功能

（1）可把光标移至所需要信息的文本框中直接输入。按 TAB 键光标会自动移到下一个文本框中。

（2）如果工作表中有合并单元格，则不能采用记录单的方式添加数据，只能插入行进行添加了。

（6）2020 年 1 月 4 日收到银行转来进账单，收到湖南江一食品有限公司前欠货款 50 000 元，发票号码 A3012。

①点击“记录单”工具按钮，弹出应收款项表记录单对话框，然后单击“条件”弹出空白对话框，在［发票号码］文本框中输入 A3012，单击“下一条”，显示出要查询的应收款项信息，如图 5-12 所示。

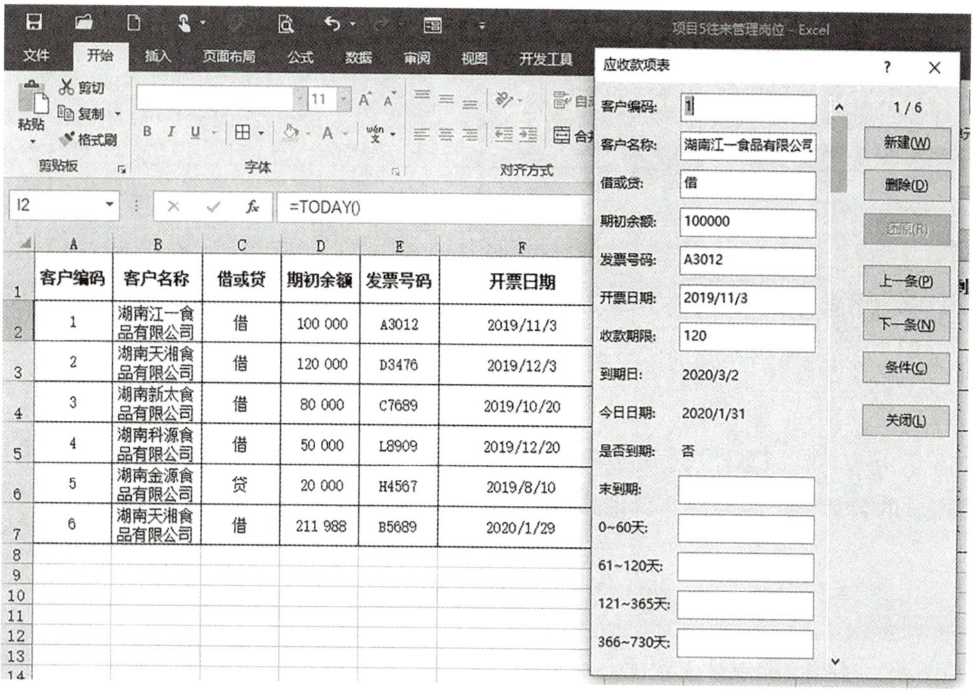

图 5-12　查询结果

②单击“删除”按钮弹出对话框，提示“显示的记录将被删除”，单击“确定”，则删除相关记录。

（7）应收款项账龄设置。

①选择“应收款项表”，单击 K2 单元格，在公式编辑栏中输入“=IF(J2= “否”，D2，“”)。单击 L2 单元格，在公式编辑栏中输入“IF(AND(I2-H2>0,I2-H2<=60),D2,"—")”。单击 M2 单元格，在公式编辑栏中输入“IF(AND(I2-H2>61,I2-H2<=120),D2,"—")”。单击 N2 单元格，在公式编辑栏中输入“IF(AND(I2-H2>121,I2-H2<=365)，D2,"—")”。单击 O2 单元格，在公式编辑栏中输入“IF(AND(I2-H2>366,I2-H2<=730)，D2,"—")”。

K2　=IF(J2="否",D2,"")

客户编码	客户名称	借或贷	期初余额	发票号码	开票日期	收款期限	到期日	今日日期	是否到期	末到期
2	湖南天湘食品有限公司	借	120 000	D3476	2019/12/3	90	2020/3/2	2020/1/31	否	120 000
3	湖南新太食品有限公司	借	80 000	C7689	2019/10/20	120	2020/2/17	2020/1/31	否	80 000
4	湖南科源食品有限公司	借	50 000	L8909	2019/12/20	60	2020/2/18	2020/1/31	否	50 000
5	湖南金源食品有限公司	贷	20 000	H4567	2019/8/10	120	2019/12/8	2020/1/31	是	
6	湖南天湘食品有限公司	借	211 988	B5689	2020/1/29	120	2020/5/28	2020/1/31	否	211 988

图 5-13　设置末到期金额公式

②利用填充柄将其他应收账款进行账龄分析。

O2 =IF(AND(I2-H2>366,I2-H2<=730),D2,"—")

	B	C	D	E	F	G	H	I	J	K	L	M	N	O
1	客户名称	借或贷	期初余额	发票号码	开票日期	收款期限	到期日	今日日期	是否到期	末到期	0~60天	61~120天	121~365天	366~730天
2	湖南天湘食品有限公司	借	120 000	D3476	2019/12/3	90	2020/3/2	2020/1/31	否	120 000	—	—	—	—
3	湖南新太食品有限公司	借	80 000	C7689	2019/10/20	120	2020/2/17	2020/1/31	否	80 000	—	—	—	—
4	湖南科源食品有限公司	借	50 000	L8909	2019/12/20	60	2020/2/18	2020/1/31	否	50 000	—	—	—	—
5	湖南金源食品有限公司	贷	20 000	H4567	2019/8/10	120	2019/12/8	2020/1/31	是		20 000	—	—	—
6	湖南天湘食品有限公司	借	211 988	B5689	2020/1/29	120	2020/5/28	2020/1/31	否	211 988	—	—	—	—

图 5-14　设置各期账龄

③单击 K7 单元格，在公式编辑栏中输入公式“=SUM(K2:K6)”后回车，显示未到期应收账款的合计数。同理计算其他账龄合计数。如图 5-15 所示。

K7 =SUM(K2:K6)

	B	C	D	E	F	G	H	I	J	K
1	客户名称	借或贷	期初余额	发票号码	开票日期	收款期限	到期日	今日日期	是否到期	末到期
2	湖南天湘食品有限公司	借	120 000	D3476	2019/12/3	90	2020/3/2	2020/1/31	否	120 000
3	湖南新太食品有限公司	借	80 000	C7689	2019/10/20	120	2020/2/17	2020/1/31	否	80 000
4	湖南科源食品有限公司	借	50 000	L8909	2019/12/20	60	2020/2/18	2020/1/31	否	50 000
5	湖南金源食品有限公司	贷	20 000	H4567	2019/8/10	120	2019/12/8	2020/1/31	是	
6	湖南天湘食品有限公司	借	211 988	B5689	2020/1/29	120	2020/5/28	2020/1/31	否	211 988
7										461 988

图 5-15　未到期应收账款的合计数

知识连接

应收账款账龄分析是依据企业每一笔应收账款的账龄划分账龄组来进行的，财务人员需要依据对应收账款账龄的分析提取坏账准备，以便真实地反映企业实际的资金流动情况，对金额较大或逾期过长的款项进行重点催收。

IF 函数的含义是若干满足判断条件，则返回值为第一个选项，否则其返回值为第二个选项。

（8）湖南峰泉饮品有限公司 2020 年 1 月 31 日对本月应收账款按开票日期进行排序。

知识库：在实际工作中，财务人员考虑到原始数据输入的方便性，一般情况下会以流水账的形式输入，产生的数据会比较杂乱，可利用 Excel 对数据进行排序，按一定的顺序进行排列。

①选择“应收款项表”工作表数据区域的任意一个单元格，单击“数据”|“排序”，系统弹出“排序”对话框，在“主要关键字”输入“开票日期”，次要关键字输入“客户名称”，第三关键字输入“期初余额”，如图 5-16 所示。

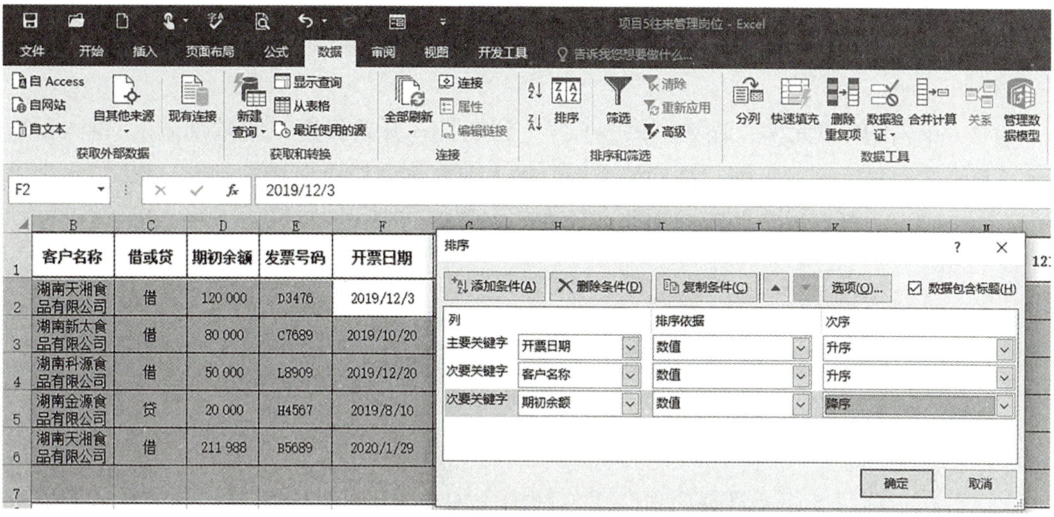

图 5-16　按“开票日期”进行排序

②单击“确定”即可。

知识连接

排序结果先按主要关键字“开票日期”进行升序排列，如果多条记录的“开票日期”相同，那么按次要关键字“客户名称”进行升序排列，如果多条记录主要关键字和次要关键字都相同，则再按第三关键字“期初余额”降序排列。

5.1.3　应收票据表的建立

【业务描述】 据湖南峰泉饮品有限公司 2020 年 1 月 31 日有关应收票据，建立应收票据表。

表 5-3　应收票据一览表

客户编码	客户名称	借或贷	期初余额	发票号码	开票日期	收款期限
001	湖南江一食品有限公司	借	200 000	A4690	2019-12-3	90
002	湖南天湘食品有限公司	借	220 000	D1390	2019-11-20	90

操作步骤：

（1）在“项目 5 往来管理岗位”工作簿中，新建张工作表并将其重命名“应收票据表”，输入表 5-3 的内容。并增加若干栏目，如图 5-17 所示。

H2 =F2+G2

客户编码	客户名称	借或贷	应收票据金额	发票号码	开票日期	收款期限	到期日	今日日期	是否到期	未到期	0~60天	61~120天	121~365天	366~730天
1	湖南江一食品有限公司	借	200 000	A4690	2019/12/3	90	2020/3/2							
2	湖南天湘食品有限公司	借	220 000	D1390	2019/11/20	90	2020/2/18							

图 5–17　创建应收票据表

（2）单击 H2 单元格，输入“=F2+G2”（到期日 = 开票日期 + 收款期限），键入回车键，系统自动显示到期日期。拖动填充柄，输入所有客户应收票据的到期日期。

知识库：应收票据到期收回和新增加新的应收票据同应收账款。

5.1.4　创建应收款项账龄分析表

【业务描述】 创建应收款项账龄分析表

操作步骤：

（1）在“项目 5 往来管理岗位”工作簿中添加一个工作表并重命名为“应收款账龄分析表”，输入相关信息，如图 5–18 所示。

应收账款账龄分析表		
	2020/1/31	
账龄	应收金额	百分比（%）
合计		

图 5–18　应收款账龄分析表

（2）选择“应收款项表”工作表中 K1:O1 的区域，单击复制，然后移至“应收款账龄分析表”工作表中 A4 单元格，右击鼠标，选择“选择性粘贴”，再选择菜单中的“转置”功能可将选中的区域进行垂直复制到 A4:A8。同理将 K7:O7 复制至 B4:B8（注意先将 K7:O7 单元格中的公式计算所得的数值使用手动输入重新替换，否则会出现 #REF! 错误）。

（3）在 A9 输入合计，单击 B9 输入公式“=SUM(B4:B8)，求出应收款合计数。

（4）单击 C4 单元格，输入公式“=B4/$B$9”求所占百分比。选中 C4:C8 单元格，

单击“格式”|“单元格”，在弹出对话框选择“数字”标签，选择“百分比”，小数位数为 2 位。如图 5–19 所示。

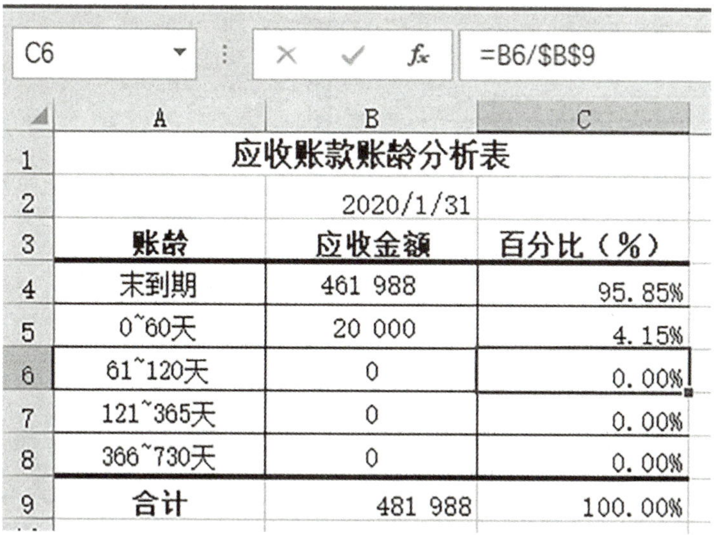

C6　=B6/$B$9

	A	B	C
1	应收账款账龄分析表		
2		2020/1/31	
3	账龄	应收金额	百分比（%）
4	未到期	461 988	95.85%
5	0~60天	20 000	4.15%
6	61~120天	0	0.00%
7	121~365天	0	0.00%
8	366~730天	0	0.00%
9	合计	481 988	100.00%

图 5–19　应收账款账龄分析表

（5）湖南峰泉饮品有限公司 2020 年 1 月 31 日对应收款情况进行图表账龄分析，建立柱形图。

①将光标置于“应收款账龄分析表”数据区域中，单击“插入”|“图表”|“柱形图”，选择“柱形图”，如图 5–20 所示。

②选择“二维柱形图”后，将图表名称改为“应收款账龄分析表”，最终效果如图 5–21 所示。

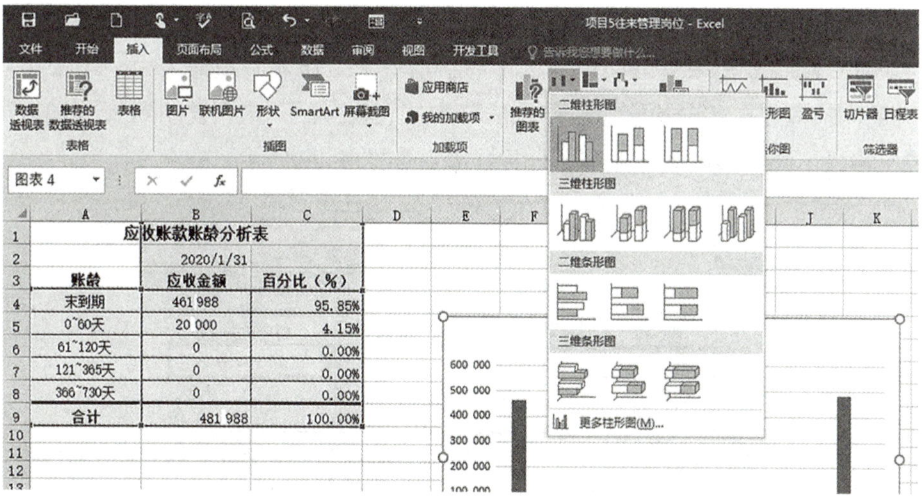

图 5–20　插入图表

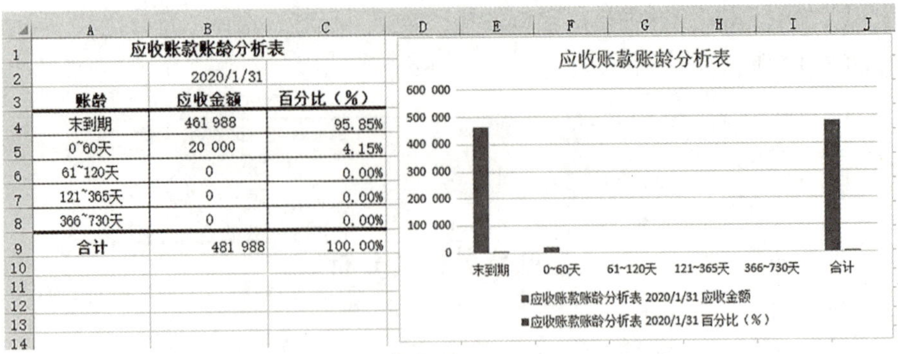

账龄	应收金额	百分比（%）
末到期	461 988	95.85%
0~60天	20 000	4.15%
61~120天	0	0.00%
121~365天	0	0.00%
366~730天	0	0.00%
合计	481 988	100.00%

图 5-21　建立应收款账龄分析图

知识连接

刚刚建立的图表显示的效果可能不是很理想，一个图表是由多个部分组织而成的，每一个部件都是图表的一个对象，可用鼠标选择图表的相应部件，单击鼠标右键则弹出相应的快捷菜单，对图表进行编辑。

5.1.5　计提坏账准备

【业务描述】 采用备抵法计提坏账准备。

知识库：坏账准备计提方法一般有两种：直接转销法和备抵法。企业一般采用备抵法核算坏账准备。备抵法是按期估计坏账损失，形成坏账准备，当发生坏账时，则冲减坏账准备。备抵法有应收账款余额百分比法、账龄分析法、赊销百分比法和个别认定法四种。如有期初贷方余额，则计提金额为应提金额—期初贷方余额。

操作步骤：

（1）在“项目 5 往来管理岗位”工作簿新增一个工作表并重命名为“坏账准备计提表”。并将“应收款账龄分析表”中“账龄”和“应收金额”两列复制到 A 列和 B 列。

（2）输入不同账龄区间坏账准备计提比率，如图 5-22 所示。

D2　=B2*C2

账龄	应收金额	计提比率	计提金额
末到期	461 988	0.05%	¥231
0~60天	20 000	0.10%	¥20
61~120天	0	0.20%	¥0
121~365天	0	0.30%	¥0
366~730天	0	0.50%	¥0
合计	481 988		¥251

图 5-22　计提坏账准备

（3）单击 D2 单元格，输入公式“=B2*C2”（计提金额 = 应收金额 × 计提比率），按回车键计算出结果，拖动右下角填充柄自动填充计算不同账龄应收款的坏账准备计提金额。

（4）单击 D7 单元格，输入公式“=SUM(D2:D6) 计算 1 月份坏账准备计提金额。前期坏账准备无期初余额，企业应付做如下调整分录：

借：资产减值损失　　251

　　贷：坏账准备　　251

任务 5.2　应付款项的核算

课程思政

同事关系的黄某、张某、梁某、王某的彩电买卖及产生的经济纠纷

黄某和张某同为某进出口公司干部，二人住同一个宿舍，因工作需要，公司委派黄某去公司设在深圳的办事处工作一年。黄某临行时，将自己的一台 36cm 国产彩色电视机委托给张某保管和使用。三个月后，黄某给张某写信，说自己在深圳又买到一台日本产 51cm 彩电，家中的那台可以适当价格卖掉。本公司的司机梁某得知此消息后，找到张某，表示想买下这台彩电，但又不愿多出钱。梁对张说，你可以给黄写封信，告诉他彩电的显像管出了毛病，图像不清，要求他降低价格出售。张当时有些犹豫，但考虑到自己同梁关系不错，经常让梁开车给自己拉东西，若不答应他会影响今后的关系。同时，有一次公司派张出去买啤酒，张私自把啤酒运到自己家中两箱，梁知道此事。因而就按照梁的意思给黄某写了信，黄某回信说如果真是显像管坏了，可以降低价格卖掉。于是张某就以 500 元的低价将彩电卖给了梁某。黄某从深圳回来后，知道了买卖彩电的真相，要求梁某返还彩电。梁某答复说，20 天前已以 1000 元的价格卖与王某。经查，王某买正电视时对以上情况并不知情，1000 元的价格与市价相差无几，但在 5 天前，王某一家及邻居戴某看电视时，该电视突然爆炸，炸伤王某及戴某，并造成其他财产损失近 2000 元。又查，该彩电的核心部件存在严重的质量隐患。

通过案例介绍，让同学们思考同事关系的黄某、张某、梁某、王某的彩电买卖的背后原因，进而引导学生发现彩电买卖产生经济纠纷的必然性。讲授课程内容应付账款的产生必须遵循事实，一切经济业务的发生应以事实为依据，不能欺骗哄瞒，为一己之私而不择手段，如果违背了事实真相必将产生经济纠纷，并且负担相应的经济责任，甚至相应的刑事责任。

引例与分析

湖南峰泉饮品有限公司为生产型企业，设有生产、包装两个车间。生产车间的主要工艺流程是将松子进行胶磨后制成松子汁，将调配好的乳化剂溶液和稳定剂溶液加到松子汁中进行乳化处理，经胶磨、加热至沸，加糖调配、均质、保温、装罐、封口、杀菌等一系列步骤，最后制得成品。包装车间将听装的松子汁，装箱打包后送成品仓库。该公司只生产峰泉牌松子汁一种产品。

分析：应付账款是指企业因购买材料、商品或接受劳务等而支付给货物供应者或劳务提供者的款项，是在商品交易中买方先取货后付款时发生的一种信用形式。企业要避免财务危机，保持企业良好的信誉，加强应付账款的管理同等重要。本子情境完成应付款项、供应商往来等。建立应付账款分析模型和应收账款一样。

首先在“项目 5 往来管理岗位”工作簿中建立“供应商信息表”“应付款项表”“应付票据表”“应付款账龄分析表”等工作表。从而完成应付款管理的全部工作。本子情境完成应付款项、供应商往来、账龄分析等。

5.2.1 供应商信息表的建立

2019 年 12 月 31 日发生业务往来的供应商如表 5–4 所示。

表 5–4 供应商信息表

供应商编码	供应商名称	税号	开户银行	银行账号	借或贷	应付金额
001	吉林白山农产品有限公司	430413873401234	中国银行	50813507316245	贷	¥80 000.00
002	吉林家贸有限公司	430413873406547	工商银行	46783507343489	借	¥50 000.00

【业务描述】 建立供应商信息表

操作步骤：

（1）在“项目 5 往来管理岗位”工作簿中插入一张新的工作表并重命名为“供应商信息表”。

（2）选择 G 列，单击“开始”|“单元格”|“格式”或者右击快捷菜单，选择“设置单元格格式”命令，将余额设置成货币格式。

（3）单击“公式”|“定义的名称”|“定义名称”，弹出“新建名称”对话框，如图 5–23 所示。

图 5-23　定义名称

在“新建名称”中输入“供应商信息表”，在引用位置中输入供应商信息表全范围，单击“确定”，如图 5-24 所示。

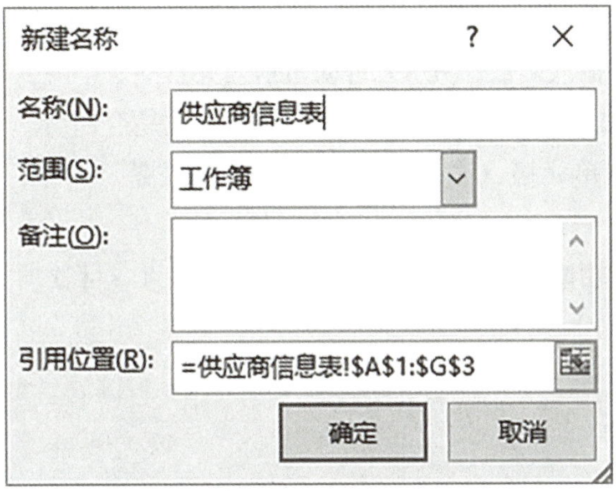

图 5-24　定义供应商信息表名称

	A	B	C	D	E	F	G
1	供应商编码	供应商名称	税号	开户银行	银行账号	借或贷	应付金额
2	1	吉林白山农产品有限公司	430413873401234	中国银行	50813507316245	贷	¥80 000
3	2	吉林家贸有限公司	430413873406547	工商银行	46783507343489	借	¥50 000

图 5-25　创建供应商信息表

5.2.2　应付款项表的建立

【业务描述】 创建湖南峰泉公司 2019 年 12 月的应付款项表。

表 5-5　　供应商应付账款信息表

供应商编码	供应商名称	借或贷	期初余额	发票号码	开票日期	付款期限
001	吉林白山农产品有限公司	贷	¥80 000.00	A3489	2019-12-3	120
002	吉林家贸有限公司	借	¥50 000.00	D6790	2019-10-3	90

操作步骤：

（1）在“项目 5 往来管理岗位”工作簿中新增一张工作表，将其重命名“应付款项表”，输入表 5–5 的内容。并增加若干栏目，如图 5–26 所示。

	A	B	C	D	E	F	G	H	I	J	K	L	M	N	O
1	供应商编码	供应商名称	借或贷	应付款余额	发票号码	开票日期	付款期限	到期日	今日日期	是否到期	末到期	0~60天	61~120天	121~365天	366~730天
2	1	吉林白山农产品有限公司	贷	¥80 000.00	A3489	2019/12/3	120								
3	2	吉林家贸有限公司	借	¥50 000.00	D6790	2019/10/3	90								

图 5–26　应付款项表

（2）单击 H2 单元格，输入“=F2+G2”（到期日 = 开票日期 + 付款期限），键入回车键，系统自动显示到期日期。拖动填充柄，输入所有供应商应付款项的到期日期。

（3）在 I2 单元格输入函数 TODAY 自动显示当天日期。

（4）当前日期是 2020 年 1 月 31 日，判断应付账款是否到期。

①将光标置于 J2 单元格，输入公式“=IF(H2<I2,“是”,“否”)”，按回车键后显示应付款项是否到期。

②使用自动填充功能填充 J 列，判断各个供应商的应付款项是否到期。如图 5–27 所示。

J2　　=IF(H2<I2,"是","否")

	A	B	C	D	E	F	G	H	I	J
1	供应商编码	供应商名称	借或贷	应付款余额	发票号码	开票日期	付款期限	到期日	今日日期	是否到期
2	1	吉林白山农产品有限公司	贷	¥80 000.00	A3489	2019/12/3	120	2020/4/1	2020/1/31	否
3	2	吉林家贸有限公司	借	¥50 000.00	D6790	2019/10/3	90	2020/1/1	2020/1/31	是

图 5–27　判断应付款项是否到期

（5）2020 年 1 月 17 日从湖南省南雁市糖酒副食品公司采购白糖一批，增值税专用发票列白糖 2 000 公斤，单价 `3.88 元 / 公斤，购价 7 760 元，增值税额 1 008.80 元，价税合计 8768.80 元，发票号码为 4300082130，款项尚未支付，付款期限 120 天。

①选择“供应商信息表”增加新的供应商湖南省南雁市糖酒副食品公司档案。

②选择“记录单”，单击“新建”按钮弹出一个新的空白记录单，如图 5–28 所示。

③在空白记录单中输入新增加的采购业务信息，输入完毕后，单击“关闭”系统自动添加新的采购业务。

（6）2020 年 1 月 12 日采用电汇支付吉林白山农产品有限公司采购商品款 100 000 元，前欠发票号码 A3489。

①单击“记录单”按钮，弹出应付款项表记录单对话框，然后单击“条件”弹出空白对话框，在［发票号码］文本框中输入 A3489，单击“下一条”，显示出要查询的应付款项信息，如图 5–29 所示。

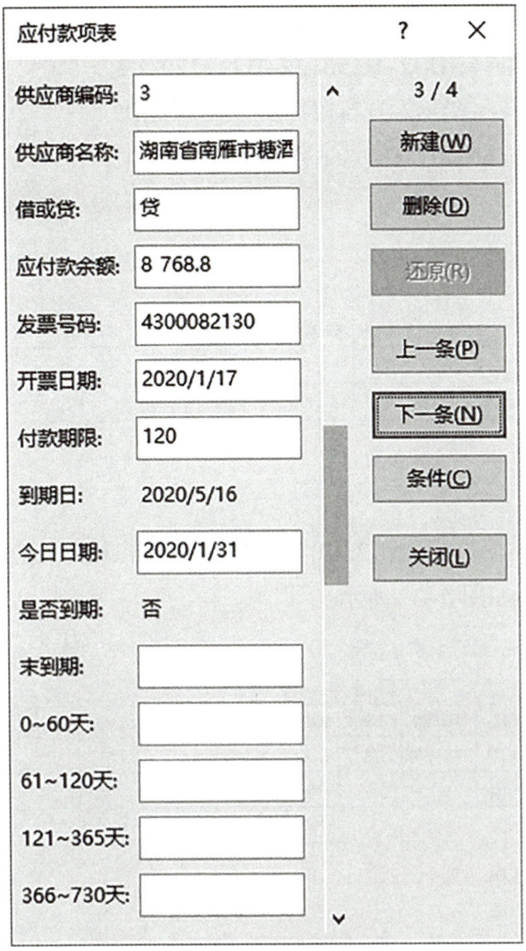

图 5-28　输入新增加信息

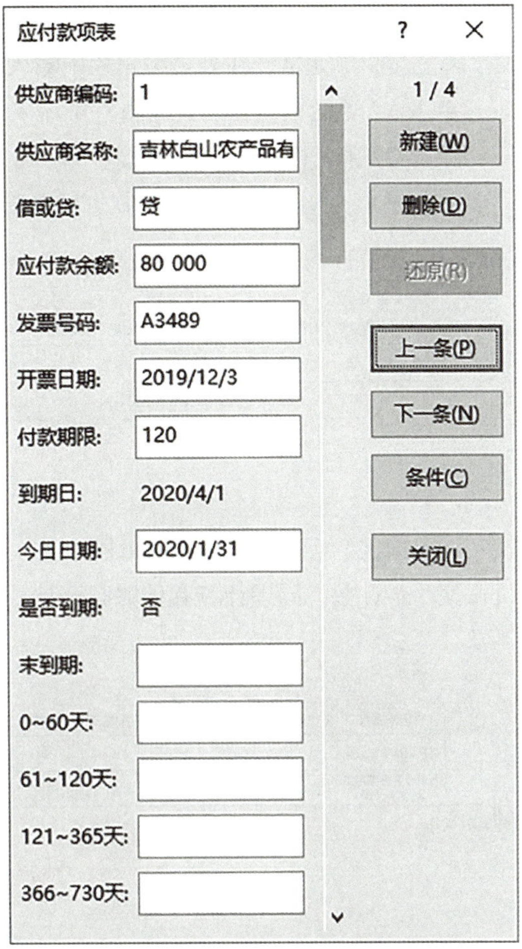

图 5-29　查询结果

②单击“删除”按钮弹出对话框，提示“显示的记录将被删除”，单击“确定”，则删除相关记录。

（7）应付款项账龄设置。

①选择“应付款项表”，单击 K2 单元格，在公式编辑栏中输入”=IF(J2="否",D2,"")”。

K2　=IF(J2="否",D2,"")

	A	B	C	D	E	F	G	H	I	J	K
1	供应商编码	供应商名称	借或贷	应付款余额	发票号码	开票日期	付款期限	到期日	今日日期	是否到期	未到期
2	2	吉林家贸有限公司	借	¥50 000.00	D6790	2019/10/3	90	2020/1/1	2020/1/31	是	
3	3	湖南省南雁市糖酒副食品公司	贷	¥8 768.80	4300082130	2020/1/17	120	2020/5/16	2020/1/31	否	8 768.8

图 5-30　设置未到期金额公式

单击 L2 单元格，在公式编辑栏中输入“IF(AND(I2-H2>0,I2-H2<=60),D2,"—")”。
单击 M2 单元格，在公式编辑栏中输入“IF(AND(I2-H2>61,I2-H2<=120),D2,"—")”。
单击 N2 单元格，在公式编辑栏中输入“IF(AND(I2-H2>121,I2-H2<=365)D2,"—")”。
单击 O2 单元格，在公式编辑栏中输入“IF(AND(I2-H2>366,I2-H2<=730)，D2，"—")”。
②利用填充柄将其他应付账款进行账龄分析。

L2　=IF(AND(I2-H2>0,I2-H2<=60),D2,"—")

	B	C	D	E	F	G	H	I	J	K	L	M	N	O
1	供应商名称	借或贷	应付款余额	发票号码	开票日期	付款期限	到期日	今日日期	是否到期	未到期	0~60天	61~120天	121~365天	366~730天
2	吉林家贸有限公司	借	￥50 000.00	D6790	2019/10/3	90	2020/1/1	2020/1/31	是		50 000	—	—	—
3	湖南省南雁市糖酒副食品公司	贷	￥8 768.80	4300082130	2020/1/17	120	2020/5/16	2020/1/31	否	8 768.8	—	—	—	—

图 5-31　设置各期账龄

③单击 K4 元格，在公式编辑栏中输入公式“=SUM(K2:K3)”后回车，显示未到期应付账款的合计数。同理计算其他账龄合计数，如图 5-32 所示。

K4　=SUM(K2:K3)

	A	B	C	D	E	F	G	H	I	J	K	L	M	N	O
1	供应商编码	供应商名称	借或贷	应付款余额	发票号码	开票日期	付款期限	到期日	今日日期	是否到期	未到期	0~60天	61~120天	121~365天	366~730天
2	2	吉林家贸有限公司	借	￥50 000.00	D6790	2019/10/3	90	2020/1/1	2020/1/31	是		50 000	—	—	—
3	3	湖南省南雁市糖酒副食品公司	贷	￥8 768.80	4300082130	2020/1/17	120	2020/5/16	2020/1/31	否	8 768.8	—	—	—	—
4	应付款合计										8 768.8	50 000	0	0	0

图 5-32　应付款按账龄进行分类

知识链接

应付账款账龄分析是依据企业每一笔应付账款的账龄划分账龄组来进行的，IF 函数的含义是若干满足账龄判断条件，则返回值为该笔应付款的金额，否则其返回值为“—”。

5.2.3　应付票据表的建立

【业务描述】 建立应付票据表

表 5-6　应付票据一览表

供应商编码	供应商名称	借或贷	期初余额	发票号码	开票日期	付款期限
001	吉林白山农产品有限公司	贷	100 000	A4345	2019-10-3	90
002	吉林家贸有限公司	贷	120 000	D2367	2019-11-20	120

操作步骤：

（1）在“项目 5 往来管理岗位”工作簿中，新建一个工作表并将其重命名为“应付票据表”，输入表 5-6 的内容。并增加若干栏目。

（2）单击 H2 单元格，输入“=F2+G2”（到期日 = 开票日期 + 付款期限），键入回车键，系统自动显示到期日期。拖动填充柄，输入所有客户应付票据的到期日期。

知识链接

应付票据到期支付和增加新的应付票据同应付账款。

5.2.4 应付账款的账龄分析法

【业务描述】 创建应付款项账龄分析表

操作步骤：

（1）在“项目 5 往来管理岗位”工作簿，添加一个工作表并重命名为“应付款账龄分析表”。

	A	B	C
1	应付账款账龄分析表		
2		2020/1/31	
3	账龄	应收金额	百分比（%）
4	未到期	8 768.8	14.92%
5	0～60	50 000	85.08%
6	61～120	0	0.00%
7	121～365	0	0.00%
8	366～730	0	0.00%
9	合计	58 768.8	100.00%

图 5-33 应付款账龄分析表

（2）选择“应付款项表”工作表中 K1:O1 的区域，单击复制，然后移至“应付款账龄分析表”工作表中 A4 单元格，单击“选择性粘贴”，在弹出的对话框中选择“转置”粘贴方式，可将选中的区域进行垂直复制到 A4:A8。同理将 K4:O4 复制至 B4:B8。

（3）在 A9 输入合计，单击 B9 输入公式“=SUM(B4:B8)，求出应付款合计数。

（4）单击 C4 单元格，输入公式“=B4/$B$9”求所占百分比。选中 C4:C9 单元格，单击“格式”|“单元格”，在弹出对话框选择“数字”标签，选择“百分比”，小数位数为 2 位，如图 5-34 所示。

（5）湖南峰泉饮品有限公司 2020 年 1 月 31 日对应付款情况进行图表账龄分析，建立折线图。

①将光标置于“应收款账龄分析表”数据区域中，单击“插入”|“图表”，选择“柱形图”，如图 5-34 所示，选择以后最终效果如图 5-35 所示，同时将图表标题改为“应收款账龄分析表”。

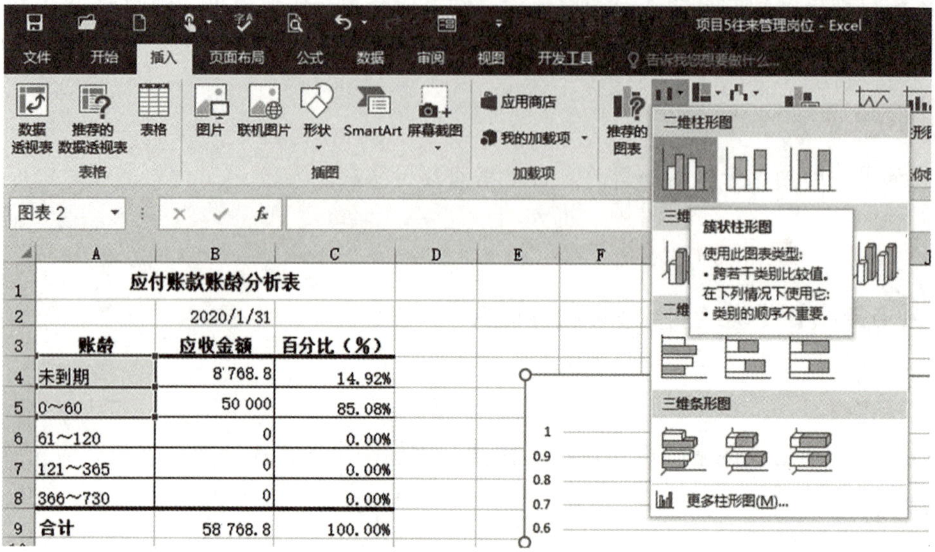

图 5-34　选择图表类型

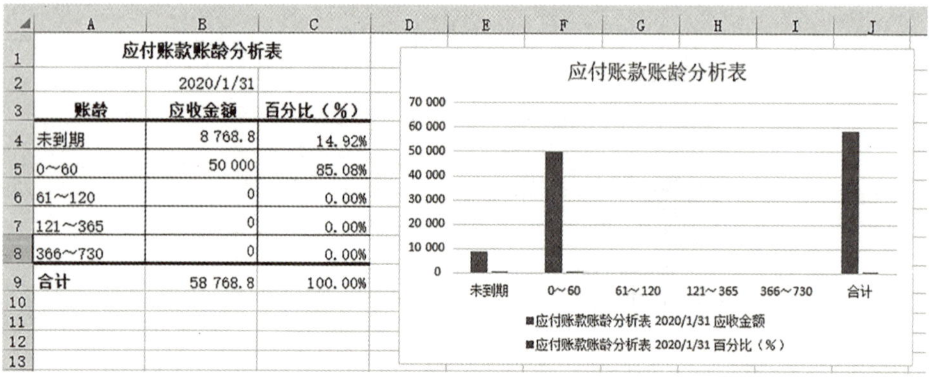

图 5-35　建立应付款账龄分析图

知识链接

刚刚建立的图表显示的效果可能不是很理想，一个图表是由多个部分组织成的，每一个部件都是图表的一个对象，可用鼠标选择图表的相应部件，单击鼠标右键则弹出相应的快捷菜单，对图表进行编辑。

项目小结

本项目讲述了利用 Excel 进行往来账款管理系统系统工作簿的制作，创建应收款项表，判断应收款项是否到期，并对应收账款账龄进行分析，计提坏账准备，建立应收账款分析图表。

创建应付款项表，判断应付款项是否到期，并对应付账款账龄进行分析，建立应付账款分析图表。

【职业能力训练】

1. 简述 Excel 中 IF 函数的含义。

2. 简述 Excel 排序的含义。

【技能强化训练】

（一）设置应收账款管理表

实训目标：利用 Excel 对应收款进行管理，计提坏账准备

实训资料：衡阳仁科股份有限公司 2019 年 12 月 1 日有关应收款管理要求如下（见表 5-7 至表 5-9）：

表 5-7 账龄区间设置

序号	起止天数	总天数
1	0~30	30
2	31~60	60
3	61~90	90
4	91~120	120
5	121 以上	

表 5-8 客户档案

客户编号	客户名称	客户简称	分类码	行业	税号	开户行	银行账号
001	新星世纪学校	世纪学校	02	事业		工行	7777
002	湖南海达公司	海达公司	03	商业	22222	工行	6666

表 5-9 期初余额

日期	客户	发票号	销售部门	摘要	税率	数量	单价	收款期限
2019-11-25	世纪学校	P111	市场部	销售产品	13	2 754	32	90
2019-11-28	海达公司	Z111	市场部	销售产品	13	1 604	32	120

期初应收单：2019 年 11 月 25 日，代垫世纪学校运费 3920 元。

业务完成：

（1）启动 Excel 新建一个“往来业务管理”的工作簿，选中 sheet1 表，双击重命名为“客户往来表”，根据客户档案资料输入相应的内容。

（2）将 sheet2 表重命名为“应收款项表”，根据资料输入相关内容，具体如表 5–10 所示。

表 5–10　　应收款项表

客户编码	客户名称	借或货	应收款金额	已收款金额	未收款金额	发生坏账	发票号码	开票日期	收款期限	到期日	是否到期	未到期金额	0–30 天	31–60 天	60–90 天	91–120 天	121 天以上
合计																	

（3）单击“插入”|“名称”|“定义”，弹出“定义名称”对话框，在“在当前工作簿中的名称”中输入“客户往来表”，单击“添加”按钮，再单击“确定”。

（二）应收款管理日常业务处理

实训目标：应收款管理日常业务处理

实训资料：

1. 12 月 9 日，市场部宋佳收到世纪学校转来转账支票据 2 张，面值分别为：40 000 元和 59 600 元，用以归还前欠货款。

业务完成：

（1）选择“应收款项表”工作表，单击“数据”|“记录单”，弹出应收款项表记录单对话框，然后单击“条件”弹出空白对话框，在［发票号码］文本框中输入 P111，单击“下一条”，显示出要查询的应收款项信息。

（2）单击“删除”按钮弹出对话框，提示“显示的记录将被删除”，单击“确定”，则删除相关记录。

2. 12 月 12 日，市场部宋佳向海达公司售出《多媒体教学教程》400 册，单价 35 元，税率为 13%，开出销售专用发票 1 张，发票号 0101，收到期限为 10 天、票面金额为 15 820 元的商业承兑汇票一张。

业务完成：

单击“插入”|“工作表”，新增一个工作表并重命名为“应收票据表”，具体格式如表 5–11 所示。

表 5-11

客户编码	客户名称	借或货	应收票据金额	发票号码	开票日期	收款期限	到期日	是否到期	未到期金额	0-30 天	31-60 天	60-90 天	91-180 天	181 天以上
合计														

3. 12 月 15 日，收到世纪学校交来 8 000 元的转账支票一张，清理前欠货款，其余转作预收款。

工作步骤同第 1 笔业务。

4. 12 月 16 日，市场部宋佳向世纪学校售出《多媒体教学教程》600 册，单价 32 元，付款条件：4/5、2/20、1/45，开出销售专用发票 1 张，发票号 0102，货税款尚未收到（适应税率 13%）。

业务完成：选择“应收款项表”工作表，选择“数据”|“记录单”，单击“新建”按钮弹出一个新的空白记录单。在空白记录单中输入新增加的销售业务信息，输入完毕后，单击“关闭”系统自动添加新的销售业务。

5. 12 月 20 日，市场部宋佳向世纪中学出售《多媒体教学教程》100 册，单价 32 元，开出销售专用发票 1 张，发票号 0103，货税款尚未收到（适应税率 13%）。

工作步骤同第 4 笔业务。

6. 12 月 22 日，市场部宋佳收到海达转来的商业承兑汇票款 15 820 元。银行结算单据号 2019。

业务完成：

（1）选择“应收票据表”工作表，单击“数据”|“记录单”，弹出应收票据表记录单对话框，然后单击“条件”弹出空白对话框，在［发票号码］文本框中输入 0101，单击“下一条”，显示出要查询的应收票据信息。

（2）单击“删除”按钮弹出对话框，提示“显示的记录将被删除”，单击“确定”，则删除相关记录。

7. 12 月 25 日，世纪学校所欠货税款 3 000 元已确认无法收回，做坏账处理。

业务完成：选择“应收款项表”工作表，在相应栏目输入发生坏账的金额。

8. 12 月 28 日，收到世纪学校已做坏账处理的货款 2 000 元。

业务完成：

选择“应收款项表”工作表，在相应栏目输入已收回坏账金额。

9. 12 月 31 日对应收账款进行账龄分析，将应收款项表相关项目填列齐全。建立应收款账龄分析表，生成饼状图。

业务完成：

（1）单击 K2 单元格，输入“=I2+J2”（到期日 = 开票日期 + 收款期限），键入回车键，系统自动显示到期日期。拖动填充柄，输入所有客户应收款项的到期日期。并在最后添加“合计”一栏。利用 SUM 函数求出各列的合计数。

（2）在 S1 中输入“今天日期”，单击 T1 单元格，利用函数“TODAY”计算出当天日期。将光标置于 L2 单元格，输入公式“=IF(I2<$T$1,“是”,“否”)”，按回车键后显示应收款项是否到期。使用自动填充功能填充 J 列，判断各个供应商的应付款项是否到期。

（3）利用 IF 函数自动填列各账龄区间的应收款金额。

（4）在“往来业务管理”工作簿，单击“插入”|“工作表”，添加一个工作表并重命名为“应收款账龄分析表”。选择“应收款项表”工作表中 M2:R2 的区域，单击复制，然后移至“应收款账龄分析表”工作表中 A3 单元格，单击“编辑 / 选择性粘贴”，在弹出的对话框中选择“粘贴”–“数值”，“运算”–“无”，并在“转置”前方的方框内打钩，可将选中的区域进行垂直复制到 A2:A7。同理将合计数复制至 B2:B7。在 A8 输入合计，单击 B8 输入公式“=SUM(B3:B7), 求出应收款合计数。单击 C3 单元格，输入公式“=B2/$B$8”求所占百分比。选中 C2:C8 单元格，单击“格式”|“单元格”，在弹出对话框选择“数字”标签，选择“百分比”，小数位数为 2 位。

（5）选择“应收款账龄分析表”，将光标置于数据区域，单击“插入”|“图表”按向导设置图表。

10. 12 月 31 日，按应收账款余额的 0.5% 计提坏账准备。

业务完成：

（1）新增一个工作表并重命名为“坏账准备计提表”，具体格式如表 5–12 所示。从“应收款账龄分析表”取出应收款金额数。

表 5–12　坏账准备计提表

账龄	应收款金额	计提比率	计提金额
未到期		0.5%	
0~30		0.5%	
31~60		0.5%	
61~90		0.5%	
91~120		0.5%	
121 以上		0.5%	
合计		0.5%	
已发生坏账			
坏账准备贷方期初余额			
本期实际计提金额			

（2）单击 D2 单元格，输入公式“=B2*C2”计算坏账准备计提金额。从“应收款项表”输入“已发生坏账”“坏账准备贷方期初余额”数。

（3）单击 D11 单元格，输入公式“=D8+D9−D10”计算出本期实际计提金额。

（三）设置应付款管理表

实训目标：利用 Excel 对应付款进行管理

实训资料：衡阳仁科股份有限公司 2019 年 12 月 1 日有关应付款管理要求如表 5–13 所示。

表 5–13　供应商档案

供应商号	供应商名称	简称	分类码	行业	税号	开户行	银行账号
001	万科有限公司	万科	02	商业	11111	工行	1111

表 5–14　应付账款期初余额：276 850 元

日期	供应商	发票号	销售部门	摘要	业务员	税率	数量	单价	付款条件
2019-11-25	万科公司	C000	市场部	购买商品	宋佳	13	8750	28	4/5，2/20，1/45

业务完成：

（1）打开“往来业务管理”的工作簿，单击“插入”|“工作表”，双击重命名为“供应商往来表”，根据供应商档案资料输入相应的内容。

（2）将 Sheet2 表重命名为“应付款项表”，根据资料输入相关内容，具体如表 5–15 所示。

表 5–15

供应商编码	供应商名称	借或货	应付款金额	已付款金额	未付款金额	发票号码	开票日期	付款期限	到期日	是否到期	未到期金额	0–30 天	31–60 天	60–90 天	91–120 天	121 天以上
合计																

3. 单击“公式”|“定义的名称”，弹出“定义名称”对话框，在“在当前工作簿中的名称”中输入“供应商往来表”，单击“添加”按钮，再单击“确定”。

（四）应付款管理日常业务处理

实训目标：应付款管理日常业务处理

实训资料：

1. 12 月 9 日，市场部宋佳开出面值为 250 000 元的转账支票一张，用以归还前欠万科公司的部分货款。

业务完成：

选择“应付款项表”在相应栏目输入已付款金额，自动计算出未付款金额。

2. 12 月 10 日，市场部宋佳向万科公司购入《多媒体课件》600 套，单价 35 元，增值税率 13%，开出面值为 23 730 元、期限为 10 天、票据号为 0011 的银行承兑汇票一张，开出发票号为 0022 的采购专用发票一张。

业务完成：

单击“插入”|“工作表”，新增一个工作表并重命名为“应付票据表”，具体格式如表 5-16 所示，并输入相关内容。

表 5-16　应付票据表

供应商编码	供应商名称	借或货	应付票据金额	发票号码	开票日期	付款期限	到期日	是否到期	未到期金额	0-30 天	31-60 天	60-90 天	91-180 天	181 天以上
合计														

3. 12 月 12 日，市场部宋佳向万科公司购入《多媒体教学教程》200 册，单价 28 元，增值税率 13%，付款条件：4/5、2/20、1/45，货税款暂欠，开出发票号为 0023 的采购专用发票一张。

业务完成：

选择“应付款项表”工作表，选择“数据”|“记录单”，单击“新建”按钮弹出一个新的空白记录单。在空白记录单中输入新增加的采购业务信息，输入完毕后，单击“关闭”系统自动添加新的采购业务。

4. 12 月 15 日，市场部宋佳开出面值为 30 000 元的转账支票一张，清理前欠万科公司的货款，其余转作预付款。

业务完成：

（1）选择“应付款项表”工作表，单击“数据”|“记录单”，弹出应付款项表记录单对话框，然后单击“条件”弹出空白对话框，在［发票号码］文本框中输入 Z111，单击“下一条”，显示出要查询的应收款项信息。

（2）单击“删除”按钮弹出对话框，提示“显示的记录将被删除”，单击“确定”，则删除相关记录。

5. 12 月 20 日，开出转账支票支付万科公司的银行承兑汇票款 23 730 元。

业务完成：

（1）选择“应付票据表”工作表，单击“数据”|“记录单”，弹出应付票据表记录单对话框，然后单击“条件”弹出空白对话框，在［发票号码］文本框中输入 0011，单击“下一条”，显示出要查询的应收款项信息。

（2）单击“删除”按钮弹出对话框，提示“显示的记录将被删除”，单击“确定”，则删除相关记录。

6. 12 月 31 日对应付账款进行账龄分析，将应付款项表相关项目填列齐全。建立应付款账龄分析表，生成柱形图。

业务完成：

（1）单击 J2 单元格，输入“=H2+J2”（到期日 = 开票日期 + 付款期限），键入回车键，系统自动显示到期日期。拖动填充柄，输入所有客户应收款项的到期日期。并在最后添加“合计”一栏。利用 SUM 函数求出各列的合计数。

（2）在 R1 中输入“今天日期”，单击 S1 单元格，利用函数“TODAY”计算出当天日期。将光标置于 K2 单元格，输入公式“=IF(I2<$S$1,“是”,“否”)”，按回车键后显示应收款项是否到期。使用自动填充功能填充 I 列，判断各个供应商的应付款项是否到期。

（3）利用 IF 函数自动填列各账龄区间的应付款金额。

（4）在“往来业务管理”工作簿，单击“插入”|“工作表”，添加一个工作表并重命名为“应付款账龄分析表”。选择“应付款项表”工作表中 L2:Q2 的区域，单击复制，然后移至“应付款账龄分析表”工作表中 A3 单元格，单击“编辑”|“选择性粘贴”，在弹出的对话框中选择“粘贴”–“数值”，“运算”–“无”，并在“转置”前方的方框内打钩，可将选中的区域进行垂直复制到 A2:A7。同理将合计数复制至 B2:B7。在 A8 输入合计，单击 B8 输入公式“=SUM(B3:B7)，求出应收款合计数。单击 C3 单元格，输入公式“=B2/$B$8”求所占百分比。选中 C2:C8 单元格，单击“格式”|“单元格”，在弹出对话框选择“数字”标签，选择“百分比”，小数位数为 2 位。

（5）选择“应付款账龄分析表”，将光标置于数据区域，单击“插入”|“图表”按向导设置图表。

【学习评价】

职业核心能力测评表

（在□中打√，A 通过，B 基本通过，C 未通过）

职业核心能力	评估标准	自测结果
自我学习	1. 能进行时间管理 2. 能选择适合自己的学习和工作方式 3. 能随时修订计划并进行意外处理 4. 能将已经学到的东西用于新的工作任务	□A □B □C □A □B □C □A □B □C □A □B □C
信息处理	1. 能根据不同需要去搜寻、获取并选择信息 2. 能筛选信息，并进行信息分类 3. 能使用多媒体等手段来展示信息	□A □B □C □A □B □C □A □B □C
数字应用	1. 能从不同信息源获取相关信息 2. 能依据所给的数据信息，作简单计算 3. 能用适当方法展示数据信息和计算结果	□A □B □C □A □B □C □A □B □C
与人交流	1. 能把握交流的主题、时机和方式 2. 能理解对方谈话的内容，准确表达自己的观点 3. 能获取信息并反馈信息	□A □B □C □A □B □C □A □B □C
与人合作	1. 能挖掘合作资源，明确自己在合作中能够起到的作用 2. 能同合作者进行有效沟通，理解个性差异及文化差异	□A □B □C □A □B □C
解决问题	1. 能说明何时出现问题并指出其主要特征 2. 能作出解决问题的计划并组织实施计划 3. 能对解决问题的方法适时做出总结和修改	□A □B □C □A □B □C □A □B □C
革新创新	1. 能发现事物的不足并提出新的需要 2. 能创新性地提出改进事物的意见和具体方法 3. 能从多种方案中选择最佳方案，在现有条件下进行实施	□A □B □C □A □B □C □A □B □C
学生签字：	教师签字：	20　　年　月　日

专业能力测评表

评价内容	权重	考核点	考核得分		
			小组评价	教师评价	综合得分
职业素养（20分）	20	分析工资计算、汇总。分配核心之处			
案例分析（80分）	20	工资基本信息表的建立			
	20	工资计算表的制作及数据生成			
	20	工资条的制作			
	20	工资分配、查询			
组长签字：		教师签字：	20　　年　月　日		

项目 6

购销存管理岗位

【职业能力及成果目标】

1. 专业能力

能够在企业购销存相关岗位上利用 Excel 进行原材料采购、产成品销售、库存管理等业务的相关数据处理，并掌握有关函数的应用、不同类型图表的制作和编辑。

2. 职业素养能力

熟练掌握 Excel 在购销存管理中的运用，能够完成简单的数据分析工作。

【主要概念】

采购管理、销售管理、库存管理、购销存业务管理

【岗课证赛融合】

本章为业财税融合 1+ X 证书《Excel 财务应用》项目三 Excel 在企业进销售管理中应用技能点。

任务 6.1　采购管理核算

课程思政

永安公司的采购流程

永安公司生产所需的材料有 1000 多种，可分为钢材类、水泥类、辅助材料类、生产工具类、小五金、劳保用品。所有材料均由一位采购员负责采购业务。公司每次有大宗采购业务时，均从长期固定的供应商处采购。

通过案例介绍，让同学们思考永安公司的这种采购安排存在哪些弊端？进而引导学生提出解决的办法，最终统一设计出一套合理合规的采购流程。

引例与分析

湖南坚固轮胎有限公司为生产型企业，设有橡胶、钢模、组装三个车间。橡胶车间主要是将各种橡胶加工成各种型号的汽车内胎和外胎，钢模车间主要是将各种型号的钢铁加工成各种型号的汽车钢圈及各种钢圈的附件，组装车间是先将钢圈及附件进行组合，后将内胎及外胎组合到钢圈上，得到各种型号的汽车轮胎。

分析：采购管理是从计划下达、采购单生成、采购单执行、到货接收、检验入库、采购发票的收集，到采购结算的采购活动的全过程，对采购过程中物流运动的各个环节状态进行严密的跟踪、监督，实现对企业采购活动执行科学管理的过程。本情境主要以采购过程中的计划采购数据表和实际采购数据表的建立为中心，进一步据此数据创建采购图表，分析计划的执行情况。

6.1.1　建立原材料规格型号及代码表

【业务描述】 湖南坚固轮胎有限公司采购的橡胶及钢铁材料规格型号如表 6-1 所示。

表 6-1　原材料规格型号及代码表

材料代码	供应商	材料名称	型号	计量单位
X1	衡阳橡胶厂	熟胶	标准级	千克

续表

材料代码	供应商	材料名称	型号	计量单位
X2	景洪橡胶厂	生胶	标准级	千克
G1	北京首钢股份有限公司	钢	优级	吨
G2	邯郸钢铁股份有限公司	钢	标准级	吨
T1	邯郸钢铁股份有限公司	铁	标准级	吨

操作步骤：

（1）启动 Excel 新建一个“项目 6 购销存管理”的工作簿。

（2）将“项目 6 购销存管理”的工作簿中的 Sheet 1 表重命名为“原材料规格型号及代码表”，根据表 6–1 中的内容输入相应的内容，如图 6–1 所示。

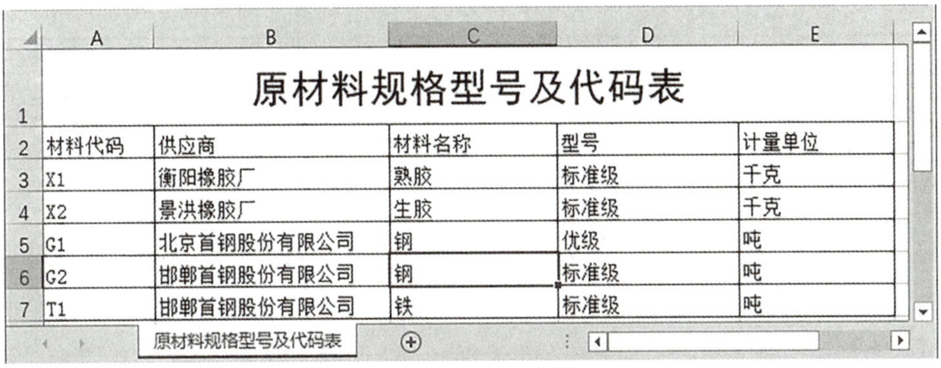
原材料规格型号及代码表

材料代码	供应商	材料名称	型号	计量单位
X1	衡阳橡胶厂	熟胶	标准级	千克
X2	景洪橡胶厂	生胶	标准级	千克
G1	北京首钢股份有限公司	钢	优级	吨
G2	邯郸首钢股份有限公司	钢	标准级	吨
T1	邯郸首钢股份有限公司	铁	标准级	吨

图 6–1　原材料规格型号及代码表

（3）选中 A2:E7 单元格，点击右键，选择“定义名称（A）”，在“名称（N）”中输入“材料代码”，单击“确定”按钮，如图 6–2 所示。

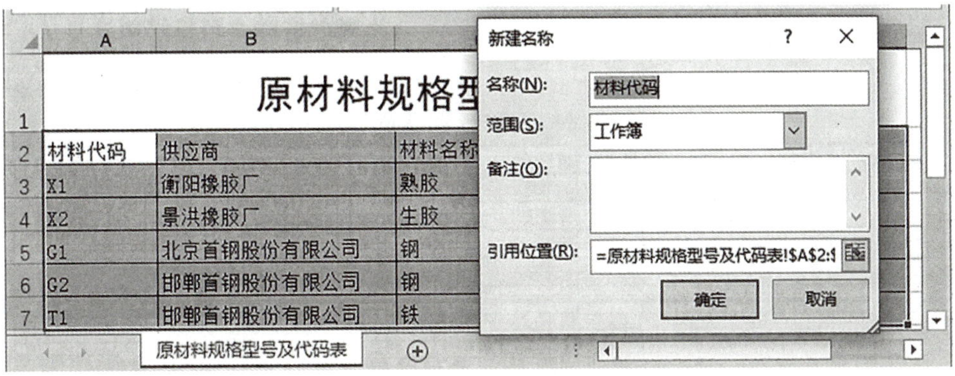

图 6–2　定义名称

知识链接

定义名称的作用：方便引用

1. 把一个区域定义为名称，引用这个区域时，可直接使用名称。
2. 把一个公式定义为名称时，重复使用这个公式时，可直接使用名称。
3. 使用定义名称，可打破函数 30 个参数的限制。

6.1.2 建立原材料采购计划信息表

【业务描述】 湖南坚固轮胎有限公司 2020 年 1 月原材料采购计划信息如表 6–2 所示。

表 6–2 原材料采购计划信息表

材料代码	供应商	材料名称	型号	计划数量（吨）	计划单价（元）
X1	衡阳橡胶厂	熟胶	标准级	10	5 000
X2	景洪橡胶厂	生胶	标准级	5	3 000
G1	北京首钢股份有限公司	钢	优级	100	3 500
G2	邯郸钢铁股份有限公司	钢	标准级	50	3 000
T1	邯郸钢铁股份有限公司	铁	标准级	50	2 500

知识链接

材料采购是进销存管理中的“进”管理的一个重要环节，加强计划性、减少盲目性就能满足企业对材料耗用需求，做到既不过多地存储材料，也不会使材料领用时因材料储备不足而影响生产活动的正常进行，因此也就在不影响正常生产的情况下节约了资金，提高了企业的经济效益。

操作步骤：

（1）在“项目 6 购销存管理”工作簿中，新建一个工作表，将其重命名“原材料采购计划信息表”，输入表 6–2 的内容。并增加一个［计划成本］栏目，如图 6–3 所示。

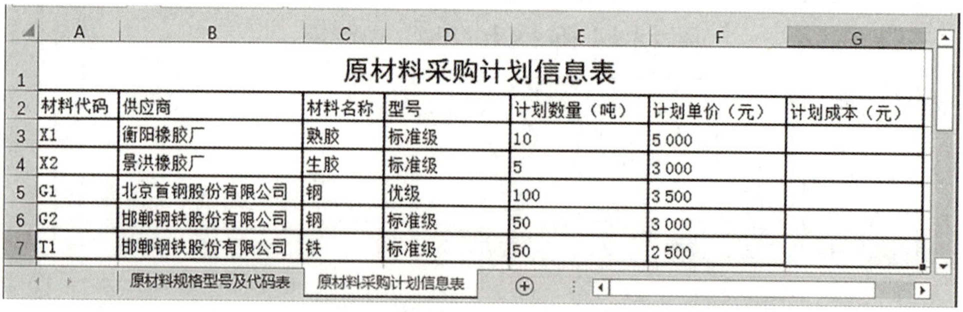

	A	B	C	D	E	F	G
1	原材料采购计划信息表						
2	材料代码	供应商	材料名称	型号	计划数量（吨）	计划单价（元）	计划成本（元）
3	X1	衡阳橡胶厂	熟胶	标准级	10	5 000	
4	X2	景洪橡胶厂	生胶	标准级	5	3 000	
5	G1	北京首钢股份有限公司	钢	优级	100	3 500	
6	G2	邯郸钢铁股份有限公司	钢	标准级	50	3 000	
7	T1	邯郸钢铁股份有限公司	铁	标准级	50	2 500	

图 6–3 原材料采购计划信息表

（2）单击 G3 单元格，输入 “=F3*E3”（计划成本 = 计划单价 × 计划数量），键入回车键，系统自动计划成本金额。拖动填充柄，实现所有材料计划成本成批自动计算，如图 6–4、图 6–5 所示。

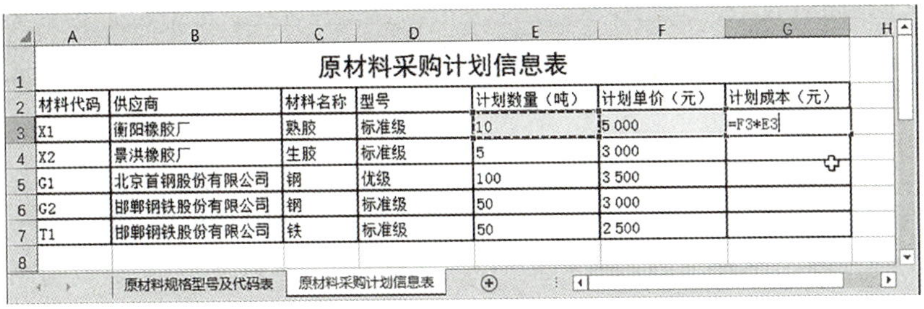

原材料采购计划信息表

材料代码	供应商	材料名称	型号	计划数量（吨）	计划单价（元）	计划成本（元）
X1	衡阳橡胶厂	熟胶	标准级	10	5 000	=F3*E3
X2	景洪橡胶厂	生胶	标准级	5	3 000	
G1	北京首钢股份有限公司	钢	优级	100	3 500	
G2	邯郸钢铁股份有限公司	钢	标准级	50	3 000	
T1	邯郸钢铁股份有限公司	铁	标准级	50	2 500	

图 6–4　原材料采购计划成本公式输入

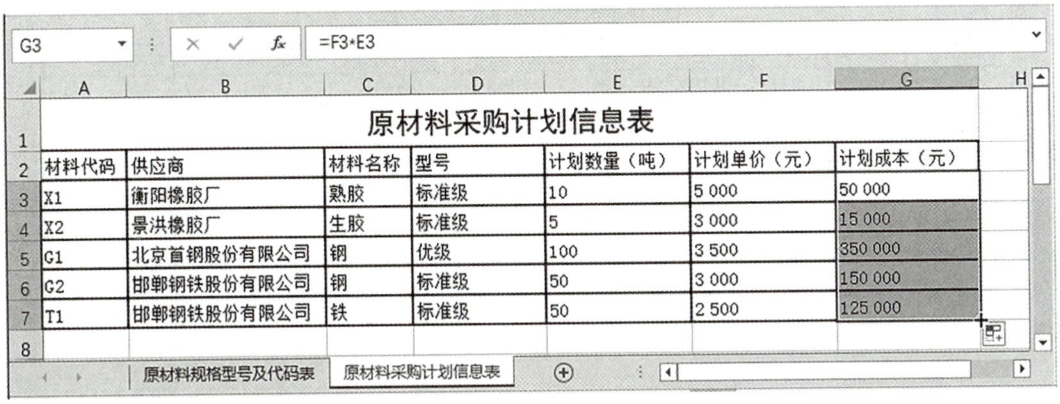

G3　=F3*E3

原材料采购计划信息表

材料代码	供应商	材料名称	型号	计划数量（吨）	计划单价（元）	计划成本（元）
X1	衡阳橡胶厂	熟胶	标准级	10	5 000	50 000
X2	景洪橡胶厂	生胶	标准级	5	3 000	15 000
G1	北京首钢股份有限公司	钢	优级	100	3 500	350 000
G2	邯郸钢铁股份有限公司	钢	标准级	50	3 000	150 000
T1	邯郸钢铁股份有限公司	铁	标准级	50	2 500	125 000

图 6–5　原材料采购计划成本成批计算

6.1.3　建立原材料采购实际信息表

【业务描述】 当前日期是 2020 年 1 月 31 日，原材料采购实际信息表如表 6–3 所示，据此建立原材料采购实际信息表。

表 6–3　原材料采购实际信息表

采购日期	材料代码	供应商	材料名称	型号	实际数量（吨）	实际单价（元）	实际成本（元）
2020/1/20	G1	北京首钢股份有限公司	钢	优级	120	3 450	414 000
2020/1/20	G2	邯郸钢铁股份有限公司	钢	标准级	20	3 000	60 000
2020/1/30	G2	邯郸钢铁股份有限公司	钢	标准级	30	2 503	75 090
2020/1/20	T1	邯郸钢铁股份有限公司	铁	标准级	30	2 500	75 000
2020/1/30	T1	邯郸钢铁股份有限公司	铁	标准级	20	2 504	50 080
2020/1/10	X1	衡阳橡胶厂	熟胶	标准级	5	5 000	25 000
2020/1/25	X1	衡阳橡胶厂	熟胶	标准级	5	2 501	12 505

续表

采购日期	材料代码	供应商	材料名称	型号	实际数量（吨）	实际单价（元）	实际成本（元）
2020/1/10	X2	景洪橡胶厂	生胶	标准级	3	3 100	9 300
2020/1/25	X2	景洪橡胶厂	生胶	标准级	3	2 502	7 506

操作步骤：

（1）在“项目 6 购销存管理”工作簿中，新建一个工作表，将其重命名“原材料采购实际信息表”，输入表 6-3 的内容，如图 6-6 所示。

	A	B	C	D	E	F	G	H
1	原材料采购实际信息表							
2	采购日期	材料代码	供应商	材料名称	型号	实际数量(吨)	实际单价（元）	实际成本(元)
3	2020/1/20	G1	北京首钢股份有限公司	钢	优级	120	3 450	
4	2020/1/20	G2	邯郸钢铁股份有限公司	钢	标准级	20	3 000	
5	2020/1/30	G2	邯郸钢铁股份有限公司	钢	标准级	30	2 503	
6	2020/1/20	T1	邯郸钢铁股份有限公司	铁	标准级	30	2 500	
7	2020/1/30	T1	邯郸钢铁股份有限公司	铁	标准级	20	2 504	
8	2020/1/10	X1	衡阳橡胶厂	熟胶	标准级	5	5 000	
9	2020/1/25	X1	衡阳橡胶厂	熟胶	标准级	5	2 501	
10	2020/1/10	X2	景洪橡胶厂	生胶	标准级	3	3 100	
11	2020/1/25	X2	景洪橡胶厂	生胶	标准级	3	2 502	

... 原材料采购计划信息表 | 原材料采购实际信息表

图 6-6　原材料采购实际信息表

（2）单击 H3 单元格，输入“=G3*F3”（实际成本 = 实际单价 × 实际数量），键入回车键，系统自动计算成本金额。拖动填充柄，计算出所有材料实际成本。如图 6-7 所示。

	A	B	C	D	E	F	G	H
1	原材料采购实际信息表							
2	采购日期	材料代码	供应商	材料名称	型号	实际数量(吨)	实际单价（元）	实际成本(元)
3	2020/1/20	G1	北京首钢股份有限公司	钢	优级	120	3 450	414 000
4	2020/1/20	G2	邯郸钢铁股份有限公司	钢	标准级	20	3 000	60 000
5	2020/1/30	G2	邯郸钢铁股份有限公司	钢	标准级	30	2 503	75 090
6	2020/1/20	T1	邯郸钢铁股份有限公司	铁	标准级	30	2 500	75 000
7	2020/1/30	T1	邯郸钢铁股份有限公司	铁	标准级	20	2 504	50 080
8	2020/1/10	X1	衡阳橡胶厂	熟胶	标准级	5	5 000	25 000
9	2020/1/25	X1	衡阳橡胶厂	熟胶	标准级	5	2 501	12 505
10	2020/1/10	X2	景洪橡胶厂	生胶	标准级	3	3 100	9 300
11	2020/1/25	X2	景洪橡胶厂	生胶	标准级	3	2 502	7 506

... 原材料采购计划信息表 | 原材料采购实际信息表

图 6-7 原材料采购实际成本输入

6.1.4　排序及分类汇总的应用

【业务描述】 当前日期是 2020 年 1 月 31 日，对原材料采购实际信息表进行分类汇总，建立分类汇总信息表。

操作步骤：

（1）对原材料采购实际信息表进行排序，选择“数据”|“排序”，选择材料代码作为分类字段，如图 6-8 所示，得到排序信息如图 6-9 所示。

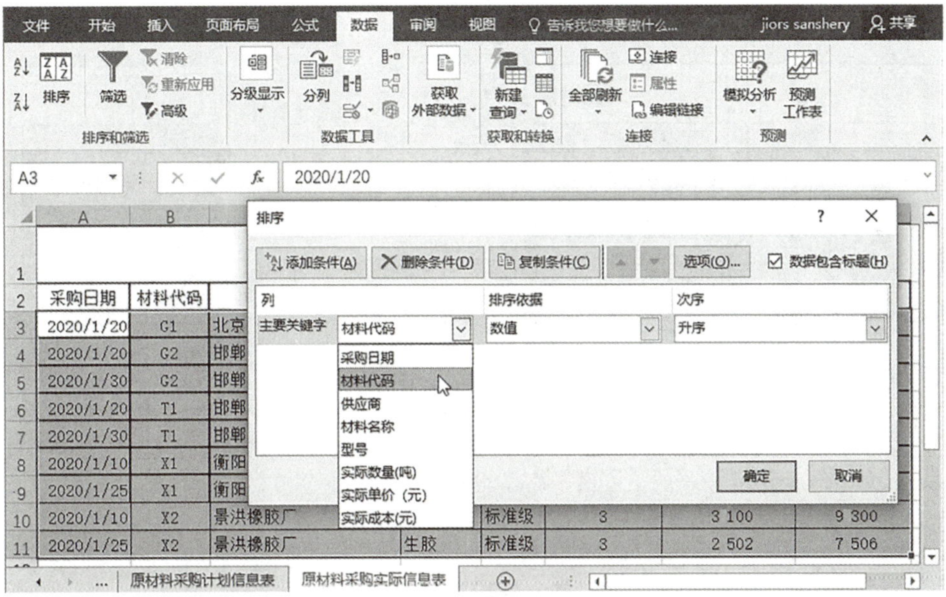

图 6-8　排序关键字的选择

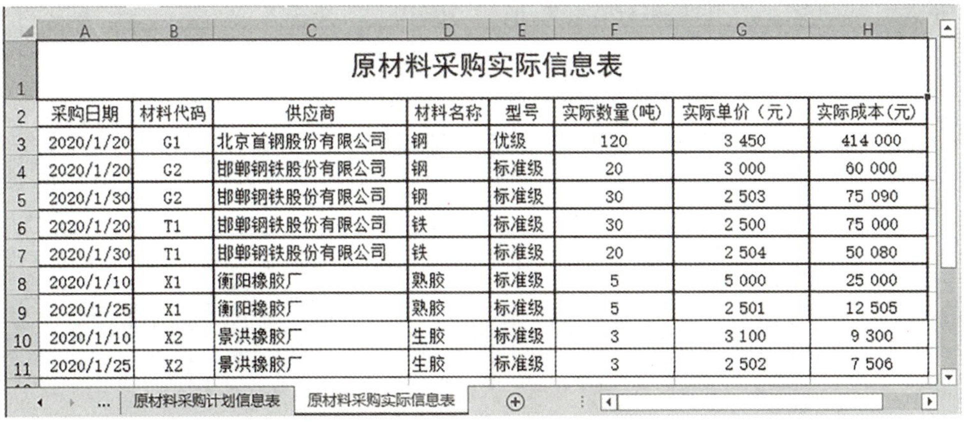

原材料采购实际信息表

采购日期	材料代码	供应商	材料名称	型号	实际数量(吨)	实际单价（元）	实际成本(元)
2020/1/20	G1	北京首钢股份有限公司	钢	优级	120	3 450	414 000
2020/1/20	G2	邯郸钢铁股份有限公司	钢	标准级	20	3 000	60 000
2020/1/30	G2	邯郸钢铁股份有限公司	钢	标准级	30	2 503	75 090
2020/1/20	T1	邯郸钢铁股份有限公司	铁	标准级	30	2 500	75 000
2020/1/30	T1	邯郸钢铁股份有限公司	铁	标准级	20	2 504	50 080
2020/1/10	X1	衡阳橡胶厂	熟胶	标准级	5	5 000	25 000
2020/1/25	X1	衡阳橡胶厂	熟胶	标准级	5	2 501	12 505
2020/1/10	X2	景洪橡胶厂	生胶	标准级	3	3 100	9 300
2020/1/25	X2	景洪橡胶厂	生胶	标准级	3	2 502	7 506

原材料采购计划信息表　原材料采购实际信息表

图 6-9　按材料代码排序的结果图

（2）对原材料采购实际信息表进行分类汇总，选择“数据”|“分类汇总”，选择材料代码作为分类字段，选择实际数量和实际成本作为汇总项，如图 6-10 所示。

（3）单击“确定”按钮，得到分类汇总结果，如图 6-11 所示。

下图中，其中左上角的数字 1、2、3 为分类级次，单击数字 2 为隐藏明细数据，如图 6-12 所示。

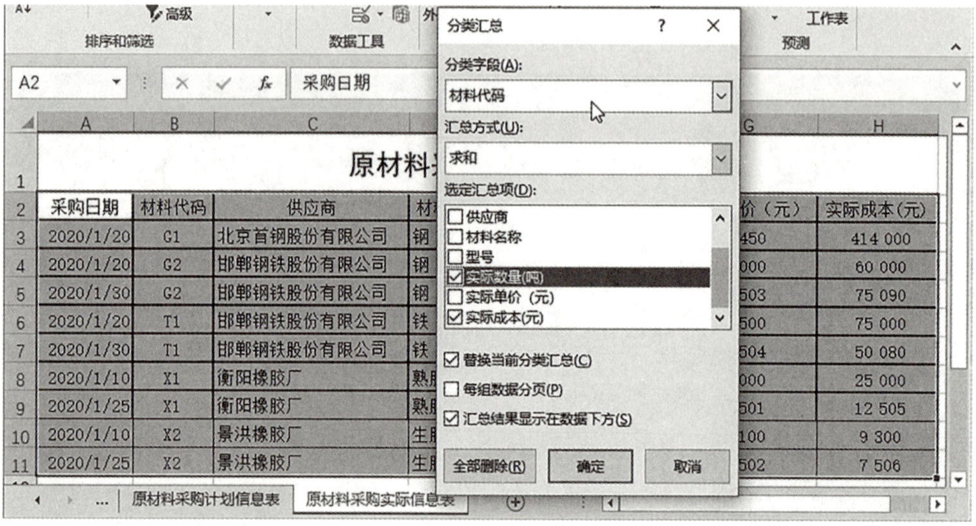

图 6-10　分类汇总条件

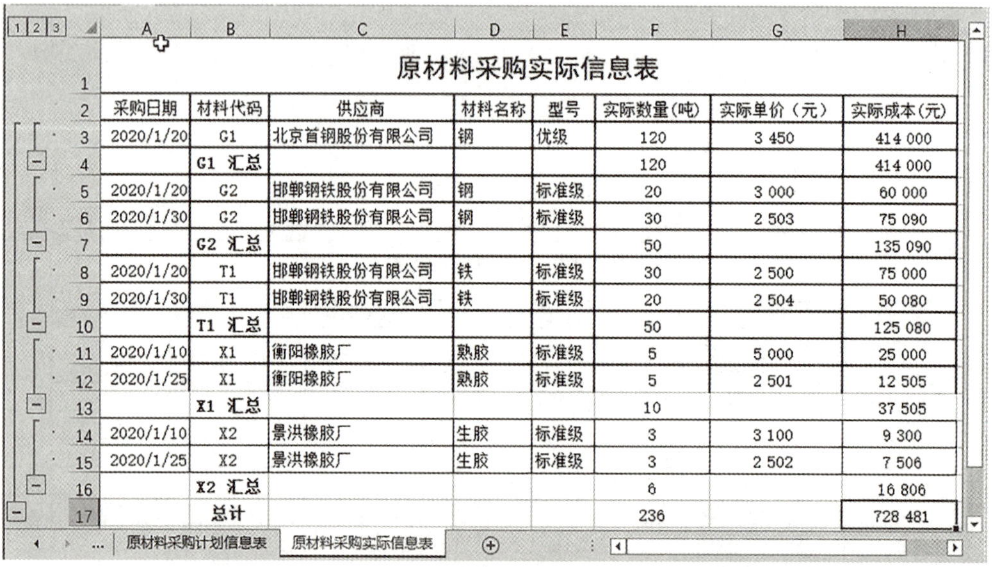

原材料采购实际信息表

采购日期	材料代码	供应商	材料名称	型号	实际数量(吨)	实际单价（元）	实际成本(元)
2020/1/20	G1	北京首钢股份有限公司	钢	优级	120	3 450	414 000
	G1 汇总				120		414 000
2020/1/20	G2	邯郸钢铁股份有限公司	钢	标准级	20	3 000	60 000
2020/1/30	G2	邯郸钢铁股份有限公司	钢	标准级	30	2 503	75 090
	G2 汇总				50		135 090
2020/1/20	T1	邯郸钢铁股份有限公司	铁	标准级	30	2 500	75 000
2020/1/30	T1	邯郸钢铁股份有限公司	铁	标准级	20	2 504	50 080
	T1 汇总				50		125 080
2020/1/10	X1	衡阳橡胶厂	熟胶	标准级	5	5 000	25 000
2020/1/25	X1	衡阳橡胶厂	熟胶	标准级	5	2 501	12 505
	X1 汇总				10		37 505
2020/1/10	X2	景洪橡胶厂	生胶	标准级	3	3 100	9 300
2020/1/25	X2	景洪橡胶厂	生胶	标准级	3	2 502	7 506
	X2 汇总				6		16 806
	总计				236		728 481

图 6-11　按材料代码分类汇总结果图

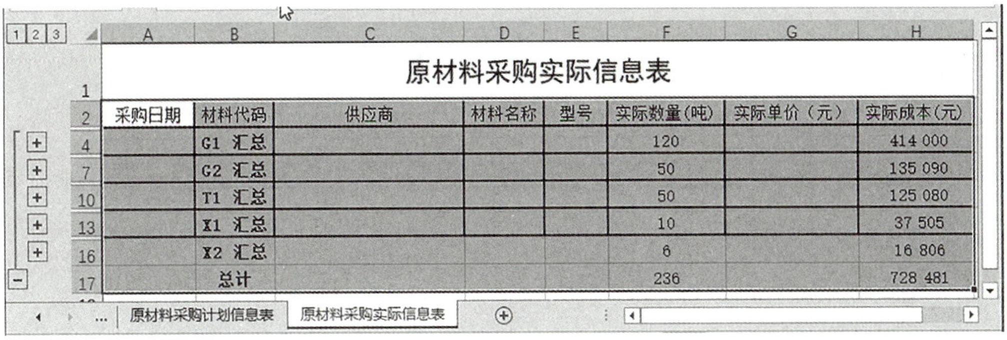

原材料采购实际信息表

采购日期	材料代码	供应商	材料名称	型号	实际数量(吨)	实际单价（元）	实际成本(元)
	G1 汇总				120		414 000
	G2 汇总				50		135 090
	T1 汇总				50		125 080
	X1 汇总				10		37 505
	X2 汇总				6		16 806
	总计				236		728 481

图 6–12　隐藏明细分类数据

6.1.5　数据图表的创建与应用

【业务描述】 当前日期是 2020 年 1 月 31 日，依据分类汇总结果制作图表。

操作步骤：

（1）制作数量柱形图表，选择数据区为“材料代码”和“实际数量”两列数据，选择“插入”|“图表，选择柱形图，如图 6–13 所示。

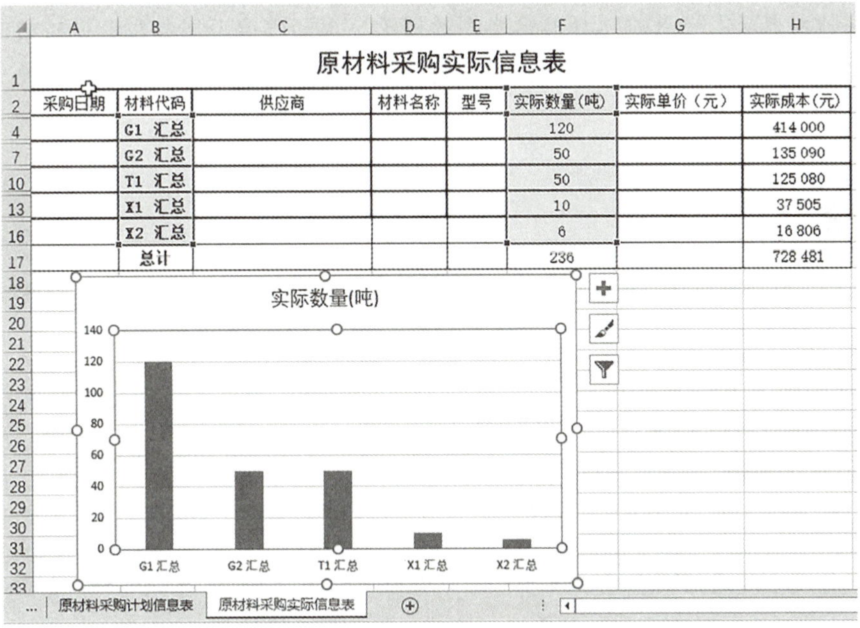

原材料采购实际信息表

采购日期	材料代码	供应商	材料名称	型号	实际数量(吨)	实际单价（元）	实际成本(元)
	G1 汇总				120		414 000
	G2 汇总				50		135 090
	T1 汇总				50		125 080
	X1 汇总				10		37 505
	X2 汇总				6		16 806
	总计				236		728 481

图 6–13　数量柱形图

（2）制作成本柱形图表，选择数据区为“材料代码”和“实际成本”两列数据，选择“插入”|“图表，选择柱形图，如图 6–14 所示。

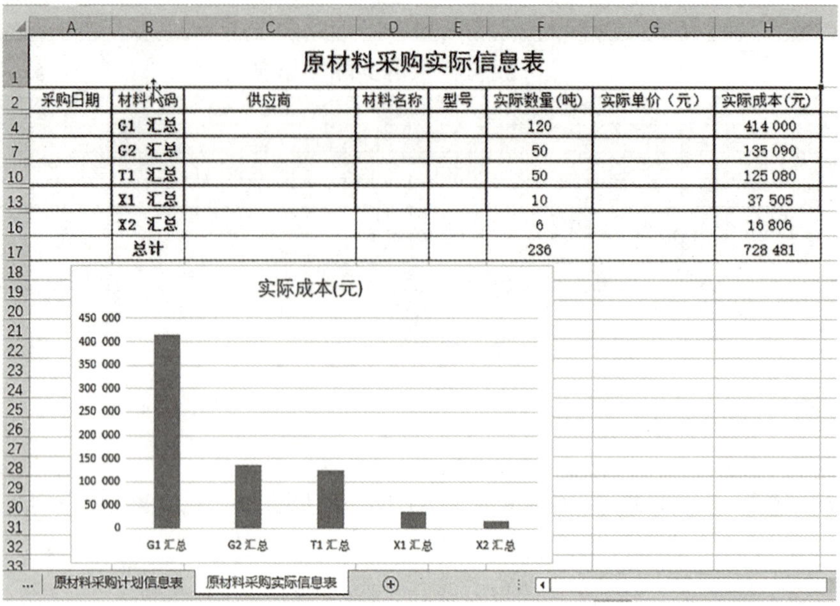

原材料采购实际信息表

采购日期	材料代码	供应商	材料名称	型号	实际数量(吨)	实际单价（元）	实际成本(元)
	G1 汇总				120		414 000
	G2 汇总				50		135 090
	T1 汇总				50		125 080
	X1 汇总				10		37 505
	X2 汇总				6		16 806
	总计				236		728 481

图 6–14　成本柱形图

知识拓展

在制作图表时，还可以选择其他类型的图表，以制作出不同类型和风格的图表，要注意图表不应当放在当前数据表中，而应用放置在一个新的工作表当中，以便于当前表数据的还原处理。

任务 6.2　销售管理核算

课程思政

同仁堂诚信营销古训

中国传统名牌名店同仁堂，其古训为“炮制虽繁必不敢省人工；品味虽贵必不敢减物力”。古人云，人无信不立，守信用、讲信誉、重信义是中华民族的传统美德，也是商业道德的主要准则。这是诚信营销的案例，也融入了同仁堂的文化自信。

通过案例介绍，让同学们思考同仁堂古训“炮制虽繁必不敢省人工；品味虽贵必不敢减物力”的营销魅力所在，进而引导学生发现“信”的重要性，培养学生守信用、讲信誉、重信义的传统美德，进而将其作为商业道德的主要准则。

引例与分析

湖南坚固轮胎有限公司为生产型企业，设有橡胶、钢模、组装三个车间。橡胶车间主要是将各种橡胶加工成各种型号的汽车内胎和外胎，钢模车间主要是将各种型号的钢铁加工成各种型号的汽车钢圈及各种钢圈的附件，组装车间是先将钢圈及附件进行组合，后将内胎及外胎组合到钢圈上，得到各种型号的汽车轮胎。

分析：对于销售管理，美国印第安纳大学的达林普教授定义如下：销售管理是计划、执行及控制企业的销售活动，以达到企业的销售目标。由此可见，销售管理是从市场营销计划的制定开始的，销售管理工作是市场营销战略计划中的一个组成部分，其目的是执行企业的市场营销战略计划，其工作的重点是制定和执行企业的销售策略，对销售活动进行管理。本情境主要以销售过程中销售数据表为中心，进一步据此数据对销售活动进行管理与分析。重点是介绍 Excel 中相关方法在销售管理中的应用。

6.2.1　销售表的建立

（1）建立客户信息表和产品规格型号表

【业务描述】 表 6–4 和表 6–5 分别是企业客户表和产品规格型号表。

表 6–4　客户信息表

类型	代码	名称	地址	电话
长期	EQ	二汽东风	重庆高新区 36 号	023–89063692
中期	SZ	陕西重汽	西安市经济技术开发区	029–86955970
短期	JZ	济南重汽	济南市天桥区无影山北路 2 号	0531–80990277

表 6–5　产品规格型号表

类型	代码	名称	规格	品质
重型	ZY	重坚一型	大	一级
重型	ZE	重坚二型	中	二级
轻型	QY	轻坚一型	小	一级
轻型	QE	轻坚二型	小	二级

操作步骤：

①在“项目 6 购销存管理”工作簿中插入一张新的工作表并重命名为“客户和产品规格型号表”。

②在“客户和产品规格型号表”中输入“表 5–4 客户信息表”中的信息。

③选中所填制的表格，点击右键，选择“定义名称”，在“名称”中输入“客户表”，单击“确定”按钮，如图 6–15 所示。

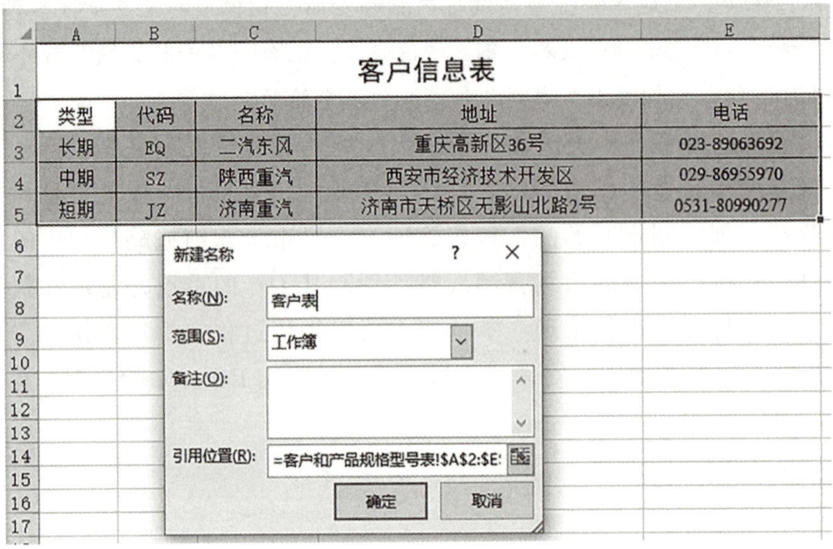

图 6–15　客户表定义名称

④在“客户和产品规格型号表”中输入“表 5–4 产品规格型号表”中的信息。

⑤选中所填制的表格，点击右键，选择“定义名称”，在“名称”中输入“产品规格型号表”，单击“确定”按钮，如图 6–16 所示。

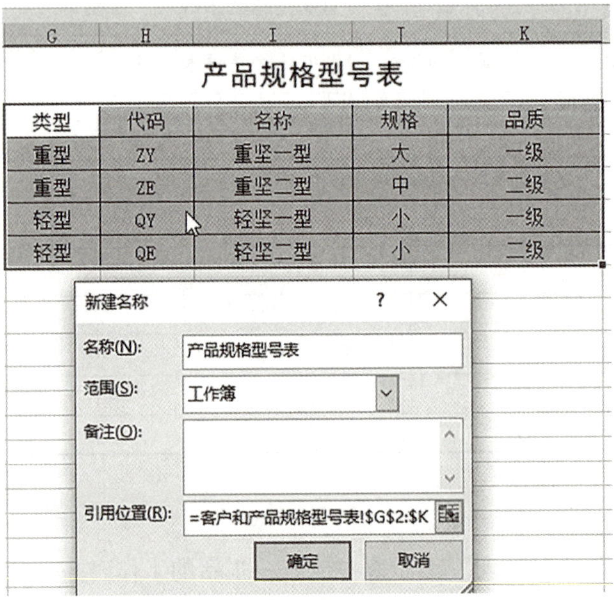

图 6–16　产品规格型号表定义名称

（2）建立产品销售信息表

【业务描述】 湖南坚固轮胎有限公司 2020 年 1 月产品销售信息如表 6–6 所示。

表 6–6　　2020 年 1 月产品销售信息

销售日期	代码	客户	商品名称	商品规格	销售数量（个）	单价（元）	销售金额（元）
2020–1–1	ZY	二汽东风	重坚一型	大	100	2 000	200 000
2020–1–10	ZE	陕西重汽	重坚二型	中	200	1 600	320 000
2020–1–12	ZY	济南重汽	重坚一型	中	100	1 600	160 000
2020–1–18	QY	二汽东风	轻坚一型	小	500	1 200	600 000
2020–1–22	QE	二汽东风	轻坚二型	小	200	1 200	240 000
2020–1–25	QY	济南重汽	轻坚一型	小	300	1 200	360 000
2020–1–28	ZE	陕西重汽	重坚二型	大	100	2 000	200 000

操作步骤：

①在“项目 6 购销存管理”工作簿中，新增一张工作表，将其重命名“产品销售信息表”，输入表 6–6 的内容。

②单击 H2 单元格，输入“=G2*F2”（销售金额 = 销售单价 × 销售数量），键入回车键，系统自动显示销售金额。拖动填充柄，输入所有商品的销售金额，如图 6–17 所示。

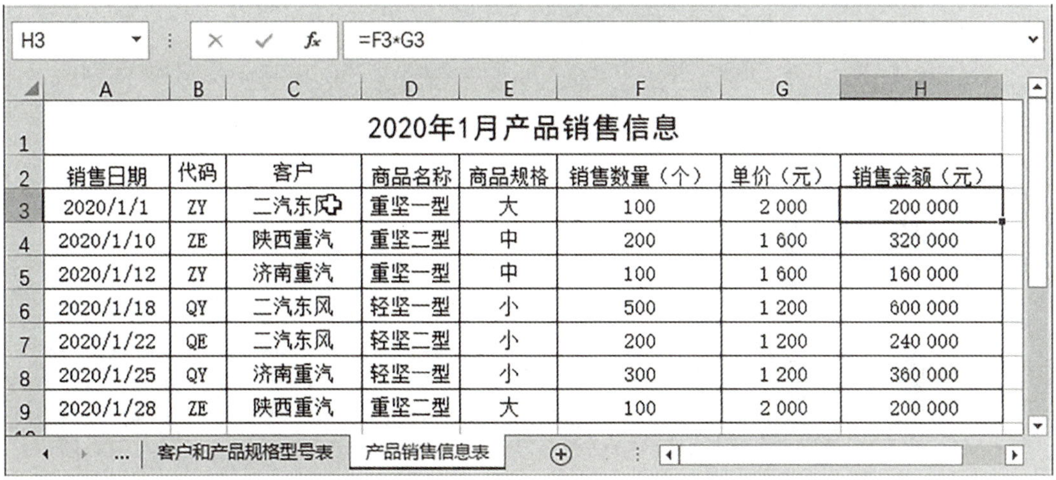

H3　=F3*G3

2020年1月产品销售信息

销售日期	代码	客户	商品名称	商品规格	销售数量（个）	单价（元）	销售金额（元）
2020/1/1	ZY	二汽东风	重坚一型	大	100	2 000	200 000
2020/1/10	ZE	陕西重汽	重坚二型	中	200	1 600	320 000
2020/1/12	ZY	济南重汽	重坚一型	中	100	1 600	160 000
2020/1/18	QY	二汽东风	轻坚一型	小	500	1 200	600 000
2020/1/22	QE	二汽东风	轻坚二型	小	200	1 200	240 000
2020/1/25	QY	济南重汽	轻坚一型	小	300	1 200	360 000
2020/1/28	ZE	陕西重汽	重坚二型	大	100	2 000	200 000

客户和产品规格型号表　产品销售信息表

图 6–17　产品销售信息表

知识拓展

在创建产品销售信息表时需要注意规范：

（1）规范客户名称的输入。

（2）规范商品名称的输入。

（3）对以上两个方面的规范需要应用到查找引用函数 VLOOKUP，VLOOKUP 的格式如下：

VLOOKUP（查找值，查找范围名称，引用被查找范围名称的下列，是否精确匹配），其功能是：在数据表的首列查找指定的数值，并由此返回数据表当前行中指定列处的数值。

（4）具体对图 6-18 而言，在 D2 单元格中可以输入公式可以参照前面采购信息表的规范来进行。

（5）对客户数据可以采用前面相关知识进行数据验证进行控制。

6.2.2 销售活动汇总分析

（1）排序及分类汇总的应用

【业务描述】 当前日期是 2020 年 1 月 31 日，对产品销售信息表进行分类汇总，建立分类汇总信息表。

操作步骤：

①对产品销售信息表进行排序，选择“数据”|“排序”，选择代码作为分类字段，得到排序信息如图 6-18 所示。

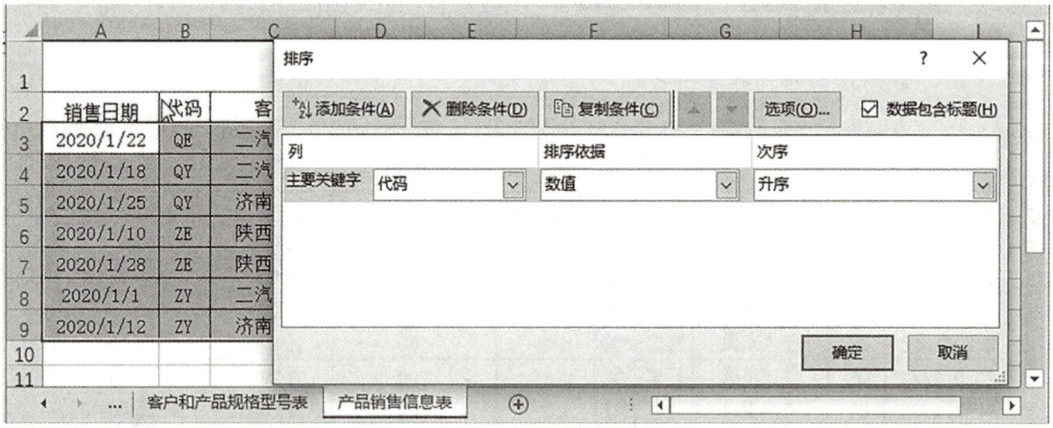

图 6-18　按代码排序的结果图

②对产品销售信息表进行分类汇总，选择“数据”|“分类汇总”，选择代码作为分类

字段，选择销售数量和销售金额作为汇总项，如图 6-19 所示。

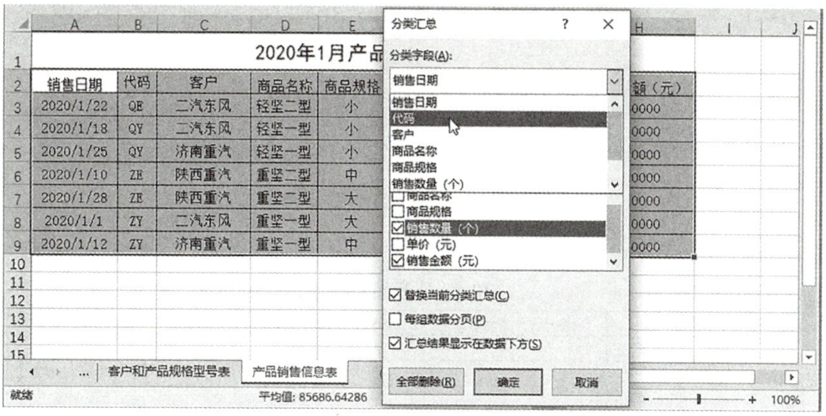

图 6-19　分类汇总

③单击“确定”按钮，得到分类汇总结果，如图 6-20 所示。

2020年1月产品销售信息							
销售日期	代码	客户	商品名称	商品规格	销售数量（个）	单价（元）	销售金额（元）
2020/1/22	QE	二汽东风	轻坚二型	小	200	1 200	240 000
	QE 汇总				200		240 000
2020/1/18	QY	二汽东风	轻坚一型	小	500	1 200	600 000
2020/1/25	QY	济南重汽	轻坚一型	小	300	1 200	360 000
	QY 汇总				800		960 000
2020/1/10	ZE	陕西重汽	重坚二型	中	200	1 600	320 000
2020/1/28	ZE	陕西重汽	重坚二型	大	100	2 000	200 000
	ZE 汇总				300		520 000
2020/1/1	ZY	二汽东风	重坚一型	大	100	2 000	200 000
2020/1/12	ZY	济南重汽	重坚一型	中	100	1 600	160 000
	ZY 汇总				200		360 000
	总计				1 500		2 080 000

图 6-20　按代码分类汇总结果图

上图中，其中左上角的数字 1、2、3 为分类级次，单击数字 2 为隐藏明细数据，如图 6-21 所示。

2020年1月产品销售信息							
销售日期	代码	客户	商品名称	商品规格	销售数量（个）	单价（元）	销售金额（元）
	QE 汇总				200		240 000
	QY 汇总				800		960 000
	ZE 汇总				300		520 000
	ZY 汇总				200		360 000
	总计				1 500		2 080 000

图 6-21　隐藏明细分类数据

（2）数据图表的创建与应用

【业务描述】 当前日期是 2020 年 1 月 31 日，依据分类汇总结果制作图表。

操作步骤：

①制作销售数量柱形图表，选择插入，选择柱形图，单击下一步，选择数据区为“产品代码”和“销售数量”两列数据，如图 6-22 所示。

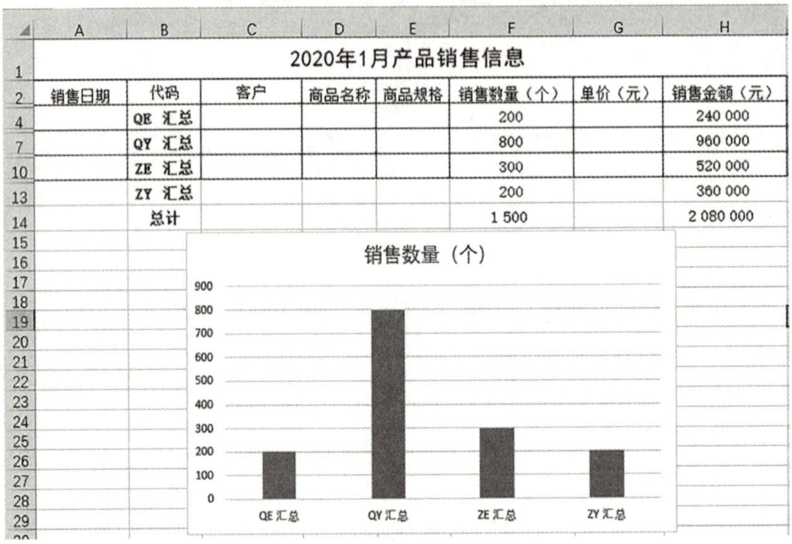

2020年1月产品销售信息

销售日期	代码	客户	商品名称	商品规格	销售数量（个）	单价（元）	销售金额（元）
	QE 汇总				200		240 000
	QY 汇总				800		960 000
	ZE 汇总				300		520 000
	ZY 汇总				200		360 000
	总计				1 500		2 080 000

图 6-22　数量柱形图

②制作销售金额柱形图表，选择插入，选择柱形图，单击下一步，选择数据区为“产品代码”和“销售金额”两列数据，如图 6-23 所示。

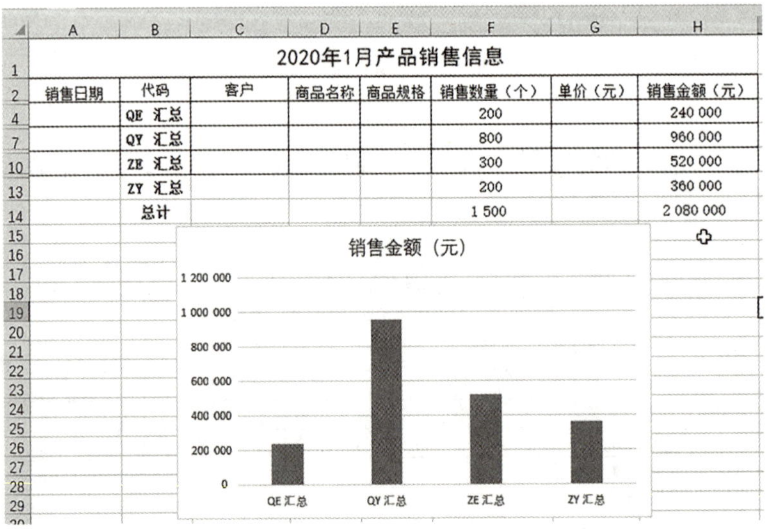

2020年1月产品销售信息

销售日期	代码	客户	商品名称	商品规格	销售数量（个）	单价（元）	销售金额（元）
	QE 汇总				200		240 000
	QY 汇总				800		960 000
	ZE 汇总				300		520 000
	ZY 汇总				200		360 000
	总计				1 500		2 080 000

图 6-23　销售金额柱形图

知识拓展

在制作图表时，还可以选择其他类型的图表，以制作出不同类型和风格的图表，注意：图表不应当放在当前数据表中，而应用放置在一个新的工作表当中，以便于当前表数据的还原处理。

任务 6.3 库存管理核算

课程思政

田向红同志先进事迹

田向红，女，1976 年出生，该同志原工作于鄢陵公司，2011 年为支援许昌新区公司组建调任于本公司。自 2012 年起负责许昌公司的仓库保管及小区入户安检工作，自她管理仓库以来，公司在该方面有了很大提升，且并无任何账实不符事件发生，受到公司领导的好评，为公司的后勤保障做出了很大的贡献。

由于许昌公司特殊的地理位置，鄢陵的同志每天都需要来往七十公里。该同志无论寒暑，始终将工作放在第一位，无数次在别人都在举家欢庆的节假日仍任劳任怨地站在工作岗位上，默默无闻地奉献着。该同志时刻严格要求自己，真正做到材料入库时仔细清点，对所有入库材料进行严格验收，登记入库，材料出库时更是严格按照材料单及时发放各种材料，并做好工程材料的出库登记工作。在从保管的这一年来，她都是这样认认真真做好每一次收发，没有出过任何一次差错。为了能更好做好仓库材料的保管工作，在许昌分公司仓库储备空间越来越不能满足对工程材料的需要，她花大力气将公司仓库重新清理，合理利用仓库空间，分类调整工程材料存放地点，提高仓库的使用效率，有效改善了仓储环境，并力求杜绝材料损毁事故的发生。积极参与到公司组织的冬季安全大排查活动，并牺牲个人休假时间以加快安全排查进度。在仅仅一个月的时间内，就带领客服员工基本完成许昌地区的入户安检工作。入户工作期间积极为用户排忧解难，耐心解答广大用户关于燃气使用的各种问题，努力使客户满意度达到 100%。

通过案例介绍，让同学们思考田向红同志，作为一个小小的仓库管理员，在平凡的工作岗位上干出不平凡业绩的背后原因，进而引导学生发现精于专业、爱岗敬业、乐于奉献的重要性，只要我们具备了这些优良品质，必将在平凡的工作岗位上干出一番不平凡的事业来。

引例与分析

由于目前市场竞争激励湖南坚固轮胎有限公司准备转型为商业企业，公司以目前所掌握的人脉和货源，从各大厂家以低价采购橡胶和钢铁，高价销售给客户，以赚取利润。

分析： 库存管理主要内容是综合反映库存商品的进销存情况。本子情境主要任务是实现发生进货入库业务，自动统计采购信息，发生销货出库业务，自动统计销货信息；动态反映企业库存数量变化，期末根据全月加权平均法自动计算加权平均单价，销售成本、库存金额、销售毛利等。

6.3.1 建立库存管理信息表

【**业务描述**】设置如表 6–7 所示的库存管理信息表。

表 6–7　　库存管理信息表

商品代码	期初数量	期初金额	采购数量	采购金额	销售数量	销售金额	库存数量	平均单价	库存金额	销售成本	毛利
本月合计											

操作步骤：

打开“项目 6 购销存管理”的工作簿，新增一个工作表，并将其命名为“库存管理信息表”，根据表 6–7 中内容输入相应的内容，如图 6–24 所示。

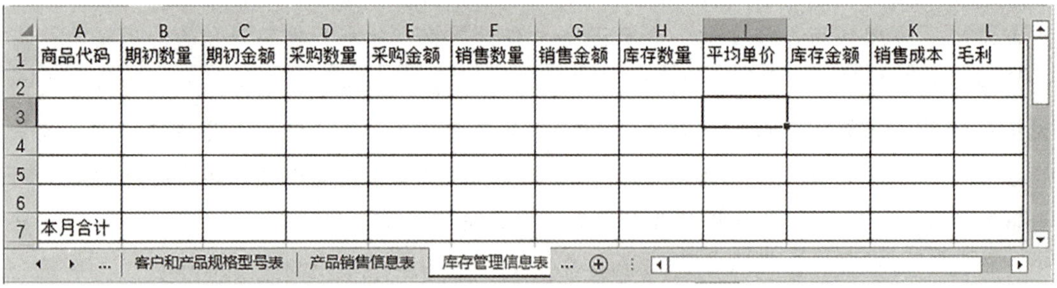

图 6–24　库存管理信息表

6.3.2 自动统计采购信息

【**业务描述**】当发生采购信息时，自动统计采购信息。

操作步骤：

（1）输入商品代码：G1、G2、T1、X1、X2。

（2）设置采购数量公式。在 D2 单元格中输入："=SUMIF(原材料采购实际信息表!B:B,A2,原材料采购实际信息表!F:F)"，并复制到该列其他单元格中。

（3）设置采购金额公式。在 E2 单元格中输入："=SUMIF(原材料采购实际信息表!B:B,A3,原材料采购实际信息表!H:H)"，并复制到该列其他单元格中，如图 6–25 所示。

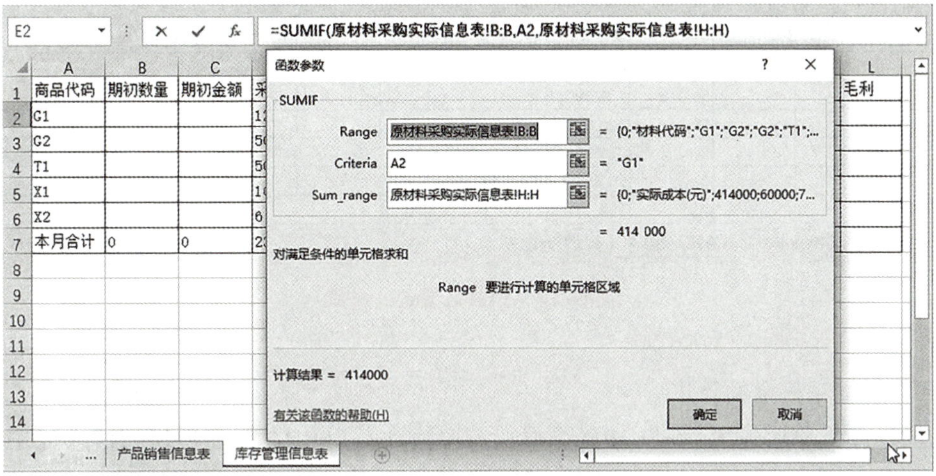

图 6–25　采购信息统计结果

6.3.3　自动统计销售信息

【业务描述】　当发生销售信息时，自动统计销售信息。

操作步骤：

（1）在"项目 6 购销存管理"工作簿中，增加一个工作表，将其命名为"原材料销售信息表"，输入的材料销售内容，如图 6–26 所示。

销售日期	材料代码	客户	材料名称	型号	销售数量（吨）	销售单价（元）	销售金额(元)
2020/1/10	X1	红星橡胶厂	熟胶	标准级	5	8 000	40 000
2020/1/10	X2	天恒橡胶厂	生胶	标准级	3	4 000	12 000
2020/1/20	T1	长沙钢铁公司	铁	标准级	20	2 900	58 000
2020/1/22	G1	武汉钢铁公司	钢	优级	100	4 000	400 000
2020/1/23	G2	长沙钢铁公司	钢	标准级	15	3 500	52 500
2020/1/25	X1	红星橡胶厂	熟胶	标准级	5	3 500	17 500
2020/1/25	X2	天恒橡胶厂	生胶	标准级	3	4 000	12 000
2020/1/28	G2	长沙钢铁公司	钢	标准级	10	3 000	30 000
2020/1/30	T1	长沙钢铁公司	铁	标准级	15	3 100	46 500

图 6–26　原材料销售信息表

注意： 此步骤在实际的商品流通企业里早就应该建立好。

（2）设置销售数量公式。

在库存管理信息表中，在 F2 单元格中输入："=SUMIF(原材料销售信息表 !B:B,A2, 原材料销售信息表 !F:F)"，并下拉填充柄复制公式到该列其他单元格中，如图 6–27 所示。

F2 =SUMIF(原材料销售信息表!B:B,A2,原材料销售信息表!F:F)

	A	B	C	D	E	F	G	H	I	J	K	L
1	商品代码	期初数量	期初金额	采购数量	采购金额	销售数量	销售金额	库存数量	平均单价	库存金额	销售成本	毛利
2	G1			120	414 000	100						
3	G2			50	135 090	25						
4	T1			50	125 080	35						
5	X1			10	37 505	10						
6	X2			6	16 806	6						
7	本月合计	0	0	236	728 481	176						

产品销售信息表　库存管理信息表　原材料销售信息表

图 6–27　销售数量公式设置

（3）设置销售金额公式。

在 G2 单元格中输入："=SUMIF(原材料销售信息表 !B:B,A2, 原材料销售信息表 !H:H)"，并下拉填充柄复制公式到该列其他单元格中如图 6–28 所示。

G2 =SUMIF(原材料销售信息表!B:B,A2,原材料销售信息表!H:H)

	A	B	C	D	E	F	G	H	I	J	K	L
1	商品代码	期初数量	期初金额	采购数量	采购金额	销售数量	销售金额	库存数量	平均单价	库存金额	销售成本	毛利
2	G1			120	414 000	100	400 000					
3	G2			50	135 090	25	82 500					
4	T1			50	125 080	35	104 500					
5	X1			10	37 505	10	57 500					
6	X2			6	16 806	6	24 000					
7	本月合计	0	0	236	728 481	176	668 500					

产品销售信息表　库存管理信息表　原材料销售信息表

图 6–28　销售数量金额统计表

6.3.4　统计库存信息

【业务描述】 库存信息设置。

操作步骤：

（1）设置库存数量公式。库存管理信息表中，在单元格 H2 中设置公式：=B2+D2–F2，将该公式复制到该列其他单元格中。

（2）设置加权平均单价。平均单价 =（期初库存金额 + 本期采购金额）/（期初库存

数量 + 本期采购数量），在 I2 单元格中输入公式：=(C2+E2)/(B2+D2)，将此公式复制到该列其他单元格中。

（3）设置库存金额公式。在 J2 单元格中输入公式：=H2*I2，将此公式复制到该列其他单元格中。如图 6–29 所示。

J2　=H2*I2

	A	B	C	D	E	F	G	H	I	J	K	L
1	商品代码	期初数量	期初金额	采购数量	采购金额	销售数量	销售金额	库存数量	平均单价	库存金额	销售成本	毛利
2	G1			120	414 000	100	400 000	20	3 450.00	69 000		
3	G2			50	135 090	25	82 500	25	2 701.80	67 545		
4	T1			50	125 080	35	104 500	15	2 501.60	37 524		
5	X1			10	37 505	10	57 500	0	3 750.50	0		
6	X2			6	16 806	6	24 000	0	2 801.00	0		
7	本月合计	0	0	236	728 481	176	668 500	60	15 204.90	174 069		

产品销售信息表　库存管理信息表　原材料销售信息表

图 6–29　库存信息统计表

6.3.5　统计销售成本和销售毛利信息

【业务描述】 销售成本和销售毛利设置。

操作步骤：

（1）设置销售成本公式。销售成本 = 销售数量 × 平均单价，在 K2 单元格中输入公式：=F2*I2，将该公式复制到该列其他单元格中。

（2）设置销售毛利公式。销售毛利 = 销售金额 – 销售成本，在 L2 单元格中输入公式：=G2–K2，将该公式复制到该列其他单元格中，如图 6–30 所示。

L2　=G2-K2

	A	B	C	D	E	F	G	H	I	J	K	L
1	商品代码	期初数量	期初金额	采购数量	采购金额	销售数量	销售金额	库存数量	平均单价	库存金额	销售成本	毛利
2	G1			120	414 000	100	400 000	20	3 450.00	69 000	345 000	55 000
3	G2			50	135 090	25	82 500	25	2 701.80	67 545	67 545	14 955
4	T1			50	125 080	35	104 500	15	2 501.60	37 524	87 556	16 944
5	X1			10	37 505	10	57 500	0	3 750.50	0	37 505	19 995
6	X2			6	16 806	6	24 000	0	2 801.00	0	16 806	7 194
7	本月合计	0	0	236	728 481	176	668 500	60	15 204.90	174 069	554 412	114 088

产品销售信息表　库存管理信息表　原材料销售信息表

图 6–30　销售成本与销售毛利统计表

（3）设置本月合计公式。在 B7 单元格中输入公式：=SUM(B2:B6)，将该公式复制到该行其他单元格中。

知识拓展

（1）下月使用购销存管理系统时，首先复制一份该文件；

（2）打开“项目 6 购销存管理”工作簿，复制“库存管理信息表”工作表中的库存数量和库存金额，单击鼠标右键，选择“选择性粘贴”命令，选择粘贴数值方式分别复制到期初数量和期初金额。

（3）删除采购表和销货表中的数据。注意要保留第一条记录，否则公式也删除了。

（4）进货汇总表和销货汇总表到期末只需要进行数据更新即可。

项目小结

本项目讲述了利用 Excel 进行购销存管理系统的业务制作，创建采购表、销售表、库存表及其相关表；介绍购销存数据分析的基本方法及应用；建立基于采购表、销售表、库存表的对应图表。

【职业能力训练】

1. 简述运用 Excel 进行购销存管理的工作思路。

2. 简述如何对采购管理进行图表分析。

【技能强化训练】

利用所提供的资料为东方公司设置购销存管理。

实训资料一：衡阳仁科公司 2020 年 1 月份期初库存情况表如表 6–8 所示。

实习要求：掌握期初库存情况表的创建。

表 6–8　期初库存情况

商品代码	供应商	商品名称	型号	单位	期初数量	期初金额
0010001	长虹	彩电	36 寸	台	1	4 500
0010002	长虹	彩电	29 寸	台	1	3 800
0010003	长虹	彩电	25 寸	台	1	3 000
0010004	长虹	空调	2P	台	1	3 000
0020001	海尔	洗衣机	全自动	台	1	3 500
0020002	海尔	洗衣机	小神童	台	1	2 500
0020003	海尔	冰箱	196L	台	1	3 200
0020004	海尔	空调	2P	台	1	3 700
0030001	新飞	冰箱	196L	台	1	3 000
0030002	新飞	冰箱	260L	台	1	3 300
0030003	小天鹅	洗衣机	滚筒	台	1	1 800
0030004	小天鹅	洗衣机	波轮	台	0	0

实训指导：

（1）启动 Excel 2016，建立一个名为“项目 6 购销存管理”的工作簿；

（2）将“项目 6 购销存管理”工作簿中的“Sheet1”表重命名为“期初库存情况表”，并输入表中的内容。

实训资料二：1 月采购入库情况如表 6–9 所示。

实习要求：掌握采购入库情况表的创建。

表 6–9　　1 月采购入库情况表

入库日期	商品代码	供应商	商品名称	规格	采购数量	单价
2020–1–1	0010001	长虹	彩电	36 寸	12	4 500
2020–1–1	0010003	长虹	彩电	25 寸	12	3 000
2020–1–5	0010004	长虹	空调	2P	20	3 500
2020–1–5	0020002	海尔	洗衣机	小神童	25	2 800
2020–1–10	0020001	海尔	洗衣机	全自动	10	3 800
2020–1–11	0040002	小天鹅	洗衣机	波轮	20	3 200
2020–1–12	0030001	新飞	冰箱	196L	5	3 000

实训指导：

（1）打开“项目 6 购销存管理”工作簿；

（2）新增一个工作表，将其重命名为“1 月采购入库情况表”，并输入表中的内容。

实训资料三：1 月销货出库情况如表 6–10 所示。

实习要求：掌握销货出库情况表的创建。

表 6–10　　1 月销货出库情况表

出库日期	商品代码	客户	商品名称	规格	销售数量	售价	销售金额
2020–1–2	0010001	华联	彩电	36 寸	2	4 800	9 600
2020–1–15	0020001	华联	洗衣机	全自动	1	3 900	3 900
2020–1–20	0010001	国美	彩电	36 寸	2	4 900	9 800
2020–1–21	0030001	个人	冰箱	196L	1	3 800	3 800
2020–1–25	0020002	八方	洗衣机	小神童	3	3 100	9 300

实训指导：

（1）打开“项目 6 购销存管理”工作簿；

（2）新增一个工作表，并将其重命名为“1 月销货出库情况表”，并输入表中的内容。

实训资料四：建立库存管理表如图 6–31 所示。

	A	B	C	D	E	F	G	H	I	J	K	L
1	商品代码	期初数量	期初金额	采购数量	采购金额	销售数量	销售金额	库存数量	平均单价	库存金额	销售成本	毛利
2	0010001	1	4 500	12	54 000	4	19400	9	4 500	40 500	18 000	1 400
3	0010002	1	3 800	0	0	0	0	1	3 800	3 800	0	0
4	0010003	1	3 000	12	36 000	0	0	13	3 000	39 000	0	0
5	0010004	1	3 000	20	70 000	0	0	21	3 476	73 000	0	0
6	0020001	1	3 500	10	38 000	1	3 900	10	3 773	37 727	3 773	127
7	0020002	1	2 500	25	70 000	3	9 300	23	2 788	64 135	8 365	935
8	0020003	1	3 200	0	0	0	0	1	3 200	3 200	0	0
9	0020004	1	3 700	0	0	0	0	1	3 700	3 700	0	0
10	0030001	1	3 000	5	15 000	1	3 800	5	3 000	15 000	3 000	800
11	0030002	1	3 300	0	0	0	0	1	3 300	3 300	0	0
12	0030003	1	1 800	0	0	0	0	1	1 800	1 800	0	0
13	0030004	0	0	0	0	0	0	0				
14	0040001	0	0	0	0	0	0	0				
15	0040002	0	0	20	64 000	0	0	20	3 200	64 000	0	0
16	0040003	0	0	0	0	0	0	0				
17	0040004	0	0	0	0	0	0	0				
18	本月合计											

图 6–31　所建立的库存管理表

实训要求：掌握库存管理表的创建。

实训指导：

①打开“项目 6 购销存管理”工作簿；

②增加一个新工作表，将新工作表重命名为“库存管理表”，并输入图 6–31 的内容。

③其中：期初数量、期初金额、采购数量、采购金额、销售数量、销售金额、库存数量、平均单价、库存金额、销售成本、毛利等项目应该利用公式自动生成。其公式分别为：

期初数量：=SUMIF(期初库存情况!$A$2:$A$13,库存管理表!A2,期初库存情况!$F$2:$F$13)

期初金额：=SUMIF(期初库存情况!$A$2:$A$13,库存管理表!A2,期初库存情况!$G$2:$G$13)

采购数量：=SUMIF('1 月采购入库情况表'!$B$2:$B$8,库存管理表!A2,'1 月采购入库情况表'!$F$2:$F$8)

采购金额：=SUMIF('1 月采购入库情况表'!$B$2:$B$8,库存管理表!A2,'1 月采购入库情况表'!$F$2:$F$8)*SUMIF('1 月采购入库情况表'!$B$2:$B$8,库存管理表!A2,'1 月采购入库情况表'!$G$2:$G$8)

销售数量：=SUMIF('1 月销货出库情况表'!$B$2:$B$6,库存管理表!A2,'1 月销货出库情况表'!$F$2:$F$6)

销售金额：=SUMIF('1 月销货出库情况表'!$B$2:$B$6,库存管理表!A2,'1 月销货出库情况表'!$H$2:$H$6)

库存数量：=B2+D2−F2

平均单价：=IF(B2+D2=0,"",(C2+E2)/(B2+D2))

库存金额：=IF(H2=0,"",H2*I2)

销售成本：=IF(I2="","",F2*I2) 毛利：=IF(K2="","",G2−K2)

【学习评价】

职业核心能力测评表

（在□中打√，A 通过，B 基本通过，C 未通过）

职业核心能力	评估标准	自测结果
自我学习	1. 能进行时间管理 2. 能选择适合自己的学习和工作方式 3. 能随时修订计划并进行意外处理 4. 能将已经学到的东西用于新的工作任务	□A　□B　□C □A　□B　□C □A　□B　□C □A　□B　□C
信息处理	1. 能根据不同需要去搜寻、获取并选择信息 2. 能筛选信息，并进行信息分类 3. 能使用多媒体等手段来展示信息	□A　□B　□C □A　□B　□C □A　□B　□C
数字应用	1. 能从不同信息源获取相关信息 2. 能依据所给的数据信息，做简单计算 3. 能用适当方法展示数据信息和计算结果	□A　□B　□C □A　□B　□C □A　□B　□C
与人交流	1. 能把握交流的主题、时机和方式 2. 能理解对方谈话的内容，准确表达自己的观点 3. 能获取信息并反馈信息	□A　□B　□C □A　□B　□C □A　□B　□C
与人合作	1. 能挖掘合作资源，明确自己在合作中能够起到的作用 2. 能同合作者进行有效沟通，理解个性差异及文化差异	□A　□B　□C □A　□B　□C
解决问题	1. 能说明何时出现问题并指出其主要特征 2. 能做出解决问题的计划并组织实施计划 3. 能对解决问题的方法适时做出总结和修改	□A　□B　□C □A　□B　□C □A　□B　□C
革新创新	1. 能发现事物的不足并提出新的需要 2. 能创新性地提出改进事物的意见和具体方法 3. 能从多种方案中选择最佳方案，在现有条件下实施	□A　□B　□C □A　□B　□C □A　□B　□C

学生签字：　　　　教师签字：　　　　20　　年　月　日

专业能力测评表

<table>
<tr><th rowspan="2">评价内容</th><th rowspan="2">权重</th><th rowspan="2">考核点</th><th colspan="3">考核得分</th></tr>
<tr><th>小组评价</th><th>教师评价</th><th>综合得分</th></tr>
<tr><td>职业素养（20分）</td><td>10</td><td>任务完成后，整齐摆放操作工具及凳子，保持工作台面整洁</td><td></td><td></td><td></td></tr>
<tr><td rowspan="3">操作能力（90分）</td><td>10</td><td>销售成本计算公式设置</td><td></td><td></td><td></td></tr>
<tr><td>30</td><td>自动统计采购信息、自动统计销售信息</td><td></td><td></td><td></td></tr>
<tr><td>60</td><td>完成规定的项目任务。数据完整、正确，每处错误扣 2 分。资料未整理扣 5 分</td><td></td><td></td><td></td></tr>
<tr><td colspan="2">组长签字：</td><td>教师签字：</td><td colspan="3">20　　年　月　日</td></tr>
</table>

项目 7

财务决策、分析岗位

【职业能力及成果目标】

1. 专业能力

了解货币时间价值，能熟练利用 Excel 进行有关复利终值、复利现值、年金终值、年金现值的计算、分析。了解财务报表分析各项指标的计算公式，能熟练利用 Excel 引用各个工作表中的数据，以及进行各种图表分析，掌握财务比率分析法、财务结构分析法、财务比较分析法、财务趋势分析法和财务综合分析法等财务分析方法。进行统计分析，并在真实的工作情境下掌握有关财务分析模型的建立和应用。

2. 职业素养能力

运用所学理论和方法进行财务决策，分析企业财务状况和经营成果，提高自己参与经济活动的能力，自觉规范自己在经济生活中的行为。

【主要概念】

货币时间价值、财务比

【岗课证赛融合】

本章为业财税融合 1+ X 证书《Excel 财务应用》项目六 Excel 在货币时间价值中应用及项目十 Excel 在财务分析中应用技能点。

任务 7.1　货币时间价值

课程思政

撕心裂肺的痛——请远离校园贷

小张是某大学的学生，家庭环境一般，平时生活费也就一个月一千元左右，有时候稍微开支大一些就超支了，眼看着身边很多同学身穿名牌衣服，手拿苹果手机，让小张羡慕不已。在一次偶然中小张看到了一则关于校园贷的广告，处于羡慕和攀比的心里让小张产生了贷款的想法，就这样小张就在借贷公司的忽悠下，前去和他们签订合同。由于心里充满了对钱的渴望，签合同的时候，小张甚至都没怎么看合同内容。结果小张就借了一笔 8000 元，对方也没有急着催他还钱，突然有一天，小张接到了借贷公司那边的电话，对方让小张一个月之内准备好二十万，否则的话下场很惨！听到这个消息，小张直接吓懵了，自己只是一个在校大学生，哪里拿得出这么多钱。可借贷公司那边不管，三天两头给小李打电话，甚至打电话给他身边的同学，还多次派人去学校门口堵他，给她学习和生活上造成了很大的影响。最后小张因无力偿还贷款，在一个宾馆内烧炭自杀，结束了自己年轻的生命。

警方还提醒广大市民:《最高人民法院关于审理民间借贷案件适用法律若干问题的规定》指出，借贷双方约定的利率未超过年利率 24%，出借人请求借款人按照约定的利率支付利息的，人民法院应予支持。若借贷双方约定的利率超过年利率 36%，超过部分的利息约定无效。借款人请求出借人返还已支付的超过年利率 36% 部分的利息的，人民法院应予支持。所以面对这种民间非法借贷，大家一定要敢于利用法律的武器保护自己，当然最重要的是不要涉及其中，不然即使有法律保护，你的生活也会因此深受影响，甚至家破人亡。

引例与分析

衡阳仁科公司为一家中小型制造类企业，为了降低资金成本，充分发挥财务杠杆作用，完善现代企业财务体制，企业拟进行一系列的投资与筹资活动。

分析：现代财务管理制度下投资活动与筹资活动的决策往往需要考虑资本成本，而资本成本的计算又要运用货币时间价值。

7.1.1　有关复利系数表的生成

【业务描述】 为了便于以后有关数据的计算，现利用 Excel 生成复利终值系数表、年金终值系数表、复利现值系数表、年金现值系数表。

操作步骤：

（1）生成复利终值系数表。

①新建一个工作簿并将其命名为“项目 7 财务决策实务”。

②双击 Sheet1，将其命名为“复利终值系数表”。

③设置复利终值系数表各项目。在 A2 单元格输入“期数”，在 B2 单元格输入“1%”，在 C2 单元格输入“2%”，选中 B2:C2 单元格，往右拖动填充柄至 10%（利率范围根据需要适当设定）。在 A3 单元格输入“1”，选中 A3 单元格，按住 Ctrl 键拖动填充柄至 10（期数范围根据需要适当设定）。在 A1 单元格输入“复利终值系数表”，将 A1:K1 单元格合并，进行相关单元格设置，如图 7–1 所示。

复利终值系数表										
期数	1%	2%	3%	4%	5%	6%	7%	8%	9%	10%
1										
2										
3										
4										
5										
6										
7										
8										
9										
10										

图 7–1　复利终值系数表框架

④复利终值系数的计算。在 B3 单元格输入“=ROUND(FV(B$2,$A3,,–1),4)”，选中 B3 单元格，按住填充柄往右填充，选中 B3:K3 单元格，按住填充柄往下填充，如图 7–2 所示。

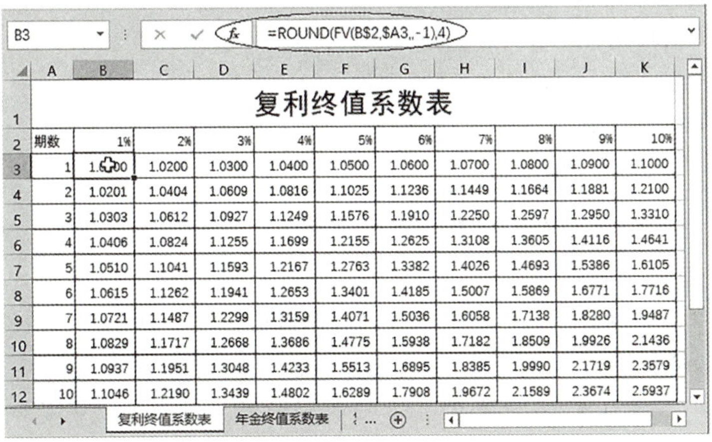

复利终值系数表										
期数	1%	2%	3%	4%	5%	6%	7%	8%	9%	10%
1	1.[illegible]00	1.0200	1.0300	1.0400	1.0500	1.0600	1.0700	1.0800	1.0900	1.1000
2	1.0201	1.0404	1.0609	1.0816	1.1025	1.1236	1.1449	1.1664	1.1881	1.2100
3	1.0303	1.0612	1.0927	1.1249	1.1576	1.1910	1.2250	1.2597	1.2950	1.3310
4	1.0406	1.0824	1.1255	1.1699	1.2155	1.2625	1.3108	1.3605	1.4116	1.4641
5	1.0510	1.1041	1.1593	1.2167	1.2763	1.3382	1.4026	1.4693	1.5386	1.6105
6	1.0615	1.1262	1.1941	1.2653	1.3401	1.4185	1.5007	1.5869	1.6771	1.7716
7	1.0721	1.1487	1.2299	1.3159	1.4071	1.5036	1.6058	1.7138	1.8280	1.9487
8	1.0829	1.1717	1.2668	1.3686	1.4775	1.5938	1.7182	1.8509	1.9926	2.1436
9	1.0937	1.1951	1.3048	1.4233	1.5513	1.6895	1.8385	1.9990	2.1719	2.3579
10	1.1046	1.2190	1.3439	1.4802	1.6289	1.7908	1.9672	2.1589	2.3674	2.5937

图 7–2　复利终值系数表

（2）生成年金终值系数表。

①新增一个工作表，将其重命名为“年金终值系数表”。框架部分操作与“复利终值系数表”步骤③相同。

②在 B3 单元格输入“=ROUND(FV(B$2,$A3,-1,),4)”，选中 B3 单元格，按住填充柄往右填充，选中 B3：K3 单元格，按住填充柄往下填充，如图 7-3 所示。

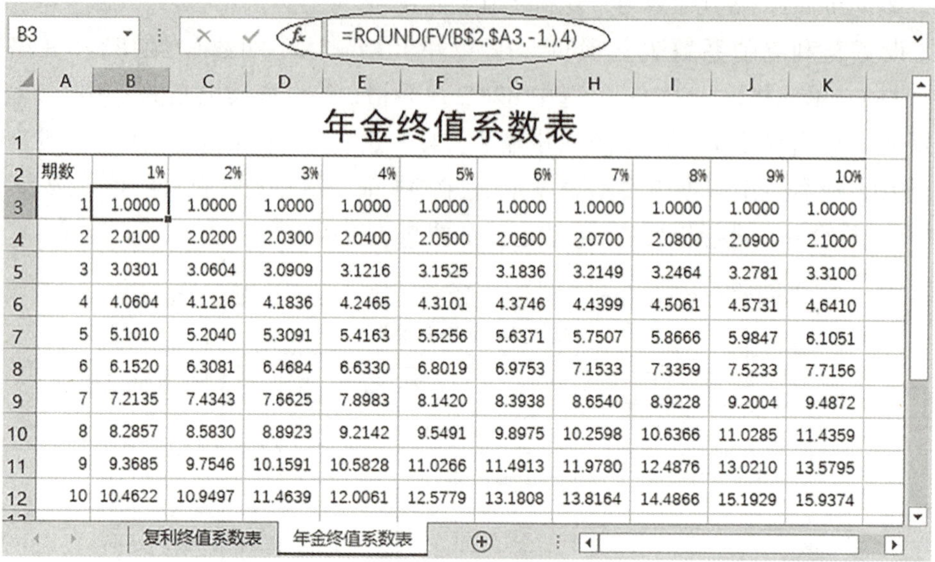

年金终值系数表

期数	1%	2%	3%	4%	5%	6%	7%	8%	9%	10%
1	1.0000	1.0000	1.0000	1.0000	1.0000	1.0000	1.0000	1.0000	1.0000	1.0000
2	2.0100	2.0200	2.0300	2.0400	2.0500	2.0600	2.0700	2.0800	2.0900	2.1000
3	3.0301	3.0604	3.0909	3.1216	3.1525	3.1836	3.2149	3.2464	3.2781	3.3100
4	4.0604	4.1216	4.1836	4.2465	4.3101	4.3746	4.4399	4.5061	4.5731	4.6410
5	5.1010	5.2040	5.3091	5.4163	5.5256	5.6371	5.7507	5.8666	5.9847	6.1051
6	6.1520	6.3081	6.4684	6.6330	6.8019	6.9753	7.1533	7.3359	7.5233	7.7156
7	7.2135	7.4343	7.6625	7.8983	8.1420	8.3938	8.6540	8.9228	9.2004	9.4872
8	8.2857	8.5830	8.8923	9.2142	9.5491	9.8975	10.2598	10.6366	11.0285	11.4359
9	9.3685	9.7546	10.1591	10.5828	11.0266	11.4913	11.9780	12.4876	13.0210	13.5795
10	10.4622	10.9497	11.4639	12.0061	12.5779	13.1808	13.8164	14.4866	15.1929	15.9374

图 7-3　年金终值系数表

知识链接

复利（Compound Interest），是指在计算利息时，某一计息周期的利息是由本金加上先前周期所积累利息总额来计算的计息方式，也即通常所说的利滚利。

年金（Annuity）是指一定时期内每次等额收付的系列款项，通常用 A 来表示。

复利终值（包括复利终值与年金终值）使用 FV 函数来计算。

语法形式：FV（rate，nper，pmt，[pv]，[type]）

Rate 必需。各期利率。

Nper 必需。年金的付款总期数。

Pmt 必需。各期所应支付的金额，在整个年金期间保持不变。通常 pmt 包括本金和利息，但不包括其他费用或税款。如果省略 pmt，则必须包括 pv 参数。

pv 可选。现值，或一系列未来付款的当前值的累积和。如果省略 pv，则假定其值为 0（零），并且必须包括 pmt 参数。

Type 可选。数字 0 或 1，用以指定各期的付款时间是在期初还是期末。如果省略 type，则假定其值为 0。

从刚刚计算的复利终值和年金终值我们可以看出，FV 函数第一个参数（利率）和第二个参数（总期数）是必需的，第三个参数（Pmt）和第四个参数（pv）二选一，选择第三个参数，不选第四个参数则计算出来的结果是年金终值，比如刚刚的 FV(B$2,$A3,−1,)；选择第四个参数，不选第三个参数则计算出来的结果是复利终值，比如刚刚的 FV(B$2,$A3,,−1)。

注意：第三个参数（年金）和第四个参数（现值），与手工计算是有差别的，通常应该在手工计算的数值前加“−”。FV 函数的第五个函数可选可不选，数字 0 或 1，用以指定各期的付款时间是在期初还是期末。0 表示期末，1 表示期初，如果省略 type，则假定其值为 0（期末）。

（3）生成复利现值系数表。

①新增一个工作表，将其重命名为“复利现值系数表”。框架部分操作与“复利终值系数表”步骤③相同。

②在 B3 单元格输入“=ROUND(PV(B$2,$A3,,−1),4)”，选中 B3 单元格，按住填充柄往右填充，选中 B3:K3 单元格，按住填充柄往下填充，如图 7–4 所示。

（4）生成年金现值系数表。

①新增一个工作表，将其重命名为“年金现值系数表”。框架部分操作与“复利终值系数表”步骤③相同。

②在 B3 单元格输入“=ROUND(PV(B$2,$A3,−1,),4)”，选中 B3 单元格，按住填充柄往右填充，选中 B3:K3 单元格，按住填充柄往下填充，如图 7–5 所示。

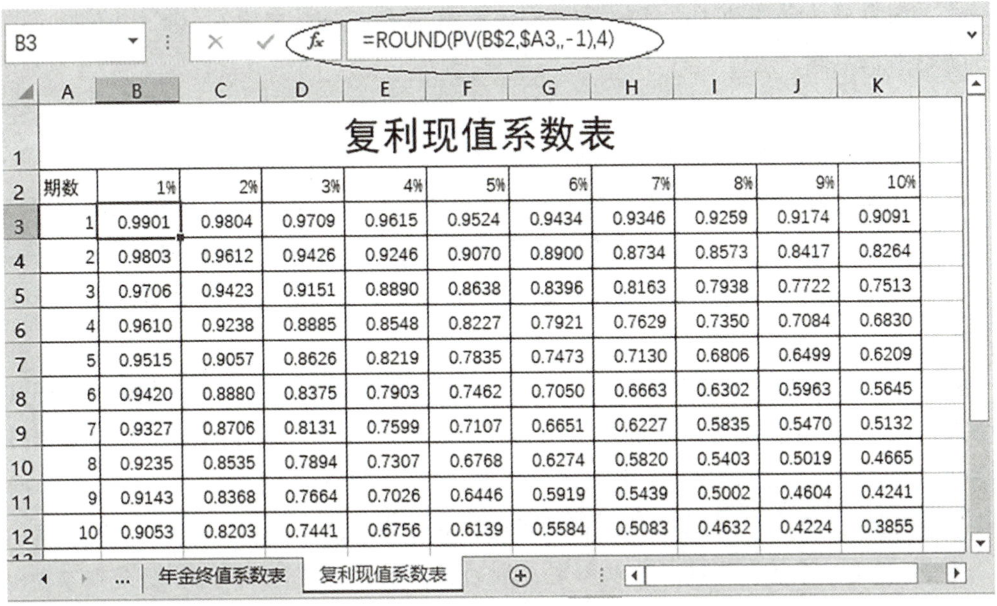

复利现值系数表

期数	1%	2%	3%	4%	5%	6%	7%	8%	9%	10%
1	0.9901	0.9804	0.9709	0.9615	0.9524	0.9434	0.9346	0.9259	0.9174	0.9091
2	0.9803	0.9612	0.9426	0.9246	0.9070	0.8900	0.8734	0.8573	0.8417	0.8264
3	0.9706	0.9423	0.9151	0.8890	0.8638	0.8396	0.8163	0.7938	0.7722	0.7513
4	0.9610	0.9238	0.8885	0.8548	0.8227	0.7921	0.7629	0.7350	0.7084	0.6830
5	0.9515	0.9057	0.8626	0.8219	0.7835	0.7473	0.7130	0.6806	0.6499	0.6209
6	0.9420	0.8880	0.8375	0.7903	0.7462	0.7050	0.6663	0.6302	0.5963	0.5645
7	0.9327	0.8706	0.8131	0.7599	0.7107	0.6651	0.6227	0.5835	0.5470	0.5132
8	0.9235	0.8535	0.7894	0.7307	0.6768	0.6274	0.5820	0.5403	0.5019	0.4665
9	0.9143	0.8368	0.7664	0.7026	0.6446	0.5919	0.5439	0.5002	0.4604	0.4241
10	0.9053	0.8203	0.7441	0.6756	0.6139	0.5584	0.5083	0.4632	0.4224	0.3855

图 7–4　复利现值系数表

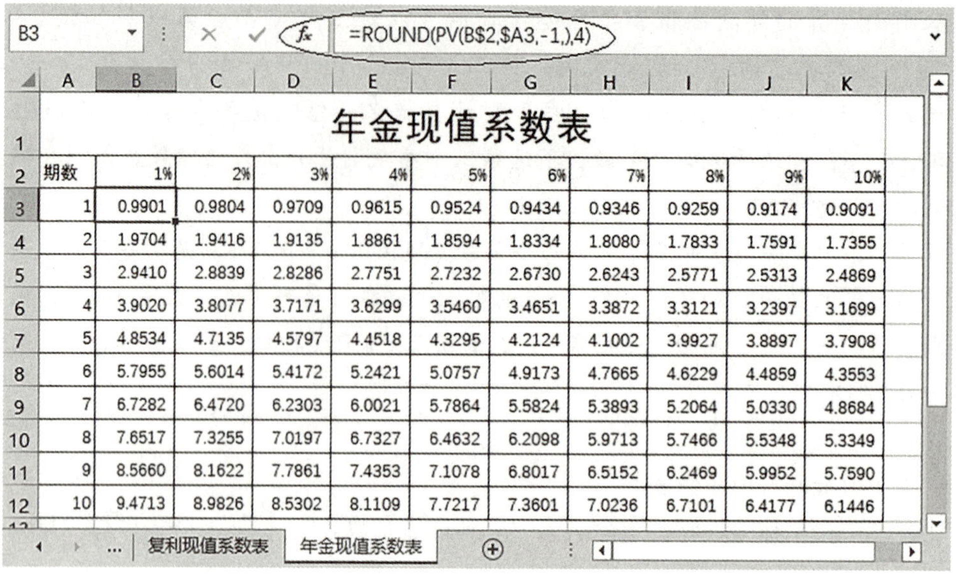

年金现值系数表										
期数	1%	2%	3%	4%	5%	6%	7%	8%	9%	10%
1	0.9901	0.9804	0.9709	0.9615	0.9524	0.9434	0.9346	0.9259	0.9174	0.9091
2	1.9704	1.9416	1.9135	1.8861	1.8594	1.8334	1.8080	1.7833	1.7591	1.7355
3	2.9410	2.8839	2.8286	2.7751	2.7232	2.6730	2.6243	2.5771	2.5313	2.4869
4	3.9020	3.8077	3.7171	3.6299	3.5460	3.4651	3.3872	3.3121	3.2397	3.1699
5	4.8534	4.7135	4.5797	4.4518	4.3295	4.2124	4.1002	3.9927	3.8897	3.7908
6	5.7955	5.6014	5.4172	5.2421	5.0757	4.9173	4.7665	4.6229	4.4859	4.3553
7	6.7282	6.4720	6.2303	6.0021	5.7864	5.5824	5.3893	5.2064	5.0330	4.8684
8	7.6517	7.3255	7.0197	6.7327	6.4632	6.2098	5.9713	5.7466	5.5348	5.3349
9	8.5660	8.1622	7.7861	7.4353	7.1078	6.8017	6.5152	6.2469	5.9952	5.7590
10	9.4713	8.9826	8.5302	8.1109	7.7217	7.3601	7.0236	6.7101	6.4177	6.1446

图 7–5　年金现值系数表

知识链接

复利现值（包括复利现值与年金现值）使用 PV 函数来计算。

语法形式：PV(rate,nper,pmt,[fv],[type])

PV 函数语法具有下列参数：

Rate 必需。各期利率。例如，如果您获得年利率为 10% 的汽车贷款，并且每月还款一次，则每月的利率为 10%/12（即 0.83%）。您需要在公式中输入 10%/12（即 0.83%）或 0.0083 作为利率。

Nper 必需。年金的付款总期数。例如，如果您获得为期四年的汽车贷款，每月还款一次，则贷款期数为 4*12（即 48）期。您需要在公式中输入 48 作为 nper。

Pmt 必需。每期的付款金额，在年金周期内不能更改。通常，pmt 包括本金和利息，但不含其他费用或税金。例如，对于金额为¥100，000、利率为 12% 的四年期汽车贷款，每月付款为¥2633.30。您需要在公式中输入 −2633.30 作为 pmt。如果省略 pmt，则必须包括 fv 参数。

fv 可选。未来值，或在最后一次付款后希望得到的现金余额。如果省略 fv，则假定其值为 0（例如，贷款的未来值是 0）。例如，如果要在 18 年中为支付某个特殊项目而储蓄¥500，000，则¥500，000 就是未来值。然后，您可以对利率进行保守的猜测，并确定每月必须储蓄的金额。如果省略 fv，则必须包括 pmt 参数。

类型 可选。数字 0 或 1，用以指定各期的付款时间是在期初（1）还是期末（0 或省略）。

7.1.2　企业投资活动与筹资活动的决策

【业务描述】 衡阳仁科公司 2020 年初打算购买一台设备，有三种付款方式可供选择：一是现在一次性支付 500 万元；二是每年年初支付 200 万元，3 年付讫；三是每年年末支付 205 万元，3 年付讫。由于资金不充裕，公司计划向银行借款用于支付设备款。假设银行借款年利率为 5%，复利计息。请问公司应采用哪种付款方式？

操作步骤：

（1）新增一个工作表，将其重命名为“财务决策”。

（2）用复利终值进行决策。

①在 A2–A4 单元格分别输入：“方案 1”“方案 2”“方案 3”，在 B2–B4 单元格分别输入函数“=FV(5%,3,,–500)”“=fv(5%,3,–200,,1)”“=205*fv(5%,3,–1,)”，如图 7–6 所示。

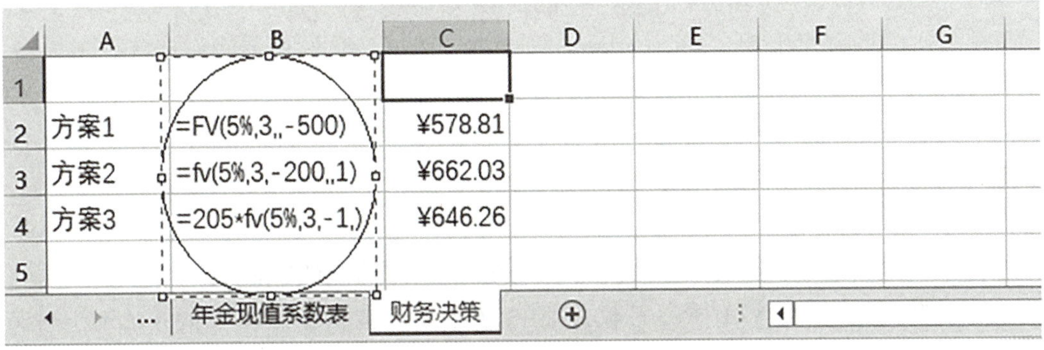

图 7–6　运用复利终值进行财务决策

②比较三种方案各自 3 年的终值，我们发现方案 1< 方案 3< 方案 2，所以公司应该采用方案 1。

> **注意：** 为了方便大家看得更加清楚，B 列显示的是函数的内容，C 列显示的是函数的计算结果。方案 2 是即付年金（每期期初支付），每期支付的金额写在函数里，方案 3 是普通年金（也称后付年金，每期期末支付），每期支付的金额写在外面，再去乘年金终值系数。

（2）运用复利现值进行决策。

①在 D3–D4 单元格分别输入函数“=200*PV（5%, 3, –1, , 1）”“=PV（5%, 3, –205, ）”，如图 7–7 所示。

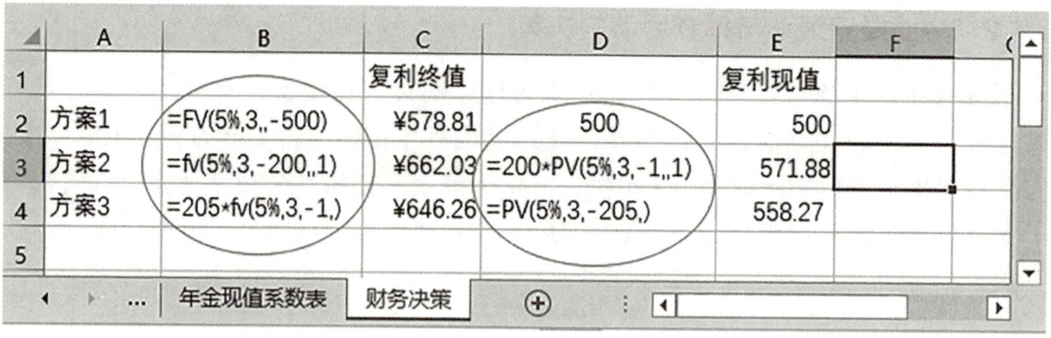

图 7-7　运用复利现值进行财务决策

②比较三种方案各自的现值，我们发现方案 1（500）<方案 3（558.27）<方案 2（571.88），所以公司应该采用方案 1。

任务 7.2　财务比率分析

课程思政

上市公司财务造假风险警示案例——跨国造假被移送公安

2016 年 3 月 25 日，Y 上市公司披露 2015 年年报，实现营业收入 92.6 亿元，利润总额 3.1 亿元。8 月 18 日，公司披露 2016 年半年报，实现营业收入 4.7 亿元，利润总额 9,448.5 万元。10 月 26 日，公司披露 2016 年三季报，实现营业收入 4.4 亿元，利润总额 1.2 亿元。

经查，Y 上市公司子公司通过签订《木尔坦地铁公交工程建设施工合同》，虚构木尔坦地铁公交工程项目，利用李某某安排的公司构建资金循环，制造海外回款的假象，同时伪造木尔坦项目的工程进度单、人工成本计算单、材料成本等相关资料，安排公司相关人员负责工程项目建设，并将报关出口至巴基斯坦的建筑材料运送到中国香港、新加坡等地，然后再安排有关公司将货物进口回中国，制造工程施工假象。公司以同样的操作手法虚构与安哥拉安美国际公司的国际贸易业务。此外，2015 年至 2016 年 9 月，公司伪造出入库凭证，伪造“真实”的资金流，虚构国内建材贸易业务。

Y 上市公司 2015 年虚增收入 4.8 亿元，虚增利润 2.3 亿元，占当年披露利润总额 73%；2016 年 1 至 9 月虚增收入 1 亿元，虚增利润 2 423.8 万元，占当期披露利润总额的 20%。上述财务数据通过 Y 上市公司 2015 年年报、2016 年半年报以及 2016 年三季报公布。上述行为违反了《证券法》第六十三条、第六十八条的规定。

2017 年 12 月 14 日，证监会对 Y 上市公司实施行政处罚，对 Y 上市公司责令改正，予以警告，并处以 60 万元罚款，对时任董事长陆某采取终身证券市场禁入措施，对时任财务总监顾某某、监事会主席施某某、董事褚某某、董事副总经理陈某某共计 4 名责任人员分别采取 3–5 年证券市场禁入措施。对上述期间的时任董监高共计 20 人予以警告，并处以 3–30 万元罚款。2018 年 7 月，公司涉嫌构成违规披露、不披露重要信息罪，被证监会移送公安机关。2019 年 9 月 11 日，公司公告实际控制人陆某和经办人李某某犯违规披露重要信息罪，分别判处有期徒刑九个月和六个月，缓刑一年，并分别处罚金人民币十五万元和十万元。

本案中，Y 上市公司虚构境外工程、贸易业务，扰乱证券市场秩序，损害了中小投资者利益。作为资本市场的重要组成部分，上市公司应当讲真话、做真账，敬畏法律、遵守规则，万万不可抱着侥幸的心理试探法律底线。

引例与分析

衡阳仁科公司为一家中小型制造类企业，为进行相应的财务状况与经营成果情况的分析，企业提供了 2020 年相关会计报表的有类数据。

表 7–1　资产负债表

会企 01 表

编制单位：衡阳仁科公司　　2019 年 12 月 31 日　　单位：元

资产	期末数	年初数	负债和所有者权益（或股东权益）	期末数	年初数
流动资产：			流动负债：		
货币资金	14 063 000	14 504 690	短期借款	3 000 000	500 000
交易性金融资产	150 000	1 050 000	交易性金融负债		
衍生金融资产			衍生金融负债		
应收票据	2 460 000	343 000	应付票据	2 000 000	1 000 000
应收账款	3 991 000	6 982 000	应付账款	9 548 000	9 548 000
其他应收款	3 050 000	3 050 000	预收账款		
预付账款	1 000 000	1 000 000	应付职工薪酬	1 100 000	1 800 000
存货			应交税费	366 000	907 440
持有待售资产			其他应付款	500 000	500 000

续表

资产	期末数	年初数	负债和所有者权益（或股东权益）	期末数	年初数
一年内到期的非流动资产			持有待售负债		
其他流动资产			一年内到期的非流动负债		
			其他流动负债	10 000 000	10 000 000
流动资产合计	24 714 000	26 929 690	流动负债合计	26 514 000	24 255 440
非流动资产：			**非流动负债：**		
可供出售金融资产			长期借款	6 000 000	10 000 000
持有至到期投资			应付债券		
投资性房地产			长期应付款		
长期股权投资	2 500 000	2 500 000	预计负债		
长期应收款			递延所得税负债		
固定资产	33 800 000	44 691 700	其他非流动负债		
在建工程	15 000 000	5 280 000	非流动负债合计	6 000 000	10 000 000
工程物资		1 500 000	负债合计	32 514 000	34 255 440
生物资产			**所有者权益（或股东权益）：**		
油气资产			实收资本（或股本）	50 000 000	50 000 000
无形资产	6 000 000	5 400 000	其他权益工具		
开发支出			资本公积		
商誉			减：库存股		
长期待摊费用			其他综合收益		
递延所得税资产		75 000	专项储备		
其他非流动资产	2 000 000	2 000 000	盈余公积	1 000 000	1 262 095
			未分配利润	500 000	2 858 855
非流动资产合计	59 300 000	61 446 700	所有者权益（或股东权益）合计	51 500 000	54 120 950
资产总计	84 014 000	88 376 390	负债和所有者权益（或股东权益）总计	84 014 000	88 376 390

注：“应收账款”科目年末余额为 7 000 000 元，“坏账准备”科目年末余额为 18 000 元。

表 7-2　　　　　　　　　　　　　　**利润表**

会企 02 表

编制单位：衡阳仁科公司　　　　　　　　2019 年度　　　　　　　　单位：元

项目	本期金额	上期金额
一、营业收入	12 500 000	10 500 000
减：营业成本	7 500 000	6 000 000
营业税金及附加	20 000	18 000
销售费用	200 000	250 000
管理费用	971 000	951 000
财务费用（收益以 "–" 号填列）	300 000	300 000
资产减值损失	309 000	309 000
加：公允价值变动净收益（净损失以 "–" 号填列		
投资收益（净损失以 "–" 号填列）	15 000	25 000
其中对联营企业与合营企业的投资收益		
二、营业利润（亏损以 "–" 号填列）	3 215 000	2 697 000
营业外收入	500 000	450 000
其中：非流动资产处置利得	500 000	450 000
减：营业外支出	220 400	250 400
其中：非流动资产处置损失	197 000	207 000
三、利润总额（亏损总额以 "–" 号填列）	3 494 600	2 896 600
减：所得税费用	873 650	724 150
四、净利润（净亏损以 "–" 号填列）	2 620 950	2 172 450
五、其他综合收益的税后净额		
六、综合收益总额		
（一）以后不能重分类进损益的其他综合收益		
（二）以后将重分类进损益的其他综合收益		
七、每股收益		
（一）基本每股收益		
（二）稀释每股收益		

分析：首先建立一个“项目 7 财务报表分析”的工作簿，在此工作簿中建立“财务比率分析”“财务比较分析”“趋势分析”“财务综合分析”等工作表。财务分析的具体流程如图 7-1 所示。财务比率分析是将财务报表中有关项目进行对比，通过得出的一系列财务比率来揭示企业财务状况与经营成果的一种方法。财务比率可分为偿债能力、营运能力和盈利能力三类。

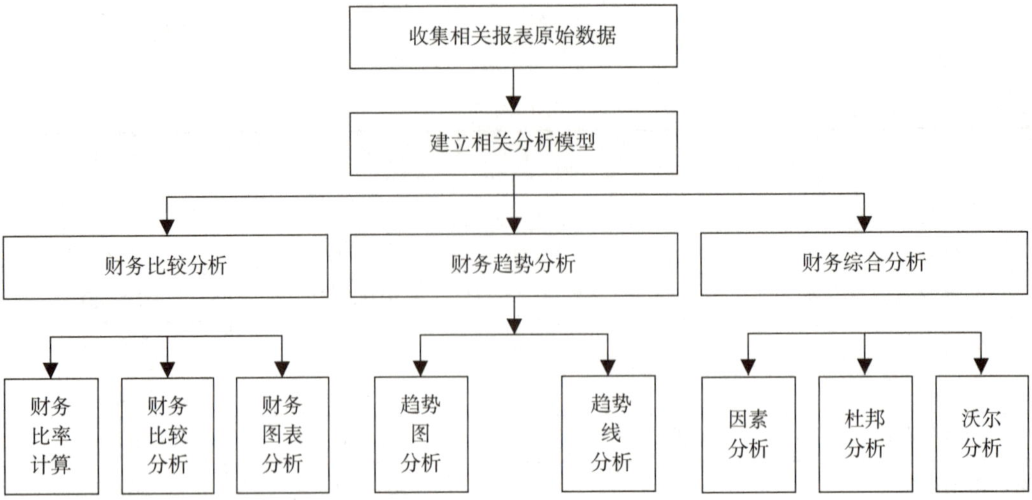

图 7–8　财务分析工作流程

7.2.1　财务比率的计算

【业务描述】 根据衡阳仁科公司 2019 年资产负债表和利润表数据进行财务比率的计算。

操作步骤：

（1）获取数据信息。财务分析中，用于分析的数据主要来源于“资产负债表”和“利润表”。为了便于对数据进行获取，可以将“资产负债表”和“利润表”中的数据复制到同一工作簿中。

①启动 Excel 2016 程序，新建一个工作簿并将其命名为“项目 7 财务报表分析”。

②打开“项目 7 财务决策实务”工作簿中，右击“资产负债表”工作表，在弹出的菜单中点击“移动或复制（M）”，如图 7–9 所示。

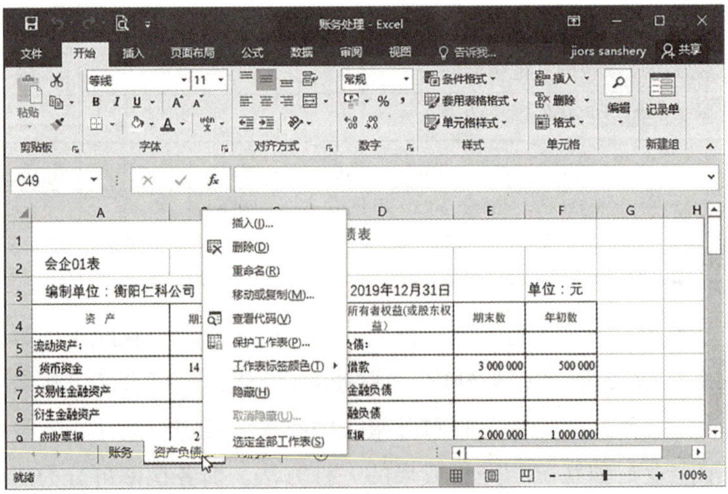

图 7–9　移动或复制工作表步骤 1

③在弹出的“移动或复制工作表”对话框中，选择“项目 7 财务报表分析 .xlsx”，勾选“建立副本（C）”，如图 7–10 所示，相关数据被复制到“项目 7 财务报表分析”工作簿中。

④同理将“项目 7 财务决策实务”工作簿中的“利润表”工作表复制到“项目 7 财务报表分析”工作簿中。

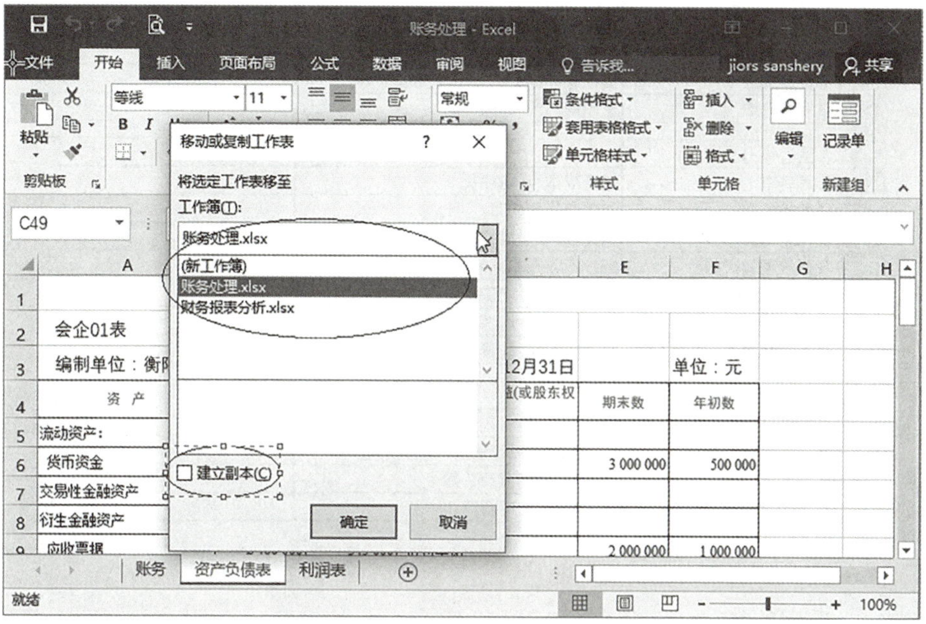

图 7–10　移动或复制工作表步骤 2

（2）建立财务比率分析模型。新建一个工作表，将其重新命名为“财务比率分析”，在工作表 A 列输入财务指标的名称，在 B 列列出该财务比率的计算公式，如图 7–11 所示。

计算财务比率。在“财务比率分析”工作表中的 C 列和 D 列根据财务比率的计算公式引用相应的数据（因为没有 2017 年数据，为了简化计算，需要计算资产负债表中全年平均数的，都以本年末数代替），计算 2019 年相关财务比率，具体公式如下。

（3）计算流动比率。在 C5 单元格中输入公式“= 资产负债表 !B18/ 资产负债表 !E18”。

（4）计算速动比率。在 C6 单元格中输入公式“=(资产负债表 !B18−SUM(资产负债表 !B12:B13, 资产负债表 !B15:B16))/ 资产负债表 !E18”。

（5）计算资产负债率。在 C9 单元格中输入公式“= 资产负债表 !E27/ 资产负债表 !B38”。

（6）计算产权比率。在 C10 单元格中输入公式“= 资产负债表 !E27/ 资产负债表 !E37”。

（7）计算有形资产债务率。在 C11 单元格中输入公式“= 资产负债表 !E27/(资产负债表 !E37− 资产负债表 !B30)”。

（8）计算已获利息倍数。在 C12 单元格中输入公式“= 利润表 !B20/ 利润表 !B10”。

（9）计算存货周转率。在 C15 单元格中输入公式“= 利润表 !B6/ 资产负债表 !B13”。

	A	B	C	D
1	衡阳仁科公司财务比率分析表			
2	财务指标		2019年	2018年
3	一、偿债能力指标			
4	（一）短期偿债能力指标			
5	流动比率	流动资产/流动负债		
6	速动比率	(流动资产-非速动资产)/流动负债		
7				
8	(二)长期偿债能力指标			
9	资产负债率	负债总额/资产总额		
10	产权比率	负债总额/股东权益		
11	有形资产债务率	负债总额/(股东权益-无形资产净值)		
12	已获利息倍数	息税前利润/利息费用		
13				
14	二、营运能力指标			
15	存货周转率	销售成本/平均存货		
16	存货周转天数	360/存货周转率		
17	应收账款周转率	销售收入/平均应收账款		
18	应收账款周转天数	360/应收账款周转率		
19	流动资产周转率	销售收入/平均流动资产		
20	固定资产周转率	销售收入/平均固定资产净值		
21	总资产周转率	销售收入/平均资产总额		
22				
23	三、盈利能力指标			
24	销售净利率	净利润/销售收入		
25	销售毛利率	(销售收入-销售成本)/销售收入		
26	资产净利率	净利润/平均资产总额		
27	净资产收益率	净利润/平均净资产		

图 7–11　财务比率分析模型

（10）计算存货周转天数。在 C16 单元格中输入公式“=360/C15”。

（11）计算应收账款周转率。在 C17 单元格中输入公式“= 利润表 !B5/ 资产负债表 !B10”。

（12）计算应收账款周转天数。在 C18 单元格中输入公式“=360/C17”。

（13）计算流动资产周转率。在 C19 单元格中输入公式“= 利润表 !B5/ 资产负债表 !B18”。

（14）计算固定资产周转率。在 C20 单元格中输入公式“= 利润表 !B5/ 资产负债表 !B25”。

（15）计算总资产周转率。在 C21 单元格中输入公式“= 利润表 !B5/ 资产负债表 !B38”。

（16）计算销售净利率。在 C24 单元格中输入公式“= 利润表 !B22/ 利润表 !B5”。

（17）计算销售毛利率。在 C25 单元格中输入公式“=(利润表 !B5–利润表 !B6)/ 利润表 !B5”。

（18）计算资产净利率。在 C26 单元格中输入公式“= 利润表 !B22/ 资产负债表 !B38”。

（19）计算净资产收益率。在 C27 元格中输入公式“= 利润表 !B22/ 资产负债表 !E37”。

（20）同理输入 2018 年财务比率各项指标计算公式。回车后，其结果如图 7–12 所示。

	A	C
1		衡阳仁科公司财务比率分析表
2	财务指标	2019年
3	一、偿债能力指标	
4	（一）短期偿债能力指标	
5	流动比率	=资产负债表!B18/资产负债表!E18
6	速动比率	=(资产负债表!B18-SUM(资产负债表!B12:B13,资产负债表!B15:B16))/资产负债表!E18
7		
8	(二)长期偿债能力指标	
9	资产负债率	=资产负债表!E27/资产负债表!B38
10	产权比率	=资产负债表!E27/资产负债表!E37
11	有形资产债务率	=资产负债表!E27/(资产负债表!E37-资产负债表!B30)
12	已获利息倍数	=利润表!B20/利润表!B10
13		
14	二、营运能力指标	
15	存货周转率	=利润表!B6/资产负债表!B13
16	存货周转天数	=360/C15
17	应收账款周转率	=利润表!B5/资产负债表!B10
18	应收账款周转天数	=360/C17
19	流动资产周转率	=利润表!B5/资产负债表!B18
20	固定资产周转率	=利润表!B5/资产负债表!B25
21	总资产周转率	=利润表!B5/资产负债表!B38
22		
23	三、盈利能力指标	
24	销售净利率	=利润表!B22/利润表!B5
25	销售毛利率	=(利润表!B5-利润表!B6)/利润表!B5
26	资产净利率	=利润表!B22/资产负债表!B38
27	净资产收益率	=利润表!B22/资产负债表!E37

图 7-12　财务比率的公式编辑

在“公式”选项卡上，“公式审核”组中取消“显示公式”命令，显示出 2018 年和 2019 年的各项财务比率，如图 7-6 所示。

	A	B	C	D
1		衡阳仁科公司财务比率分析表		
2	财务指标		2019年	2018年
3	一、偿债能力指标			
4	（一）短期偿债能力指标			
5	流动比率	流动资产/流动负债	1.9052	2.1750
6	速动比率	(流动资产-非速动资产)/流动负债	0.8944	1.0690
7				
8	(二)长期偿债能力指标			
9	资产负债率	负债总额/资产总额	38.70%	38.76%
10	产权比率	负债总额/股东权益	63.13%	63.29%
11	有形资产债务率	负债总额/(股东权益-无形资产净值)	71.46%	70.31%
12	已获利息倍数	息税前利润/利息费用	11.6487	9.6553
13				
14	二、营运能力指标			
15	存货周转率	销售成本/平均存货	0.2907	0.2323
16	存货周转天数	360/存货周转率	1 238.4000	1 549.6200
17	应收账款周转率	销售收入/平均应收账款	3.1320	1.5039
18	应收账款周转天数	360/应收账款周转率	114.9408	239.3829
19	流动资产周转率	销售收入/平均流动资产	0.2475	0.1990
20	固定资产周转率	销售收入/平均固定资产净值	1.5625	0.5566
21	总资产周转率	销售收入/平均资产总额	0.1488	0.1188
22				
23	三、盈利能力指标			
24	销售净利率	净利润/销售收入	20.97%	20.69%
25	销售毛利率	(销售收入-销售成本)/销售收入	40.00%	42.86%
26	资产净利率	净利润/平均资产总额	3.12%	2.46%
27	净资产收益率	净利润/平均净资产	5.09%	4.01%

图 7-13　财务比率分析计算结果

知识链接

一、流动比率

流动比率是指企业流动资产与流动负债之比。它反映了企业货币资金和可转化为货币资金的其他流动资产可偿还短期债务的程度。其计算公式为：

$$流动比率=\frac{流动资产}{流动负债}$$

流动比率反映了企业流动资产与流动负债的倍数关系，其数值越大，短期负债越有保障，偿债能力越强。一般而言，企业流动比率应保持一个合理的数值。因此，企业应结合其所处的行业特点和自身的经营状况，流动比率的数值必须大于1，且保持在2左右为宜。

二、速动比率

速动资产是企业速动资产与流动负债的比值。所谓速动资产是指流动资产减去变现能力较差且不稳定的存货、预付账款、待摊费用、待处理流动资产损失等之后的余额。由于剔除了存货等变现能力较弱且不稳定的资产，速动比率较之流动比率能够更加准确、可靠地评价企业资产的流动性及其偿还短期负债的能力。其计算公式为：

$$速动比率=\frac{速动资产}{流动负债}$$

$$\begin{aligned}速动资产&=货币资金+交易性金融资产+应收账款+应收票据\\&=流动资产-存货-账款-待摊费用-待处理流动资产损失\end{aligned}$$

如果报表中有应收利息、应收股利和其他应收款项目，可视情况将其归入速动资产。一般情况下，速动比率越高，表明企业偿还流动负债的能力越强。国际上通常认为速动比率为100%（1:1）时较为恰当。

三、资产负债率

资产负债率又称为负债比率，指企业负债总额对资产总额的比率。它表明企业资产总额中，债权人提供资金所占的比重，以及企业资产对债权人权益的保障程度。其计算公式为：

$$资产负债率=\frac{负债总额}{资产总额}\times100\%$$

一般情况下，资产负债率越小，表明企业长期偿债能力越强。保守者认为该指标不应高于50%，国际上认为资产负债率为60%合适。

四、产权比率

产权比率是指负债总额与所有者权益总额的比率，是企业财务结构稳健与否的重要标志，也称为资本负债率。它反映企业所有者权益对债权人的保障程度。其计算公式为：

$$产权比率 = \frac{负债总额}{所有者权益总额} \times 100\%$$

一般情况下，产权比率越低，表明企业的长期偿债能力越强，债权人权益的保障程度越高，承担的风险越小，但企业不能充分地发挥负债的财务杠杆效应。所以，企业在评价产权比率适度与否时，应从提高获利能力与增强偿债能力两个方面综合进行，即在保障债务偿还安全的前提下，应尽可能提高产权比率。

五、有形净值债务率

有形净值债务率是企业负债总额与有形净资产的比率。有形净值是股东权益减去无形资产净值后的净值，即股东具有所有权的有形资产的净值。其计算公式为：

$$有形资产债务率 = \frac{负债总额}{股东权益 - 无形资产净值} \times 100\%$$

有形净值债务率实际上是产权比率的延伸，该比率越小说明企业财务风险越小。

六、已获利息倍数

已获利息倍数是指企业一定时期息税前利润与利息支出的比率，它反映了获利能力对债务偿付的保证程度。其中：息税前利润总额是指利润总额与利息支出的合计数，利息支出指实际支出的借款利息、债券利息等。其计算公式为：

$$已获利息倍数 = \frac{息税前利润}{利息支出}$$

$$息税前利润 = 利润总额 + 利息支出 = 净利润 + 所得税 + 利息支出$$

一般情况下，已获利息倍数越高，表明企业长期偿债能力超强。国际上通常认为已获利息倍数为 3 时较为适合。

七、存货周转率

它是企业一定时期营业成本（或销售成本，下同）与平均存货余额的比率，是反映企业流动资产流动性的一个指标，也是衡量企业生产经营各环节中存货运营效率的一个综合性指标。其计算公式为：

$$存货周转率（周转次数）= \frac{主营业务成本}{平均存货余额}$$

$$平均存货余额 = \frac{年初存货余额 + 年末存货余额}{2}$$

$$存货周转天数 = \frac{360}{存货周转次数}$$

存货周转速度的快慢，不仅反映出企业采购、储存、生产、销售各环节管理工作状况的好坏，而且对企业的偿债能力及获利能力产生决定性的影响。

八、应收账款周转率

它是企业一定时期营业收入与平均应收账款余额的比率，是反映应收账款周转速度的指标。应收账款周转率反映了企业应收账款变现速度的快慢及管理效率的高低。其计算公式为：

$$应收账款周转率（周转次数）=\frac{销售收入净额}{应收账款平均余额}$$

$$应收账款平均余额=\frac{期初应收账款余额+期末应收账款余额}{2}$$

九、流动资产周转率

这是反映一定时期营业收入与平均流动资产总额的比率，是反映企业流动资产周转速度的指标。其计算公式为：

$$流动资产周转率=\frac{销售收入净额}{流动资产平均余额}$$

$$平均流动资产=\frac{年初流动资产余额+年末流动资产余额}{2}$$

$$存货周转天数=\frac{360}{流动资产周转次数}$$

在一定时期以内，流动资产周转次数越多，表明以相同的流动资产完成的周转额越多，流动资产利用效果越好。

十、固定资产周转率

它是企业一定时期营业收入与平均固定资产净值的比率。是衡量固定资产利用效率的一项指标。其计算公式为：

$$固定资产周转率=\frac{销售收入净额}{固定资产平均净值}$$

$$固定资产平均净值=\frac{期初固定资产净值+期末固定资产净值}{2}$$

一般情况下，固定资产周转率越高，表明企业固定资产利用越充分，同时也表明企业固定资产投资得当，固定资产结构合理，能够充分发挥效率。

十一、总资产周转率

它是企业一定时期营业收入与平均总资产的比值，可以用来反映企业全部资产的利用效果。总资产周转率越高，表明企业全部资产的使用效率越高。其计算公式如下：

$$总资产周转率=\frac{销售收入净额}{平均资产总额}$$

$$平均资产总额=\frac{期初总资产+期末总资产}{2}$$

十二、销售毛利率

销售毛利率也称毛利率，是企业的销售毛利与销售收入净额的比率。其计算公式为：

$$销售毛利率=\frac{销售毛利}{销售收入净额}\times 100\%$$

$$销售毛利=销售收入-销售成本$$

销售毛利率越大，说明在销售收入净额中销售成本所占的比重越小，企业通过销售获取利润的能力越强。

十三、销售净利率

销售净利率是企业净利润与销售收入净额的比率。其计算公式为：

$$销售净利率=\frac{净利润}{销售收入净额}\times 100\%$$

销售净利率可以反映企业赚取利润的能力。销售净利率越高，企业通过扩大销售获取收益的能力就越强。

十四、总资产净利率

总资产净利率是净利润额与平均资产总额的比率。它是反映企业资产综合利用效果的指标，也是衡量企业利用债权人和所有者权益总额所取得盈利的重要指标。其计算公式为：

$$总资产净利率=\frac{净利润}{平均资产总额}\times 100\%$$

$$平均资产总额=（年初资产总额+年末资产总额）/2$$

总资产净利率全面反映企业全部资产的获利水平，企业所有者和债权人对该指标都非常关心。一般情况下，该指标越高，表明企业资产利用效果越好，整个企业获利能力越强，经营管理水平越高。

十五、净资产收益率

净资产收益率是指企业一定时期净利润与平均净资产的比率。它是反映自有资金投资收益水平的指标，是企业获利能力指标的核心。其计算公式为：

$$净资产收益率=\frac{净利润}{平均净资产（所有者权益）总额}\times 100\%$$

$$净资产=资产-负债=所有者权益$$

$$平均净资产=\frac{期初净资产+期末净资产}{2}$$

净资产收益率是评价企业自有资本及其积累获取报酬水平的最具综合性与代表性的指标，反映企业资本运营的综合效益。一般认为，权益报酬率越高，企业自有资本获取收益的能力越强，运营效益越好，对企业投资人和债权人权益的保证程度越高。

7.2.2 财务比率的比较与分析

【业务描述】 将衡阳仁科公司已计算出 2018、2019 两年的财务比率进行比较，能发现自身的纵向变化，但与同行业企业相比，财务比率的高低无法判断，在实际工作中，通常以“标准财务比率”或“理想财务比率”为基础进行比较和分析。现给出一个标准财务比率，然后与 2019 年企业财务比率进行比较。

操作步骤：

（1）创建“财务比较分析”工作表。在“财务比率分析”工作表后新建一个新工作表，并重新命名为“财务比较分析”，并输入财务标准比率数据，建立“财务比较分析模型”，如图 7–14 所示。

	A	B	C	D
1	衡阳仁科公司2019年财务比较分析模型			
2	财务指标	本行业标准财务比率	本企业财务比率	差异
3	一、偿债能力指标			
4	（一）短期偿债能力指标			
5	流动比率	2.58		
6	速动比率	1.75		
7	（二）长期偿债能力指标			
8	资产负债率	0.48		
9	产权比率	0.55		
10	有形资产债务率	0.65		
11	已获利息倍数	2.46		
12				
13	二、营运能力指标			
14	存货周转率	0.35		
15	存货周转天数	900.00		
16	应收账款周转率	2.00		
17	应收账款周转天数	130.00		
18	流动资产周转率	0.30		
19	固定资产周转率	0.85		
20	总资产周转率	1.43		
21				
22	三、盈利能力指标			
23	销售净利率	0.07		
24	销售毛利率	0.60		
25	资产净利率	0.06		
26	净资产收益率	0.05		

图 7–14 建立“财务比较分析模型”

（2）利用引用法从“财务比率分析”工作表中导入企业财务比率，如在 C5 单元格中输入公式“= 财务比率分析 !C5”，其他单元格同理，回车后显示效果如图 7-15 所示。

	A	B	C	D
1	衡阳仁科公司2019年财务比较分析模型			
2	财务指标	本行业标准财务比率	本企业财务比率	差异
3	一、偿债能力指标			
4	（一）短期偿债能力指标			
5	流动比率	2.58	1.9052	
6	速动比率	1.75	0.8944	
7	（二）长期偿债能力指标			
8	资产负债率	0.48	0.3870	
9	产权比率	0.55	0.6313	
10	有形资产债务率	0.65	0.7146	
11	已获利息倍数	2.46	11.6487	
12				
13	二、营运能力指标			
14	存货周转率	0.35	0.2907	
15	存货周转天数	900.00	1 238.4000	
16	应收账款周转率	2.00	3.1320	
17	应收账款周转天数	130.00	114.9408	
18	流动资产周转率	0.30	0.2475	
19	固定资产周转率	0.85	1.5625	
20	总资产周转率	1.43	0.1488	
21				
22	三、盈利能力指标			
23	销售净利率	0.07	0.2097	
24	销售毛利率	0.60	0.4000	
25	资产净利率	0.06	0.0312	
26	净资产收益率	0.05	0.0509	

图 7-15　导入企业财务比率数据

（3）计算差异。在 D5 单元格中输入公式“=C5-B5”，计算出流动比率与标准比率的差异，将 D5 单元格的公式采用拖动填充柄进行自动填充，完成其他比率指标差率的计算，显示结果如图 7-16 所示，进一步分析差异的原因，提出改进措施。

	A	B	C	D
1	衡阳仁科公司2019年财务比较分析模型			
2	财务指标	本行业标准财务比率	本企业财务比率	差异
3	一、偿债能力指标			
4	（一）短期偿债能力指标			
5	流动比率	2.58	1.9052	-0.6748
6	速动比率	1.75	0.8944	-0.8556
7	（二）长期偿债能力指标			
8	资产负债率	0.48	0.3870	-0.0930
9	产权比率	0.55	0.6313	0.0813
10	有形资产债务率	0.65	0.7146	0.0646
11	已获利息倍数	2.46	11.6487	9.1887
12				
13	二、营运能力指标			
14	存货周转率	0.35	0.2907	-0.0593
15	存货周转天数	900.00	1 238.4000	338.4000
16	应收账款周转率	2.00	3.1320	1.1320
17	应收账款周转天数	130.00	114.9408	-15.0592
18	流动资产周转率	0.30	0.2475	-0.0525
19	固定资产周转率	0.85	1.5625	0.7125
20	总资产周转率	1.43	0.1488	-1.2812
21				
22	三、盈利能力指标			
23	销售净利率	0.07	0.2097	0.1397
24	销售毛利率	0.60	0.4000	-0.2000
25	资产净利率	0.06	0.0312	-0.0288
26	净资产收益率	0.05	0.0509	0.0009

图 7–16　计算差异

7.2.3　创建财务比率分析图表

【业务描述】 衡阳仁科公司希望通过用图表的形式直观反映已计算出 2019 年的相关财务比率指标。

操作步骤：

（1）新建一个“财务比率分析图”工作表，将有关行业标准比率和企业财务比率数据复制到工作表中。

（2）选中“财务比率分析图”中单元格区域“A2:C2,A4:C9”，点击“插入”选项卡，单击“二维柱形图”，如图 7–17 所示。选择“二维柱形图”，生成分析图表如图 7–18 所示。

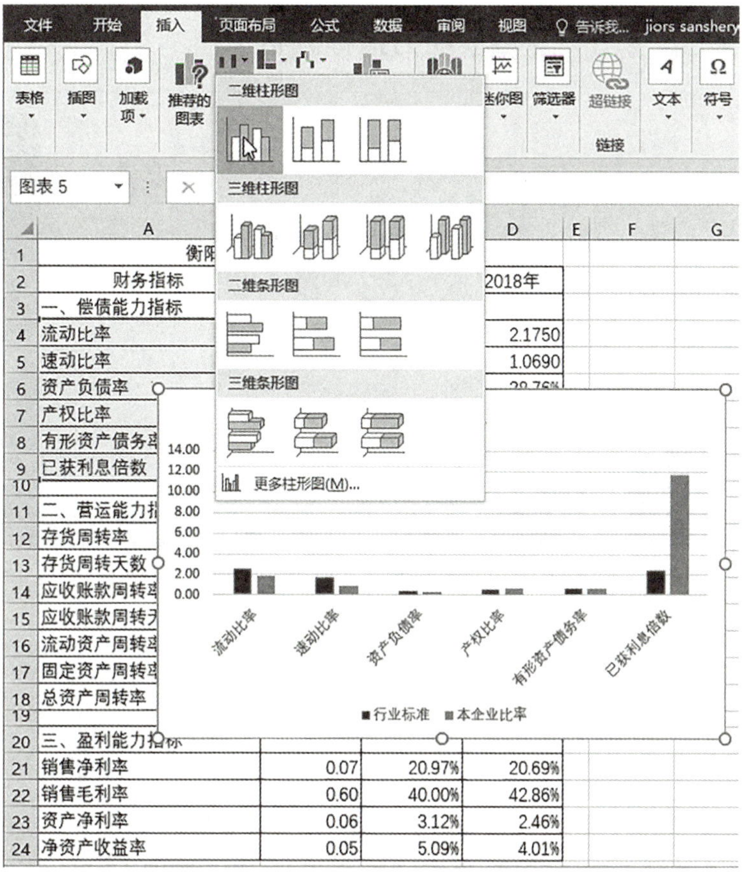

图 7–17　设置图表数据源，选择图表类型

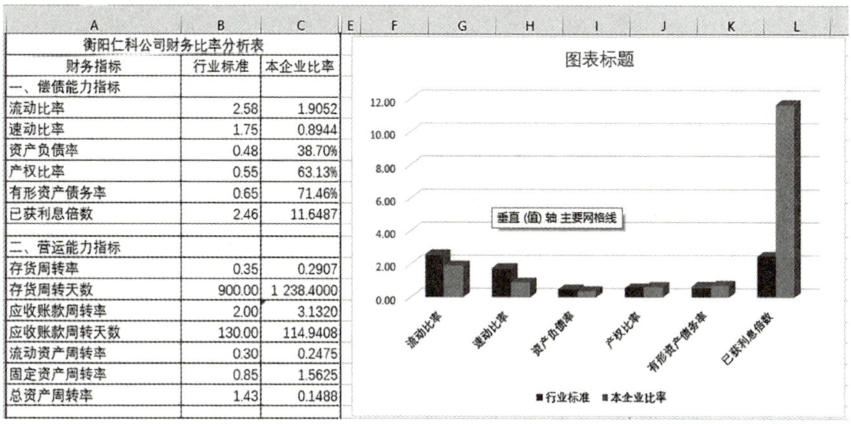

图 7–18　财务比率分析图

（3）设置标题。选择图表，双击“图表标题”，将图表标题更改为“偿债能力指标分析图”，如图 7–19 所示。

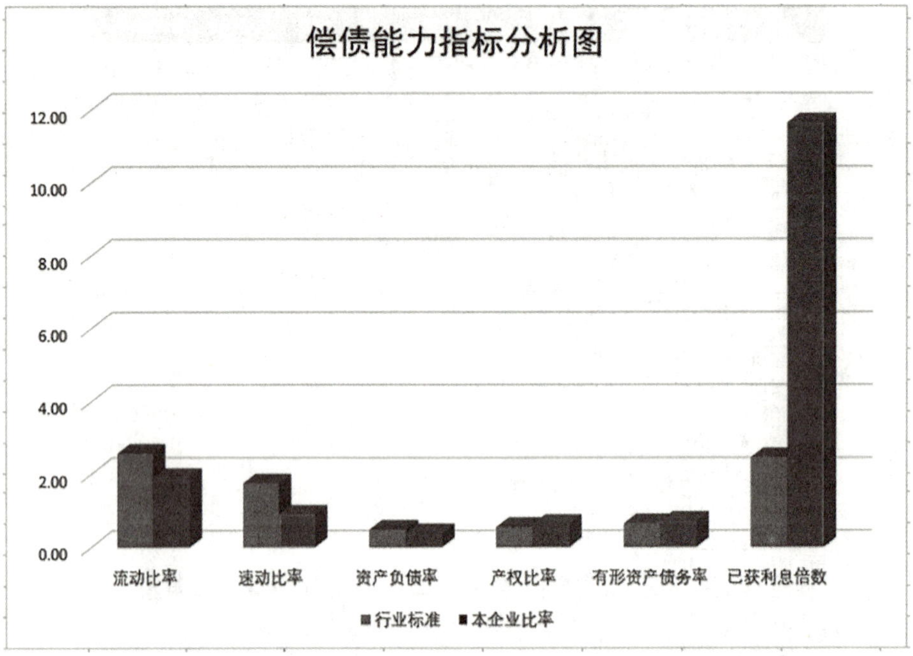

图 7–19　偿债能力指标分析图

任务 7.3　趋势分析

课程思政

A 股史上规模最大的财务造假舞弊案

2019 年 4 月 29 日，康美药业发布更正公告，称 2017 年的年报数据，存货少计 195 亿元，现金多计 299 亿元。而造成这一重大问题的原因是会计处理存在错误。4 月 30 日，康美公布 2018 年年报及 2019 年 1 季报，同时发布了一份《关于前期会计差错更正》的公告，对 2017 年财报做出重大调整。4 月 30 日晚间，上交所立刻向康美发监管函，称公司在财务管理、信息披露、内部控制等方面可能存在重大疑问，予以高度关注。

2018 年底日常监管发现，康美药业财务报告真实性存疑，涉嫌虚假陈述等违法违规，当即立案调查。2018 年 12 月 29 日，康美药业披露有关信息。此外，证监会已对康美药业审计机构正中珠江会计师事务所涉嫌未勤勉尽责立案调查。

据证监会称，康美药业披露的 2016 至 2018 年财务报告存在重大虚假，一是使用虚假银行单据虚增存款；二是通过伪造业务凭证进行收入造假；三是部分资金转入关联方账户买卖本公司股票。公司涉嫌违反《证券法》第 63 条等相关规定。

同时，康美药业还表示：经公司自查，因公司治理、内部控制存在缺陷，资金管理、关联交易管理等方面存在重大缺陷，违反了公司日常资金管理规范及关联交易管理制度的相关规定。

康美药业是曾经的千亿市值白马股、中药行业的龙头，前期已经屡遭质疑，但没有确凿的证据。如今，随着证监会调查进展的通报，财务造假有了实锤。

康美药业的造假事件是非常严重的，300 亿元，史上规模最大的造假，将上市公司造假金额又上了一个台阶，突破上市公司的底线。 财务造假被正式认定后，会涉及行政责任、刑事责任和民事责任。

（1）行政责任

上市公司、董监高可能会因为违反信息披露义务，受到证监会的行政处罚；对于康美药业和相关责任人员、直接负责的主管人员以及其他直接责任人员给予警告和罚款、市场禁入等行政处分。

（2）刑事责任

上市公司可能涉及违规披露、不披露重要信息罪。《刑法》第 161 条规定：“依法负有信息披露义务的公司、企业向股东和社会公众提供虚假的或者隐瞒重要事实的财务会计报告，或者对依法应当披露的其他重要信息不按照规定披露，严重损害股东或者其他人利益，或者有其他严重情节的，对其直接负责的主管人员和其他直接责任人员，处三年以下有期徒刑或者拘役，并处或者单处二万元以上二十万元以下罚金。”显然，无论从哪一方面讲，其都构成了特别严重损害。其次，其主营业务收入和利润可能多年造假，然后再用造假的数据去再融资和借债，再通过关联交易和往来款的形式打给自己人套现和炒作自己公司股票，性质比美国造假被揭露后破产的公司安然有过之而无不及！本质上是一种在中介机构严密配合下的金融诈骗！另外虚增收入虚增成本是否有虚开增值税发票和洗钱的问题，有待于进一步深入调查，另外恶意操纵上市股价，自己坐庄然后配合各种好消息，不知道我们执法机关将怎么认定！

（3）民事责任

上市公司、董监高要承担民事赔偿责任，主要是赔偿投资者损失。赔偿构成要件：1. 虚假陈述被认定且受到证监会等机构处罚。2. 在虚假陈述期间内买入股票，并造成损失的。由于康美的造假是长期有计划的行为，所以基本上至少最近三年买入，或者更早买入都可以进行认定，这波赔偿将会让上市公司倾家荡产！

引例与分析

拟对衡阳仁科公司 2012—2019 年的销售净利率进行比较分析，判断其发展趋势。

分析：财务分析时只对一个会计期间的财务数据进行分析往往不够全面，需要对若干个会计期间财务数据进行分析，判断其发展趋势，有助于分析存在的问题，这就是趋势分析。趋势分析一般分为财务状况趋势分析和财务成果趋势分析。财务状况主要包括资产负债表中资产、负债和所有者权益等指标或其中的具体指标；财务成果主要指利润表中营业收入、营业成本、营业利润、净利润等指标。

7.3.1 编制趋势分析图

【业务描述】 衡阳仁科公司 2012 年至 2019 年销售净利率如表 7-3 所示，拟建立趋势分析图。

表 7-3 衡阳仁科公司 2012—2019 年销售净利率增长

年份	2012 年	2013 年	2014 年	2015 年	2016 年	2017 年	2018 年	2019 年
销售净利率	13.50%	14.08%	15.78%	17.00%	18.50%	15.45%	20.69%	20.97%

操作步骤：

（1）创建“财务趋势分析”工作表。在“财务比率分析图”工作表后插入一个新工作表，并重新命名为“财务趋势分析”，并输入连续几个期间的财务数据。

（2）选中单元格区域“A2:I3”，单击“插入”，选择图表的类型为柱状图—三维堆积柱形图，系统会自动插入新图表，如图 7-20、图 7-21 所示。

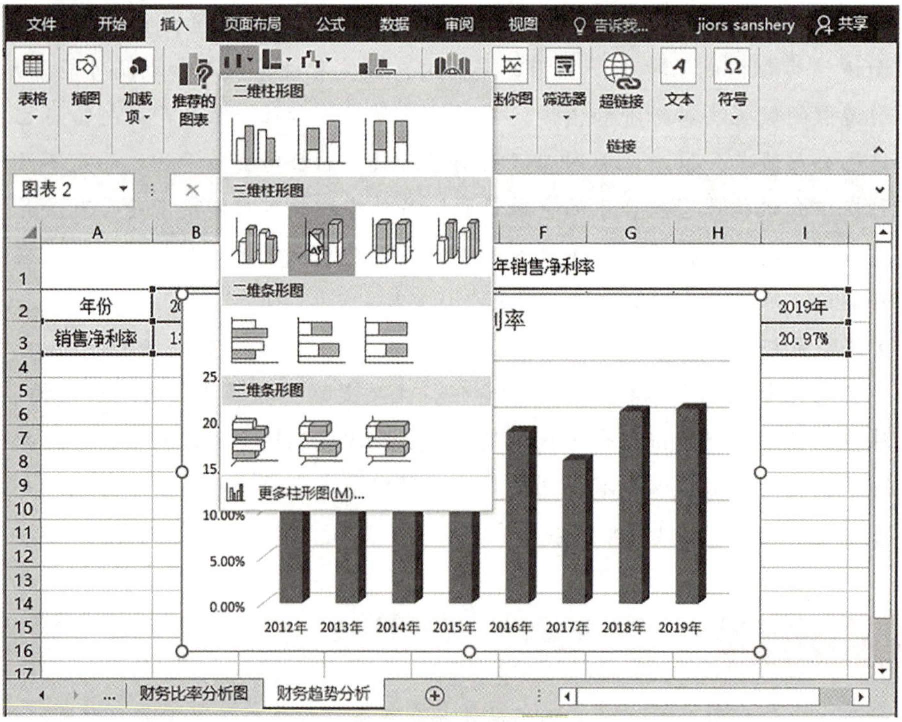

图 7-20 插入三维堆积柱形图

衡阳仁科公司2012年至2019年销售净利率								
年份	2012年	2013年	2014年	2015年	2016年	2017年	2018年	2019年
销售净利率	13.50%	14.08%	15.78%	17.00%	18.50%	15.45%	20.69%	20.97%

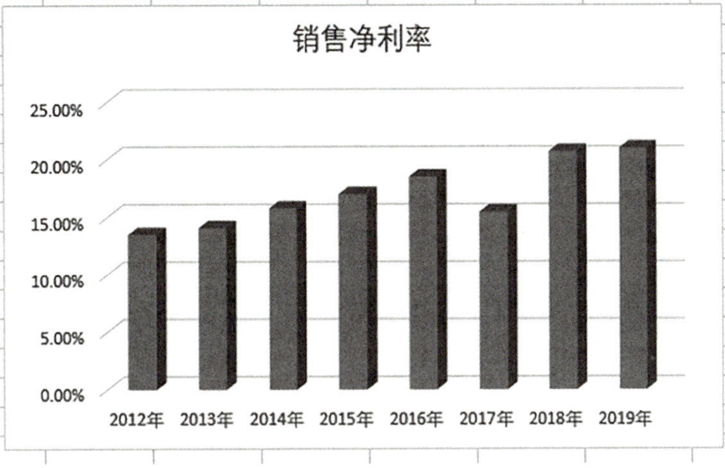

图 7-21　销售净利率图

知识链接

图表法是将企业连续几个会计期间的财务数据或财务指标绘制成图，并根据图形走势来判断企业财务状况及其变化趋势。

按 F11 是自动生产一个新的图表工作表，要使图形在“财务趋势分析”工作表中显示，只能采用“图表向导法”。

7.3.2　根据趋势分析图进行分析

【业务描述】 衡阳仁科公司每年的销售净利率有高有低，财务人员要判断企业的发展趋势如何，需通过建立趋势线来分析企业营业利率的发展趋势。

操作步骤：

（1）选择图 7-21 的柱形图，单击鼠标右键，选择“更改图表类型”，选择“折线图”，系统自动生成折线图。

（2）单击选择“折线图”的“折线”，单击鼠标右键，在弹出对话框中，选择“添加趋势线”，在弹出对话框中选择“线性”，如图 7-22、图 7-23 所示。

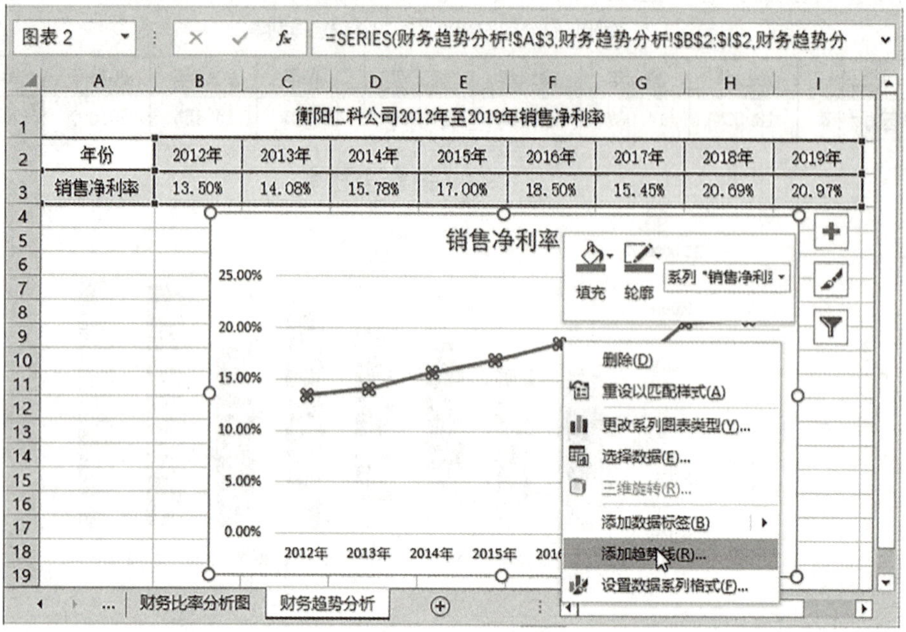

图 7-22　调出“添加趋势线”对话框

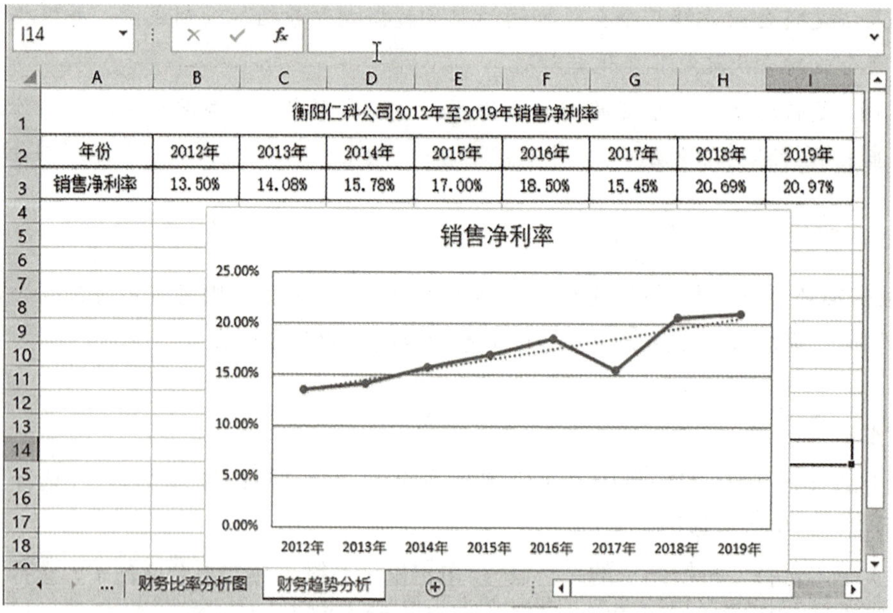

图 7-23　趋势线

从该企业的 2012 至 2016 年营业利率趋势折线图可以看出，该企业的营业利润一直呈稳中有升趋势，2017 出现下降，2018 年和 2019 年又大幅回升。因此企业应该寻找 2017 年至 2019 年三年间营业利率发生变动的原因，从而采取措施，适应经济新常态，调整产品结构，尽量提高营业利润率，或维持营业利率不再下降。

任务 7.4　结构分析

课程思政

高度警惕所谓股市“杀猪盘”风险

个别上市公司股票上演所谓“杀猪盘”。不法团伙为大额出贷忽悠式荐股，诱骗投资者高价接盘，当天股价暴跌导致投资者损失惨重。股市“杀猪盘”涉嫌诈骗、操纵证券市场、非法荐股（非法经营）等多种违法犯罪活动，请广大投资者高度警惕，谨防上当受骗。

一、不要轻信电话、直播间、微信群、微信公众号、QQ、APP、博客、微博、股吧、论坛、网站所谓的“股神”“专家”“老师”，也不要相信通过音视频、“晒单”等方式间接荐股的信息。这些不明身份人员“热心”荐股必有所图，居心不良。

二、不要听从“老师”之类人员的指令跟风操作。通过微信群发、直播喊单（喊麦）等烘托抢买气氛，要求“统一听指令”“大家一起买”“XX 时点全仓杀入”“能买多少买多少”“买后发交易截图”等，很可能是“杀猪盘”，一定不要参与。

三、不要轻信所谓“维权机构”“维权人士”能够帮忙追回损失，小心二次上当受骗。

请广大投资者认清合法业务与非法活动，不要相信任何无合法业务资质的机构和人员。合法的荐股服务由证券公司、证券投资咨询机构提供，有严格的业务规范，要订立书面合同，不得承诺收益。投资者可在证监会官网首页“监管对象”或“合法机构名录”栏目查询合法机构名录。

提醒广大投资者，理性投资，慎重投资，看住自己的钱财，勿因一念之差、一时之迷而追悔莫及。发现上当受骗，请及时保存证据并向当地公安机关报案。

引例与分析

拟对衡阳仁科公司 2019 年资产负债表和利润表相关项目的结构组成进行分析。

分析： 结构分析是对企业某一特定会计期间财务数据的构成情况进行分析，进一步揭示其中可能存在的一些问题。可以分成构成情况分析与结构变化分析。构成情况分析是指对企业一个会计期间的资产、负债和所有者权益等主要财务指标的构成情况进行分析；结构变化分析是对企业某一财务指标的不同会计期间的构成情况进行分析。

7.4.1 结构构成分析

【**业务描述**】对衡阳仁科公司 2019 年资产负债表各子项目构成情况进行分析。

操作步骤：

（1）创建“结构构成分析”工作表。在“财务趋势分析”工作表后插入一个新工作表，并重新命名为“结构构成分析”，引入企业 2019 年“资产负债表”中数据，作为进行总资产构成结构分析的数据源，并在期末数右面插入一列，如图 7-24 所示。

H38

表7-1 资产负债表

会企01表

编制单位：衡阳仁科公司　　2019年12月31日　　单位：元

资 产	期末数	年初数	构成比例	负债和所有者权益(或股东权益)	期末数	年初数	构成比例
流动资产：				流动负债：			
货币资金	14 063 000	14 504 690		短期借款	3 000 000	500 000	
交易性金融资产	150 000	1 050 000		交易性金融负债			
衍生金融资产				衍生金融负债			
应收票据	2 460 000	343 000		应付票据	2 000 000	1 000 000	
应收账款	3 991 000	6 982 000		应付账款	9 548 000	9 548 000	
其他应收款	3 050 000	3 050 000		预收账款			
预付账款	1 000 000	1 000 000		应付职工薪酬	1 100 000	1 800 000	
存货	25 800 000	25 827 000		应交税费	366 000	907 440	
持有待信售资产				其他应付款	500 000	500 000	
一年内到期的非流动资产				持有待售负债			
其他流动资产				一年内到期的非流动负债			
				其他流动负债	10 000 000	10 000 000	
流动资产合计	50 514 000	52 756 690		流动负债合计	26 514 000	24 255 440	

资产负债表 | 利润表 | 财务比率分析 | 财务比较 ...

图 7-24　构成结构分析表

（2）在“结构构成分析”工作表中，单击单元格 D6，输入公式“= C6/$C$38”，并且向下拖动光标，复制公式到单元格 D38，设置 D 列单元格属性为百分比、小数点后两位，生成百分比数据，如图 7-25 所示。

	A	B	C	D	E	F	G	H
1	表7-1 资产负债表							
2	会企01表							
3	编制单位：衡阳仁科公司				2019年12月31日		单位：元	
4	资 产	期末数	年初数	构成比例	负债和所有者权益(或股东权益)	期末数	年初数	构成比例
5	流动资产:				流动负债:			
6	货币资金	14 063 000	14 504 690	16.74%	短期借款	3 000 000	500 000	
7	交易性金融资产	150 000	1 050 000	0.18%	交易性金融负债			
8	衍生金融资产			0.00%	衍生金融负债			
9	应收票据	2 460 000	343 000	2.93%	应付票据	2 000 000	1 000 000	
10	应收账款	3 991 000	6 982 000	4.75%	应付账款	9 548 000	9 548 000	
11	其他应收款	3 050 000	3 050 000	3.63%	预收账款			
12	预付账款	1 000 000	1 000 000	1.19%	应付职工薪酬	1 100 000	1 800 000	
13	存货	25 800 000	25 827 000	30.71%	应交税费	366 000	907 440	
14	持有待售资产			0.00%	其他应付款	500 000	500 000	
15	一年内到期的非流动资产			0.00%	持有待售负债			
16	其他流动资产			0.00%	一年内到期的非流动负债			
17					其他流动负债	10 000 000	10 000 000	
18	流动资产合计	50 514 000	52 756 690	60.13%	流动负债合计	26 514 000	24 255 440	

图 7–25　每项资产在总资产所占比重表

（3）同理，将每项负债或所有者权益占总计的比重进行设置，完成构成结构分析表的编制，如图 7–26 所示。

	A	B	C	D	E	F	G	H
1	表7-1 资产负债表							
2	会企01表							
3	编制单位：衡阳仁科公司				2019年12月31日		单位：元	
4	资 产	期末数	年初数	构成比例	负债和所有者权益(或股东权益)	期末数	年初数	构成比例
5	流动资产:				流动负债:			
6	货币资金	14 063 000	14 504 690	16.74%	短期借款	3 000 000	500 000	3.57%
7	交易性金融资产	150 000	1 050 000	0.18%	交易性金融负债			0.00%
8	衍生金融资产			0.00%	衍生金融负债			0.00%
9	应收票据	2 460 000	343 000	2.93%	应付票据	2 000 000	1 000 000	2.38%
10	应收账款	3 991 000	6 982 000	4.75%	应付账款	9 548 000	9 548 000	11.36%
11	其他应收款	3 050 000	3 050 000	3.63%	预收账款			0.00%
12	预付账款	1 000 000	1 000 000	1.19%	应付职工薪酬	1 100 000	1 800 000	1.31%
13	存货	25 800 000	25 827 000	30.71%	应交税费	366 000	907 440	0.44%
14	持有待售资产			0.00%	其他应付款	500 000	500 000	0.60%
15	一年内到期的非流动资产			0.00%	持有待售负债			0.00%
16	其他流动资产			0.00%	一年内到期的非流动负债			0.00%
17					其他流动负债	10 000 000	10 000 000	11.90%
18	流动资产合计	50 514 000	52 756 690	60.13%	流动负债合计	26 514 000	24 255 440	31.56%

图 7–26　编制完成构成结构分析表

7.4.2　结构构成图分析

【业务描述】 对衡阳仁科公司 2019 年资产负债表流动资产各子项目构成情况利用饼状图进行分析。

操作步骤：

（1）在“结构构成分析”工作表中，选定“A6:B16”单元格，点击“插入”选项卡，在“图表”组中单击“插入饼图或圆环图”，选择“三维饼图”，系统生成分析图表，如图 7–27 所示。

（2）设置、修改图表。选择图表，点击“设计”选项卡，在“图表样式”组选择带数值的图表样式。双击“图表标题”，将图表标题更改为“流动资产结构分析图”，如图 7–28 所示。

从该企业 2019 年流动资产结构饼图中可以看出，该企业流动资产中存货占比最大，其次为货币资金。而企业目前的流动资产结构是否合理，应该与以前年度情况进行比较，并进一步分析产生原因，进一步结合财务比率一并分析和判断。

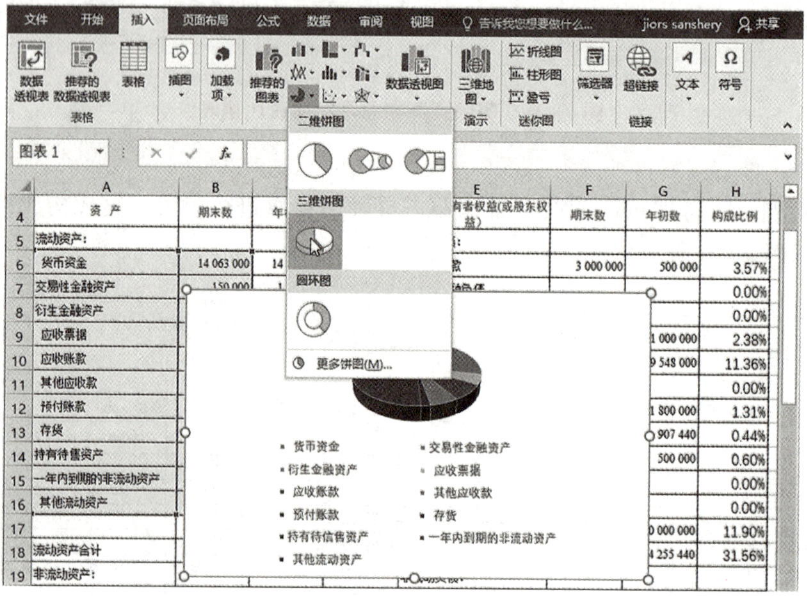

图 7–27　流动资产结构分析图

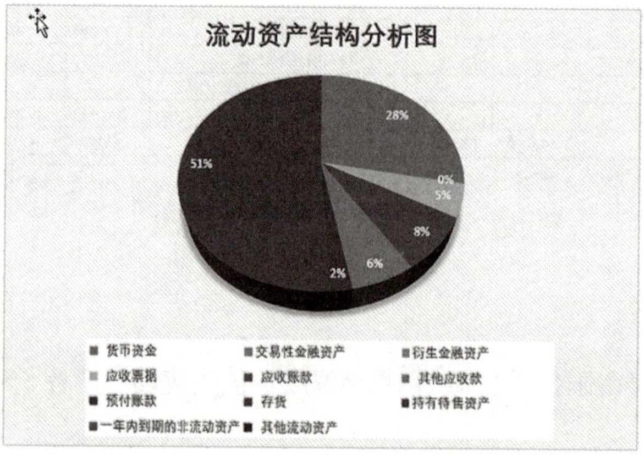

图 7–28　流动资产构成结构分析图

7.4.3 结构变化分析

【业务描述】 对衡阳仁科公司 2019 年利润表各子项目构成变化情况进行分析。

操作步骤：

（1）右击“利润表”，在弹出的菜单中点击“移动或复制（M）”“移至最后”，勾选“建立副本”，将刚刚复制生成的“利润表（2）”重命名为“结构变化分析”，在每年的数据右面插入一列“比例”。

（2）在插入的列中，选定 C6 单元格，输入公式“=B6/$B$5”，计算营业成本与营业收入的比例，拖动填充柄复制公式计算其他项目与营业收入的比例，然后将单元格的格式设置为百分比。同理计算上期的比例，生成结构变化分析表，如图 7-29 所示。

1	表7-2 利润表				
2	会企02表				
3	编制单位：衡阳仁科公司 2019年度			单位：元	
4	项 目	本期金额	比例	上期金额	比例
5	一、营业收入	12 500 000		10 500 000	
6	减：营业成本	7 500 000	60.00%	6 000 000	57.14%
7	营业税金及附加	20 000	0.16%	18 000	0.17%
8	管理费用	971 000	7.77%	951 000	9.06%
9	销售费用	200 000	1.60%	250 000	2.38%
10	财务费用（收益以"-"号填列）	300 000	2.40%	300 000	2.86%
11	资产减值损失	309 000	2.47%	309 000	2.94%
12	加：公允价值变动净收益（净损失以"-"号填列		0.00%		0.00%
13	投资收益（净损失以"-"号填列）	15 000	0.12%	25 000	0.24%
14	其中对联营企业与合营企业的投资收益		0.00%		0.00%
15	二、营业利润（亏损以“-”号填列）	3 215 000	25.72%	2 697 000	25.69%
16	营业外收入	500 000	4.00%	450 000	4.29%
17	其中：非流动资产处置利得	500 000	4.00%	450 000	4.29%
18	减：营业外支出	220 400	1.76%	250 400	2.38%
19	其中：非流动资产处置损失	197 000	1.58%	207 000	1.97%
20	三、利润总额（亏损总额以“-”号填列）	3 494 600	27.96%	2 896 600	27.59%
21	减：所得税费用	873 650	6.99%	724 150	6.90%
22	四、净利润（净亏损以“-”号填列）	2 620 950	20.97%	2 1[illegible]50	20.69%

... | 结构构成分析 | 结构变化分析

图 7-29 结构变化分析表

从该企业 2018-2019 年营业收入结构变化图（图 7-29）中能看出该企业两年的营业收入中，营业成本、营业税金及附加、管理费用、销售费用、财务费用等项目构成情况的变化，企业应查找 2018-2019 年营业收入结构变化的原因，从而采取措施尽量提高营业利润率。

任务 7.5　财务报表综合分析

课程思政

读懂上市公司财务报表 选择理性投资

证券投资已经成为百姓经济生活中不可或缺的一部分。然而大多数中小投资者不是专业人员，缺乏必要的财务常识，很多投资者因为不懂报表而错失买卖股票的良机。因此，如何正确地分析上市公司财务报表，挖掘真正具备投资价值的公司，是广大投资者的当务之急。

一、对资产负债表的分析

资产负债表是反映上市公司会计期末全部资产、负债和所有者权益情况的报表。通过资产负债表，能了解企业在报表日的财务状况，长短期的偿债能力，资产、负债、权益和结构等重要信息。

（一）对资产负债表中资产类科目的分析

在资产负债表中资产类的科目很多，但投资者在进行上市公司财务报表的分析时重点应关注应收款项、待摊费用、待处理财产净损失和递延资产四个项目。

1. 应收款项

（1）应收账款：一般来说，公司存在三年以上的应收账款是一种极不正常的现象，这是因为在会计核算中设有“坏账准备”这一科目，正常情况下，三年的时间已经把应收账款全部计提了坏账准备，因此它不会对股东权益产生负面影响。但在我国，由于存在大量“三角债”，以及利用关联交易通过该科目来进行利润操纵等情况。因此，当投资者发现一家上市公司的资产很高，一定要分析该公司的应收账款项目是否存在三年以上应收账款，同时要结合“坏账准备”科目，分析其是否存在资产不实、“潜亏挂账”现象。

（2）预付账款：该账户同应收账款一样是用来核算企业间的购销业务的。这也是一种信用行为，一旦接受预付款方经营恶化，缺少资金支持正常业务，那么付款方的这笔货物也就无法取得，其科目所体现的资产也就不可能实现，从而出现虚增资产的现象。

（3）其他应收款：主要核算企业发生的非购销活动的应收债权，如企业发生的各种赔款、存出保证金、备用金以及应向职工收取的各种垫付款等。

但在实际工作中，并非这么简单。例如，大股东或关联企业往往将占用上市公司的资金挂在其他应收款下，形成难以解释和收回的资产，这样就形成了虚增资产。因此，投资者应该注意到，当上市公司报表中的“其他应收款”数额出现异常放大时，就应该加以警惕了。

2. 待处理财产净损失

不少上市公司的资产负债表上挂账列示巨额的“待处理财产净损失”，有的甚至挂账达数年之久。这种现象明显不符合收益确认的稳健原则，不利于投资者正确评价企业的财务状况和盈利能力。

3. 待摊费用和递延资产

待摊费用和递延资产并无实质上的重大区别，它们均为本期公司已经支出，但其摊销期不同。“待摊费用”的摊销期在一年以内，而“递延资产”的摊销期超过一年。从严格意义上讲，待摊费用和递延资产并不符合资产的定义，但它们似乎又同未来的经济利益相联系，而且在会计实务中，不少人也习惯于将已发生的成本描绘为资产。

（二）对资产负债表中负债类科目的分析

投资者在对上市公司资产负债表中负债类科目的分析中，重点应关注其偿债能力。主要通过以下几个指标分析：

1. 流动比率：流动比率即流动资产和流动负债之间的比率，是衡量公司短期偿债能力常用的指标。一般来说，流动资产应远高于流动负债，起码不得低于 1∶1，一般以大于 2∶1 较为合适。其计算公式是：流动比率 = 流动资产 / 流动负债。但是，对于公司和股东，流动比率也不是越高越好。因为，流动资产还包括应收账款和存货，尤其是由于应收账款和存货余额大而引起的流动比率过大，会加大企业短期偿债风险。因此，投资者在对上市公司短期偿债能力进行分析的时候，一定要结合应收账款及存货的情况进行判断。

2. 速动比率：速动比率是速动资产和流动负债的比率，即用于衡量公司到期清算能力的指标。一般认为，速动比率最低限为 0.5∶1，如果保持在 1∶1，则流动负债的安全性较有保障。因为，当此比率达到 1∶1 时，即使公司资金周转发生困难，也不致影响其即时偿债能力。其计算公式为：速动比率 = 速动资产 / 流动负债。该指标剔除了应收账款及存货对短期偿债能力的影响，一般来说投资者利用这个指标来分析上市公司的偿债能力比较准确。

二、对利润表的分析

在财务报表中，企业的盈亏情况是通过利润表来反映的。利润表反映企业一定时期的经营成果和经营成果的分配关系。它是企业生产经营成果的集中反映，是衡量企业生存和发展能力的主要尺度。投资者在分析利润表时，应主要抓住以下几个方面：

（一）利润表结构分析

利润表是把上市公司在一定期间的营业收入与同一会计期间的营业费用进行配比，以得到该期间的净利润（或净亏损）的情况。由此可知，该报表的重点是相关的收入指标和费用指标。“收入 − 费用 = 利润”可以视作阅读这一报表的基本思路。当投资者看到一份利润表时，会注意到以下几个会计指标。它们分别是：“主营业务利润”“营业利润”“利润总额”“净利润”。在这些指标中应重点关注主营业务收入、主营业务利润、净利润，尤其应关注主营业务利润与净利润的盈亏情况。许多投资者往往只关心净利润情况，认为净利润为正就代表公司盈利，于是高枕无忧。实际上，企业的长期发展动力来自于对自身主营业务的开拓与经营。严格意义上讲，主营亏损但净利润有盈余的企业比主营业务盈利但净利润亏损的企业更危险。企业可以通过投资收益、营业外收入将当期利润总额和净利润做成盈利，可谁又敢保证下一年度还有投资收益和营业外收入呢？

（二）通过分析关联交易判断上市公司利润的来源

上市公司为了向社会公众展现自己的经营业绩，提高社会形象，往往利用关联方间的交易来调节其利润，主要分析方法有以下几种：

1. 增加收入，转嫁费用。投资者在进行投资分析时，一定要分析其关联交易，特别是母子公司间是否存在着相互关联交易，转嫁费用的现象，对于有母子公司关联交易的，一定要将其上市公司的当年利润剔除掉关联交易虚增利润。

2. 资产租赁。由于上市公司大部分都是从母公司剥离出来的，上市公司的大部分资产主要是从母公司以租赁方式取得的。从而租赁资产的租赁数量、租赁方式和租赁价格就是上市公司与母公司之间可以随时调整的阀门。有的上市公司还可将从母公司租来的资产同时转租给母公司的子公司，以分别转移母公司与子公司之间的利润。

3. 委托或合作投资。（1）委托投资。当上市公司接受一个周期长、风险大的项目时，则可将某一部分现金转移给母公司，以母公司的名义进行投资，将其风险全部转嫁到母公司，却将投资收益确定为上市公司当年的利润。（2）合作投资。上市公司要想配股，其净资产收益率需要达到一定的标准，公司一旦发现其净资产收益率很难达到这个要求，便倒推出利润缺口，然后与母公司签订联合投资合同，投资回报按倒推出的利润缺口确定，其实这块利润是由母公司出的。

三、对现金流量表的分析

现金流量表是反映企业在一定时期内现金流入、流出及其净额的报表，它主要说明公司本期现金来自何处、用往何方以及现金余额如何构成。

一些公司会通过往来资金操纵现金流量表。上市公司与其大股东之间通过往来资金来改善原本难看的经营现金流量。本来关联企业的往来资金往往带有融资性质，但是借款方并不作为短期借款或者长期借款，而是放在其他应付款中核算，贷款方不作为债权，而是在其他应收款中核算。这样其他应付、应收款变动额在编制现金流量表时就作为经营活动产生的现金流量，而实质上这些变动反映的是筹资、投资活动业务。这样当其他应付、应收款的变动增加现金流量时，经营活动所产生的现金流量净额就可能被夸大。

引例与分析

拟对衡阳仁科公司 2019 年营运能力、偿债能力和盈利能力等财务指标进行系统、综合分析。

分析：各种财务指标综合分析是将企业营运能力、偿债能力和盈利能力等方面的分析纳入一个有机的分析系统中，全面地对企业财务状况、经营状况进行解剖和分析，从而对企业经济效益做出较为准确的评价和判断。

7.5.1　财务因素分析

【业务描述】 衡阳仁科公司企业 2019 年 12 月某材料费用的实际数是 5 040 元。而计划数是 4 000 元，实际比计划多 1 040 元。由于原材料费用是由产品产量、单位产品材料消耗用量和材料单价三个因素的乘积构成的，现这三个因素的数值如下表所示。

项目	单位	计划数	实际数
产品产量	件	100	120
单位产品材料消耗量	千克	8	7
材料单价	元	5	6
材料费用总额	元	4000	5040

根据表中资料，材料费用总额实际比计划数增加 1 040 元。运用连环替代法，可以分析计算各因素变动对材料费用总额的影响程度。

操作步骤：

（1）创建“财务因素分析”工作表。在“结构变化分析”工作表后插入一个新工作表，并重新命名为“财务因素分析”，并输入相关财务数据，如图 7–30 所示。

	A	B	C	D
1	衡阳仁科公司材料费用构成			
2	项目	单位	计划数	实际数
3	产品产量	件	100	120
4	单位产品材料消耗量	千克	8	7
5	材料单价	元	5	6
6	材料费用总额	元	4 000	5 040

图 7–30　创建“财务因素分析”工作表

（2）建立财务因素分析模型，如图 7-31 所示。

	A	B	C	D
1	衡阳仁科公司材料费用构成			
2	项目	单位	计划数	实际数
3	产品产量	件	100	120
4	单位产品材料消耗量	千克	8	7
5	材料单价	元	5	6
6	材料费用总额	元	4 000	5 040
7				
8	财务因素分析模型			
9	项目	影响数		
10	产品产量			
11	单位产品材料消耗量			
12	材料单价			
13	材料费用总额			

图 7-31　财务因素分析模型

（3）计算各因素影响额，如图 7-32 所示。

在 B10 单元格中输入公式“=D3*C4*C5−C3*C4*C5”。

在 B11 单元格中输入公式“=D3*D4*C5−D3*C4*C5”。

在 B12 单元格中输入公式“=D3*D4*D5−D3*D4*C5”。

在 B13 单元格中输入公式“=SUM(B10:B12)”。

	A	B	C	D
1	衡阳仁科公司材料费用构成			
2	项目	单位	计划数	实际数
3	产品产量	件	100	120
4	单位产品材料消耗量	千克	8	7
5	材料单价	元	5	6
6	材料费用总额	元	4 000	5 040
7				
8	财务因素分析模型			
9	项目	影响数		
10	产品产量	800		
11	单位产品材料消耗量	-600		
12	材料单价	840		
13	材料费用总额	1 040		

图 7-32　财务因素分析

知识链接

因素分析法是依据分析指标与其影响因素的关系。从数量上确定各因素对分析指标影响方向和影响程度的一种方法。采用这种方法的出发点在于，当有若干因素影响时，假定其他因素不变，确定某个因素单独变化所产生的影响。常用方法是连环替代法。

连环替代法是将分析指标分解为各个可以计算的因素，并根据各个因素之间的依存关系，顺次用各个因素的比较值（实际值）替代基准值（计划值），据以测定各因素对分析指标的影响。

采用连环替代法进行具体综合经济指标分析时，其步骤如下：

①根据综合经济指标的性质，确定影响其发生变动的个别因素，并用数学关系式表示。在数学表达式中，各因素排序原则是先数量指标，再质量指标。

②分别将基期（如计划、标准、预算、上年同期）和报告期（本期实际）的因素值代入数学表达式。

③根据基期和报告期同样因素顺序的算式，依次以报告期替代基期数值。每完成一次替换，得到一个与前一个算式相差一个因素值的新算式。凡被替换过的因素，便将报告期数字保留下来，直到替换完毕。

④将每次所得替换算式与相邻的前一个算式相比较，比较所得的差异，即为两算式中的差别因素变动对综合经济指标变化的影响程度。

⑤将各因素对综合经济指标影响程度的数值加总求和。检查其代数和是否等于综合经济指标报告期数值与基期数值之差。如果相等，一般证明因素分析法的计算是正确的。

⑥根据各因素对综合经济指标差异影响的方向和程度，分析确定主要的影响因素，并有针对性地提出改进意见。

7.5.2　杜邦分析法

【业务描述】 根据衡阳仁科公司 2019 年财务数据利用杜邦分析图进行财务综合分析，查找企业生产经营存在的问题。

操作步骤：

（1）建立“杜邦分析图”工作表。在“财务因素分析”工作表后插入一个新工作表，并重新命名为“杜邦分析图”，并根据杜邦分析结构输入比率名称，如图 7-33 所示。

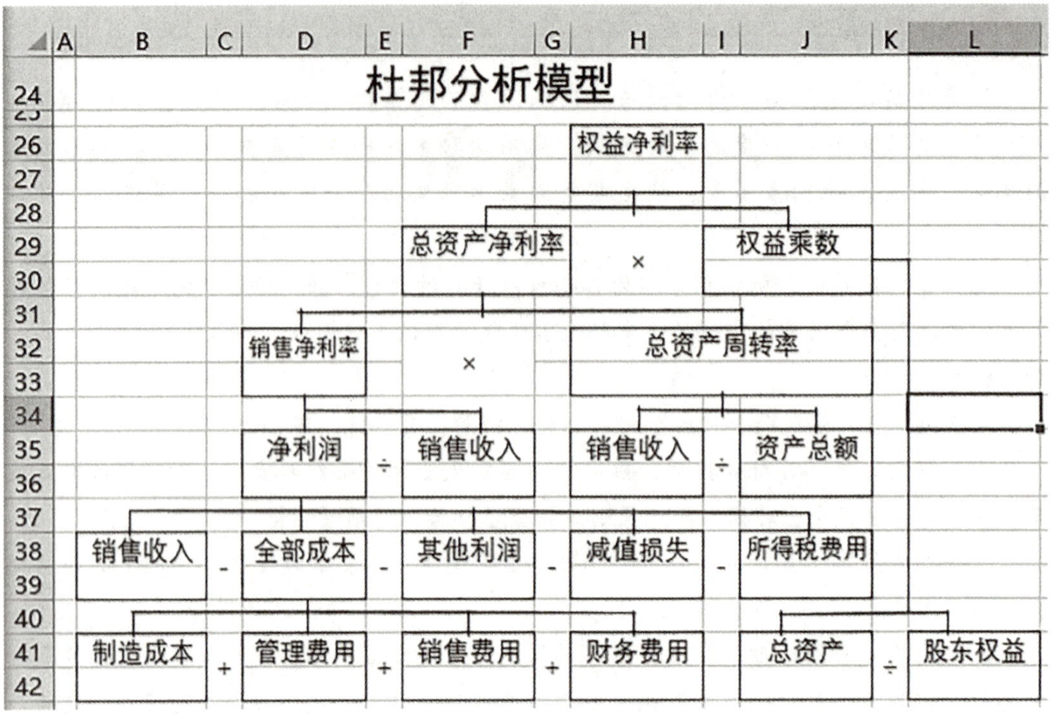

图 7-33　创建“杜邦分析图”工作表

（2）计算相关财务数据。对于原始财务数据从资产负债表和利润表中引用，而相关指标需通过公式进行计算，计算公式如图 7-34 所示，最终结果如图 7-35 所示。

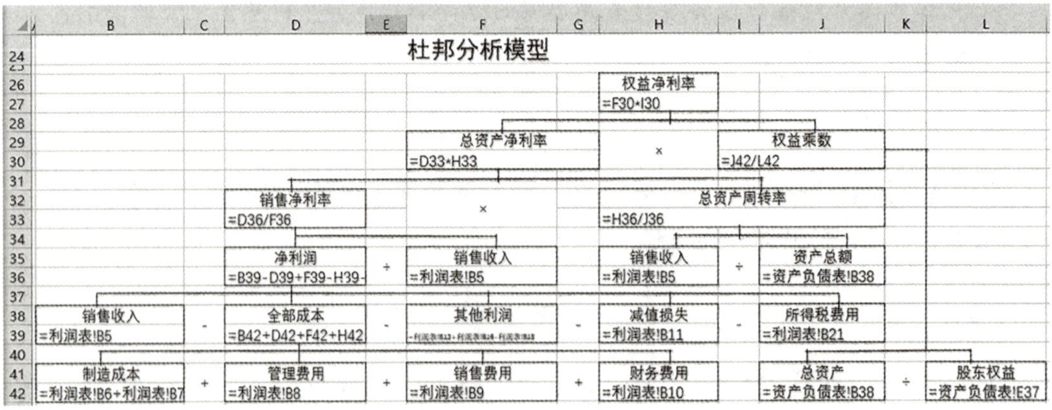

图 7-34　计算公式

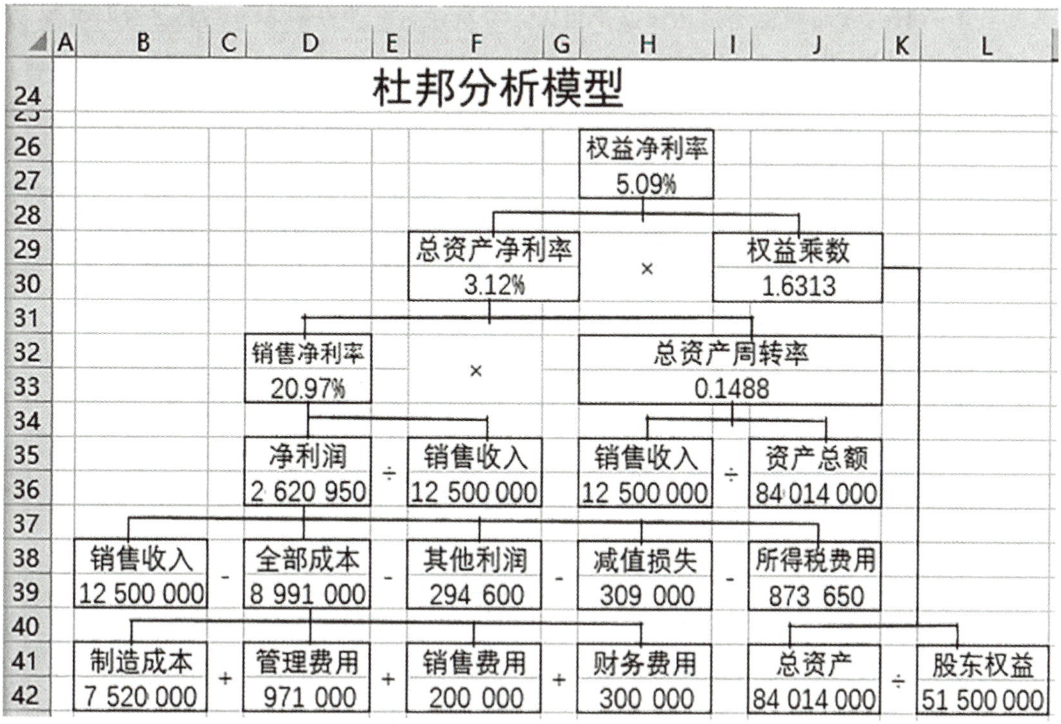

图 7–35　杜邦分析模型

知识链接

杜邦分析法，又称杜邦财务分析体系，简称杜邦体系，是利用各主要财务比率指标间的内在联系，对企业财务状况及经济效益进行综合系统分析评价的方法。该体系是以净资产收益率为起点，以总资产净利率和权益乘数为核心，重点揭示企业获利能力及权益乘数对净资产收益率的影响，以及各相关指标间的相互影响作用关系。因其最初由美国杜邦企业成功应用，故得名。

杜邦分析法将净资产收益率（权益净利率）分解如图 7–36。其分析关系式为：

净资产收益率 = 总资产净利率 × 权益乘数 = 营业净利率 × 总资产周转率 × 权益乘数

$$营业净利率 = \frac{净利润}{营业收入}$$

$$总资产周转率 = \frac{营业收入}{平均资产总额}$$

$$权益乘数 = \frac{资产总额}{所有者权益总额} = \frac{1}{1-资产负债率}$$

在具体运用杜邦体系进行分析时，首先确定营业净利率、总资产周转率和权益乘数的基准值，然后顺次代入这三个指标的实际值，分别计算分析这三个指标的变动对净资产收益率的影响方向和程度，还可以使用因素分析法进一步分解各个指标并分析其变动的深层次的原因，找出解决的方法。

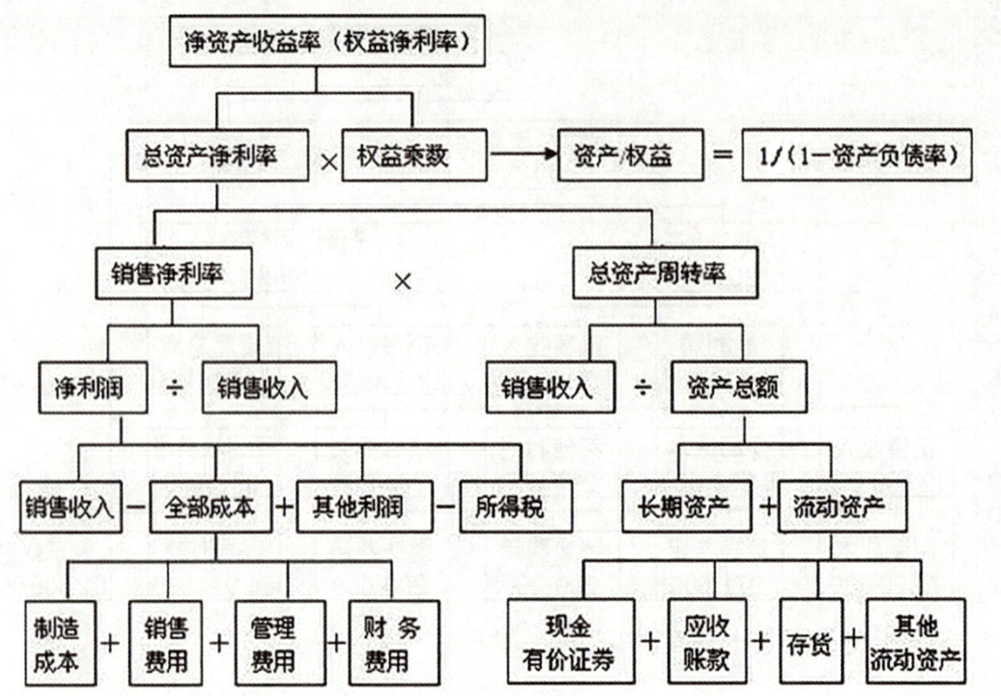

图 7-36　杜邦分析图

7.5.3　沃尔财务比率综合分析

【业务描述】 根据衡阳仁科公司 2019 年财务数据利用沃尔分析法进行评分。

操作步骤：

（1）建立“沃尔综合分析”工作表。在“杜邦”工作表后插入一个新工作表，并重新命名为“沃尔综合分析”，选定评价企业财务状况的财务指标，确定“流动比率、产权比率、固定资产比率、存货周转率、应收账款周转率、固定资产周转率、自有资金周转率”等指标，建立沃尔综合评分表。

（2）根据选取的各项财务指标的重要程度设定评分值、标准值并填入相应的单元格。

（3）从“财务比率分析”工作表中引入各项财务比率的实际值，例如在 D4 单元格中输入公式“= 财务比率分析 !C5”，回车。其他单元格同理，结果如图 7-37 所示。

	A	B	C	D	E	F
1	沃尔综合评分表					
2	财务比率	比重	标准比率	实际比率	相对比率	综合指数
3		1	2	3	4=3/2	5=1*4
4	流动比率	25	2.2	1.91		
5	资产负债率	25	0.2	0.39		
6	已获利息倍数	15	2	11.65		
7	存货周转率	10	3	0.29		
8	应收账款周转率	10	2	3.13		
9	销售净利率	10	0.26	0.21		
10	资产报酬率	5	0.24	0.03		
11	合计	100				

图 7-37　实际比率数据

（4）相对比率。在 E4 单元格中输入公式“=D4/C4”，其他单元格利用 Excel 的公式复制功能自动填充，结果如图 7-38 所示。

	A	B	C	D	E	F
1	沃尔综合评分表					
2	财务比率	比重	标准比率	实际比率	相对比率	综合指数
3		1	2	3	4=3/2	5=1*4
4	流动比率	25	2.2	1.91	0.87	
5	资产负债率	25	0.2	0.39	1.94	
6	已获利息倍数	15	2	11.65	5.82	
7	存货周转率	10	3	0.29	0.10	
8	应收账款周转率	10	2	3.13	1.57	
9	销售净利率	10	0.26	0.21	0.81	
10	资产报酬率	5	0.24	0.03	0.13	
11	合计	100				

图 7-38　相对比率数据

（5）计算综合指数和合计数。在 F4 单元格中输入公式“=B4*E4”，其他单元格利用填充柄进行自动填充；在 F11 单元格中输入公式“=SUM(F4:F10)”，结果如图 7-39 所示。

	A	B	C	D	E	F
1	沃尔综合评分表					
2	财务比率	比重	标准比率	实际比率	相对比率	综合指数
3		1	2	3	4=3/2	5=1*4
4	流动比率	25	2.2	1.91	0.87	21.65
5	资产负债率	25	0.2	0.39	1.94	48.38
6	已获利息倍数	15	2	11.65	5.82	87.37
7	存货周转率	10	3	0.29	0.10	0.97
8	应收账款周转率	10	2	3.13	1.57	15.66
9	销售净利率	10	0.26	0.21	0.81	8.06
10	资产报酬率	5	0.24	0.03	0.13	0.65
11	合计	100				182.73

图 7-39 沃尔综合评分表

知识链接

企业财务综合分析的先驱者之一是亚历山大·沃尔。他在 20 世纪初出版的《信用晴雨表研究》和《财务报表比率分析》中提出了信用能力指数的概念，他把若干个财务比率用线性关系结合起来，以此来评价企业的信用水平，被称为沃尔评分法。他选择了七种财务比率，将流动比率、产权比率、固定资产比率、存货周转率、应收账款周转率、固定资产周转率、自有资金周转率七个指标用线性关系结合起来，分别给定了其在总评价中所占的比重，总和为 100 分；然后，确定标准比率，并与实际比率相比较，评出每项指标的得分，求出总评分。

沃尔财务比率综合评价法认为，如果综合得分等于或接近 100 分，说明其财务状态良好；如果综合得分过低，说明其财务状况较差；如果综合得分超过 100 分，说明财务比率较为理想。

现代社会与沃尔的时代相比，已有很大的变化。一般认为企业财务评价的内容首先是盈利能力，其次是偿债能力，再次是成长能力，它们之间大致可按 5：3：2 的比重来分配。盈利能力的主要指标是总资产报酬率、销售净利率和净资产收益率，这三个指标可按 2：2：1 的比重来安排。偿债能力有四个常用指标。成长能力有三个常用指标（都是本年增量与上年实际量的比值）。假定仍以 100 分为总评分。

项目小结

本项目讲述了利用 Excel 中的公式引用、图表分析等功能进行财务比率分析、财务比较分析、财务趋势分析、财务综合分析等财务报表分析方法。通过本项目的学习，要求学生从整体上掌握企业财务分析的基本方法及 Excel 的处理流程、操作方法，熟练掌握财务比率、趋势分析、结构分析、综合分析的方法；培养学生自我学习、信息处理和数字运用等能力，并在学习过程中提高独立解决问题的能力和创新意识。

【职业能力训练】

1. 简述财务分析的主要方法。

2. 简述利用 Excel 图表向导建立分析图的步骤。

【技能强化训练】

实训目标：根据衡阳峰泉公司 2019 年 12 月财务数据建立财务报表分析模型并写出分析报告。

实训资料：

资产负债表

会企 01 表

编制单位：衡阳峰泉公司　　2019 年度　　单位：元

资产	期末数	年初数	负债和所有者权益（或股东权益）	期末数	年初数
流动资产：			**流动负债：**		
货币资金	50	25	短期借款	60	45
以公允价值计量且其变动计入当期损益的金融资产	6	12	以公允价值计量且其变动计入当期损益的金融负债	28	10
应收票据	8	11	应付票据	5	4
应收股利			应付账款	100	109
应收利息			预收账款	10	4
应收账款	398	199	应付职工薪酬	2	1
其他应收款	12	22	应交税费	5	4
预付账款	22	4	应付利息	12	16
存货	119	326	应付股利		
一年内到期的非流动资产	77	11	其他应付款	23	18
其他流动资产	8		一年内到期的非流动负债	2	4
			其他流动负债	53	5
流动资产合计	700	610	流动负债合计	300	220
非流动资产：			**非流动负债：**		
可供出售金融资产		45	长期借款	450	245
持有至到期投资			应付债券	240	260
投资性房地产			长期应付款	50	60
长期股权投资	30		专项应付款		
长期应收款			预计负债		

续表

资产	期末数	年初数	负债和所有者权益（或股东权益）	期末数	年初数
固定资产	1 238	955	递延收益		
在建工程	18	35	递延所得税负债		
工程物资			其他非流动负债		15
固定资产清理		12	非流动负债合计	740	580
生产性生物资产			负债合计	1 040	800
油气资产			**所有者权益（或股东权益）：**		
无形资产	6	8	实收资本（或股本）	100	100
开发支出			资本公积	10	10
商誉			减：库存股		
长期待摊费用	5	15	其他综合收益		
递延所得税资产			盈余公积	100	40
其他非流动资产	3		未分配利润	750	730
非流动资产合计	1 300	1 070	所有者权益（或股东权益）合计	960	880
资产总计	2 000	1 680	负债和所有者权益（或股东权益）总计	2 000	1 680

利润表

会企 02 表

编制单位：衡阳峰泉公司　　　　2019 年度　　　　单位：元

项目	本期金额	上期金额
一、营业收入	3 000	2 850
减：营业成本	2 644	2 503
营业税金及附加	28	28
销售费用	22	20
管理费用	46	40
财务费用（收益以 "–" 号填列）	110	96
资产减值损失		
加：公允价值变动净收益（净损失以 "–" 号填列		
投资收益（净损失以 "–" 号填列）		
其中对联营企业与合营企业的投资收益		
二、营业利润（亏损以 "–" 号填列）	156	163
营业外收入	45	72
其中：非流动资产处置利得		

续表

项目	本期金额	上期金额
减：营业外支出	1	0
其中：非流动资产处置损失		
三、利润总额（亏损总额以“-”号填列）	200	235
减：所得税费用	64	75
四、净利润（净亏损以“-”号填列）	136	160
五、其他综合收益的税后净额		
六、综合收益总额		
（一）以后不能重分类进损益的其他综合收益		
（二）以后将重分类进损益的其他综合收益		
七、每股收益		
（一）基本每股收益		
（二）稀释每股收益		

【学习评价】

职业核心能力测评表

（在□中打√，A 通过，B 基本通过，C 未通过）

职业核心能力	评估标准	自测结果
自我学习	1. 能进行时间管理	□A □B □C
	2. 能选择适合自己的学习和工作方式	□A □B □C
	3. 能随时修订计划并进行意外处理	□A □B □C
	4. 能将已经学到的东西用于新的工作任务	□A □B □C
信息处理	1. 能根据不同需要去搜寻、获取并选择信息	□A □B □C
	2. 能筛选信息，并进行信息分类	□A □B □C
	3. 能使用多媒体等手段来展示信息	□A □B □C
数字应用	1. 能从不同信息源获取相关信息	□A □B □C
	2. 能依据所给的数据信息，做简单计算	□A □B □C
	3. 能用适当方法展示数据信息和计算结果	□A □B □C
与人交流	1. 能把握交流的主题、时机和方式	□A □B □C
	2. 能理解对方谈话的内容，准确表达自己的观点	□A □B □C
	3. 能获取信息并反馈信息	□A □B □C

续表

职业核心能力	评估标准	自测结果
与人合作	1. 能挖掘合作资源，明确自己在合作中能够起到的作用	□A □B □C
	2. 能同合作者进行有效沟通，理解个性差异及文化差异	□A □B □C
解决问题	1. 能说明何时出现问题并指出其主要特征	□A □B □C
	2. 能做出解决问题的计划并组织实施计划	□A □B □C
	3. 能对解决问题的方法适时做出总结和修改	□A □B □C
革新创新	1. 能发现事物的不足并提出新的需要	□A □B □C
	2. 能创新性地提出改进事物的意见和具体方法	□A □B □C
	3. 能从多种方案中选择最佳方案，在现有条件下实施	□A □B □C
学生签字：	教师签字：	20　年　月　日

专业能力测评表

评价内容	权重	考核点	考核得分		
			小组评价	教师评价	综合得分
职业素养（20分）	20	分析创业融资的关键之处			
案例分析（90分）	20	财务比率分析：实例数据的选取、财务比率的计算、财务比率比较分析			
	20	趋势分析：实例数据的选取、趋势分析图的建立、趋势分析图的比较分析			
	20	结构分析：实例数据的选取、结构分析图的建立、结构分析图的比较分析			
	20	综合分析：沃尔财务比率分析法、杜邦分析法			
组长签字：		教师签字：	20　年　月　日		

参考文献

［1］财政部会计资格评价中心，初级会计资格，初级会计实务［M］，北京：中国财政经济出版社，2019

［2］财政部会计资格评价中心，中级会计资格，中级会计实务［M］，北京：中国财政经济出版社，2019

［3］财政部会计资格评价中心，中级会计资格，财务管理［M］，北京：中国财政经济出版社 ，2019

［4］李金波，Excel 在会计中的应用［M］，天津大学出版社，2019

［5］张发凌 吴祖珍 姜楠，Excel 在会计与财务管理工作中的案例应用［M］. 北京：希望电子出版社，2019

［6］喻竹 孙一玲 李洁 孔祥威，Excel 在会计中的应用 第二版［M］，北京：高等教育出版社，2019

［7］ExcelHome，Excel 在会计中的应用 微课版［M］，人民邮电出版社，2018

［8］杨维忠 庄君 黄国芬，Excel 在会计和财务管理中的应用［M］，机械工业出版社，2019